GOLF REGELN

ILLUSTRIERT

DER OFFIZIELLE ILLUSTRIERTE
FÜHRER ZU DEN GOLFREGELN

2012–2015

INHALT

Vorwort	3
Die wichtigsten Änderungen	4
Einige Hinweise für die Benutzung des Regelbuchs	5
Eine kurze Einführung in die Golfregeln	6

ABSCHNITT I
ETIKETTE, VERHALTEN AUF DEM PLATZ — 10

ABSCHNITT II
ERKLÄRUNGEN — 13

ABSCHNITT III
REGELN — 24

DAS SPIEL
1. Das Spiel — 24
2. Lochspiel — 27
3. Zählspiel — 31

SCHLÄGER UND BALL
4. Schläger — 33
5. Der Ball — 39

DIE VERANTWORTLICHKEIT DES SPIELERS
6. Der Spieler — 43
7. Üben — 52
8. Belehrung; Spiellinie angeben — 55
9. Auskunft über Schlagzahl — 57

SPIELFOLGE
10. Spielfolge — 58

ABSCHLAG
11. Abschlag — 62

SPIELEN DES BALLS
12. Ball suchen und identifizieren — 64
13. Ball spielen, wie er liegt — 68
14. Der Schlag nach dem Ball — 74
15. Neu eingesetzter Ball; falscher Ball — 79

DAS GRÜN
16. Das Grün — 82
17. Der Flaggenstock — 88

BALL BEWEGT, ABGELENKT ODER AUFGEHALTEN
18. Ball in Ruhe bewegt — 92
19. Ball in Bewegung abgelenkt oder aufgehalten — 98

ERLEICHTERUNG UND ERLEICHTERUNGSVERFAHREN
20. Aufnehmen, Fallenlassen und Hinlegen; Spielen von falschem Ort — 102
21. Ball reinigen — 111
22. Ball unterstützt oder behindert Spiel — 112
23. Lose hinderliche Naturstoffe — 114
24. Hemmnisse — 116
25. Ungewöhnlich beschaffener Boden, eingebetteter Ball und falsches Grün — 127
26. Wasserhindernisse (einschließlich seitlicher Wasserhindernisse) — 135
27. Ball verloren oder im Aus; provisorischer Ball — 141
28. Ball unspielbar — 147

BESONDERE SPIELFORMEN
29. Dreier und Vierer — 150
30. Dreiball-, Bestball- und Vierball-Lochspiel — 152
31. Vierball-Zählspiel — 156
32. Wettspiele gegen Par und nach Stableford — 159

WETTSPIELORDNUNG
33. Die Spielleitung — 161
34. Entscheidung in strittigen Fällen — 167

ANHANG
Inhalt — 169

ANHANG I
A Platzregeln — 170
B Musterplatzregeln — 171
C Wettspielausschreibung — 178

ANHANG II
Form von Schlägern — 183

ANHANG III
Der Ball — 190

ANHANG IV
Hilfsmittel und andere Ausrüstungen — 190

Impressum — 192

VORWORT

Die Golfregeln werden alle vier Jahre aktualisiert und neu veröffentlicht. Diese Ausgabe behandelt die ab 1.1.2012 gültigen Golfregeln.

Eine der größten Besonderheiten im Golf ist seine Vielfalt hinsichtlich der Personen und der Orte. Es ist deshalb unvermeidlich, dass die Regeln oft kompiziert sind, denn sie müssen zunehmend unterschiedliche Umstände und Umgebungen behandeln. Viele davon werden in den „Entscheidungen zu den Golfregeln" behandelt, eine Publikation, die alle zwei Jahre veröffentlicht wird.

Golfregeln Illustriert soll eine optische Hilfe zu den Golfregeln anbieten, um sie leichter verständlich zu machen. Indem es Teile des „Quick Guide to the Rules of Golf" und Bilder, Zeichnungen und Text enthält, ist dieses Buch ein wichtiges Lerninstrument und Nachschlagewerk für jeden Golfspieler.

Zusätzlich zu dieser Publikation wurde auf der R&A-Homepage (www.randa.org) ein hilfreicher „Rules Explorer" mit einem Quiz, Videos und neuen Bereichen entwickelt, um besseren Zugang zu den Regeln und Decisions zu schaffen und bestimmte Regeln besonders darzustellen. Es gibt auch eine Regel-App für Smartphones, die im Bereich „Download und kostenlose Veröffentlichungen" dieser Seite verfügbar ist.

Ich empfehle dieses Buch uneingeschränkt für Spieler aller Spielstärken. Ein bekanntes Sprichwort heißt „Ein Bild sagt mehr als tausend Worte." Ich denke, Sie werden dies in diesem Buch bestätigt finden.

Christopher J. Hilton
Vorsitzender, Regelausschuss
R&A Rules Limited

R&A Rules Limited
Die Verantwortung und Zuständigkeit des Royal and Ancient Golf Club of St. Andrews in der Festlegung, der Interpretation und dem Erlassen von Entscheidungen zu den Golfregeln und den Regeln des Amateurstatuts wurden zum 1. Januar 2004 der R&A Rules Limited übertragen.

Geschlecht
Die in den Golfregeln benutzte Bezeichnung des Geschlechts für irgendeine Person bezieht sich stets auf beide Geschlechter.

Golfspieler mit Behinderung
Die R&A-Veröffentlichung „Anpassung der Golfregeln für Golfspieler mit Behinderung" enthält die erlaubten Anpassungen der Golfregeln für behinderte Golfspieler und ist durch R&A Rules Limited erhältlich (in deutscher Übersetzung ist diese Veröffentlichung in Abschnitt 11. des Spiel- und Wettspielhandbuches enthalten).

Entscheidungen
In diesem Buch wird auf die „Entscheidungen zu den Golfregeln" Bezug genommen. Die aktuelle Ausgabe der „Entscheidungen zu den Golfregeln" ist bei der Köllen Druck+Verlag GmbH über www.koellen-golf.de erhältlich.

DIE WICHTIGSTEN ÄNDERUNGEN IN DER AUSGABE 2012

ERKLÄRUNGEN

Ansprechen des Balls
Die Erklärung wurde geändert, so dass ein Spieler den Ball nur mit dem Aufsetzen des Schlägers unmittelbar vor oder hinter dem Ball angesprochen hat, unabhängig davon, ob er seine Standposition eingenommen hat. Deshalb sehen die Regeln nicht länger vor, dass ein Spieler den Ball im Hindernis anspricht (siehe auch entsprechende Änderung von Regel 18-2b).

Regeln

Regel 1-2 Beeinflussung der Bewegung des Balls oder Abänderung physischer Bedingungen
Die Regel wurde geändert, um besser darzustellen, dass Regel 1-2 nur dann Anwendung findet, falls ein Spieler absichtlich eine Handlung durchführt, die Bewegung eines Balls zu beeinflussen oder physische Bedingungen zu verändern, die das Spiel eines Lochs anders als durch die Regeln erlaubt beeinflussen, und die Handlung von keiner anderen Regel abgedeckt ist. Verändert ein Spieler z. B. die Lage seines Balls unter Verstoß gegen Regel 13-2, so ist deshalb diese Regel anwendbar, während der Fall eines Spielers, der absichtlich die Lage des Balls seines Mitbewerbers verbessert, nicht durch die Regel 13-2 abgedeckt ist, und deshalb nach Regel 1-2 behandelt wird.

Regel 6-3a Abspielzeit
Die Änderung der Regel 6-3a sieht vor, dass die Strafe der Disqualifikation für ein verspätetes Abspielen innerhalb von fünf Minuten nach der Abspielzeit auf Lochverlust des ersten Lochs im Lochspiel oder zwei Schläge im Zählspiel reduziert wird. Bisher konnte diese verminderte Strafe über eine Wettspielbedingung eingeführt werden.

Regel 12-1 Ball suchen; Ball sehen
Regel 12-1 wurde zur besseren Lesbarkeit umformatiert. Zusätzlich wurde sie erweitert, um I) einem Spieler zu gestatten, überall auf dem Platz seinen Ball zu suchen, wenn er mit Sand bedeckt sein könnte, und um klarzustellen, dass es straflos ist, wenn der Ball unter diesen Umständen bewegt wird, und II) eine Strafe von einem Schlag nach Regel 18-2a anzuwenden, wenn ein Spieler seinen Ball bei der Suche im Hindernis bewegt, wenn davon auszugehen ist, dass er von losen hinderlichen Naturstoffen bedeckt ist.

Regel 13-4 Ball im Hindernis, Unzulässige Handlungen
Ausnahme 2 zu Regel 13-4 wurde erweitert, um einem Spieler zu erlauben, Sand und Erdreich im Hindernis jederzeit einzuebnen, einschließlich vor dem Spielen aus dem Hindernis, sofern dies ausschließlich der Pflege des Platzes dient und nicht gegen Regel 13-2 verstoßen wird.

Regel 18-2b Ball bewegt sich nach dem Ansprechen
Eine neue Ausnahme wurde hinzugefügt, die den Spieler von der Strafe befreit, wenn sein Ball sich nach dem Ansprechen bewegt und es bekannt oder so gut wie sicher ist, dass er die Bewegung des Balls nicht verursacht hat. Bewegt z. B. eine Windböe den Ball, nachdem er angesprochen wurde, so ist dies straflos und der Ball muss von seiner neuen Stelle gespielt werden.

Regel 19-1 Ball in Bewegung abgelenkt oder aufgehalten; Durch Nicht zum Spiel Gehöriges
Die Anmerkung wurde erweitert, um auf die unterschiedlichen Folgen einzugehen, falls ein Ball in Bewegung absichtlich durch etwas Nicht zum Spiel Gehöriges bewegt wurde.

Regel 20-7c Vom falschen Ort spielen: Zählspiel
Anmerkung 3 wurde ergänzt, so dass, wenn der Spieler für das Spielen vom falschen Ort bestraft wird, die Strafe in den meisten Fällen auf zwei Strafschläge beschränkt ist, selbst wenn eine andere Regel verletzt wurde bevor er seinen Schlag gemacht hat.

Anhang IV
Ein neuer Anhang wurde hinzugefügt, um allgemeine Bestimmungen für Hilfsmittel und andere Ausrüstung wie Tees, Handschuhe und Entfernungsmesser zu beschreiben.

EINIGE HINWEISE FÜR DIE BENUTZUNG DES REGELBUCHS

Es ist verständlich, dass nicht jeder, der ein Regelbuch besitzt, dieses von Anfang bis zum Ende liest. Die meisten Golfspieler schauen nur dann in das Regelbuch, wenn sie einen Regelfall auf dem Platz zu lösen haben. Um jedoch sicherzustellen, dass Sie ein Grundverständnis der Regeln haben und Golf in einer vernünftigen Art und Weise spielen, wird empfohlen, dass Sie zumindest die „Kurze Einführung in die Golfregeln" und den Abschnitt „Etikette" lesen, die in diesem Buch enthalten sind.

Um die richtige Antwort auf Regelfragen auf dem Platz zu erhalten, sollte Ihnen die Verwendung des Registers der Golfregeln helfen, die zutreffende Regel zu finden. Bewegt z. B. ein Spieler versehentlich seinen Ballmarker beim Aufnehmen des Balls auf dem Grün, so stellen Sie die zutreffenden Schlüsselwörter fest wie „Ballmarker", „Aufnehmen des Balls" und „Grün" und suchen dann im Register nach diesen Stichworten. Die zutreffende Regel (Regel 20-1) ist unter den Stichworten „Ballmarker" und „Aufnehmen des Balls" zu finden und das Lesen der Regel wird die richtige Antwort bestätigen.

Zusätzlich zum Feststellen der Schlüsselwörter und der Verwendung des Registers der Golfregeln werden die nachfolgenden Punkte Ihnen helfen, das Regelbuch effizient und richtig anzuwenden:

BEDEUTUNG DER EINZELNEN WÖRTER:
Alle Wörter im Regelbuch sind sehr präzise und wohl überlegt ausgewählt. Man sollte die unterschiedliche Bedeutung der nachfolgend aufgeführten Wörter kennen und verstehen:

„Darf, kann"	freigestellt
„Sollte"	empfohlen
„Muss"	Anweisung (mit Strafe bei Nichtbefolgen)
„Ein Ball"	man darf einen anderen Ball einsetzen (z. B. Regeln 26, 27 oder 28)
„Der Ball"	man darf keinen anderen Ball einsetzen (z. B. Regeln 24-2 oder 25-1)

DIE ERKLÄRUNGEN KENNEN
In den Erklärungen sind über fünfzig definierte Begriffe (z. B. Ungewöhnlich beschaffener Boden, Gelände) aufgeführt, die die Grundlage für das gesamte Regelwerk bilden. Eine gute Kenntnis dieser Begriffe, die in Kursivschrift gedruckt sind, ist besonders wichtig für die korrekte Anwendung der Golfregeln.

DER ZUGRUNDE LIEGENDE SACHVERHALT
Damit man eine Regelfrage beantworten kann, muss man den Sachverhalt einwandfrei klären. Daher sollte man feststellen:

- DIE SPIELFORM (z. B. Lochspiel oder Zählspiel, Einzel, Vierer oder Vierball).
- Wer ist betroffen (z. B. der Spieler, sein Partner oder Caddie, etwas Nicht zum Spiel Gehöriges).
- Wo hat sich der Vorfall zugetragen (z. B. auf dem Abschlag, in einem Bunker oder Wasserhindernis, auf dem Grün).

WAS IST TATSÄCHLICH VORGEFALLEN.
Der zeitliche Ablauf des Vorfalls (z. B. hat der Spieler seine Zählkarte schon eingereicht, ist das Wettspiel beendet).

BEZUGNAHME AUF DAS REGELBUCH
Wie oben ausgeführt, sollte die Bezugnahme auf das Register des Regelbuchs und die zutreffende Regel in der Mehrzahl der Regelfragen, die auf dem Platz entstehen, die Antwort liefern. Im Zweifelsfall sollte man den Platz so bespielen, wie man ihn vorfindet und den Ball spielen, wie er liegt. Nach der Rückkehr ins Clubhaus sollten Sie den Fall der Spielleitung vortragen; es könnte sein, dass die Einsichtnahme in die „Entscheidungen zu den Golfregeln" hilft, Fragen zu beantworten, die sich nicht vollkommen klar mit dem Regelbuch selbst beantworten lassen.

EINE KURZE EINFÜHRUNG IN DIE GOLFREGELN

Diese Einführung konzentriert sich auf regelmäßig vorkommende Regelsituationen und versucht, diese Regeln einfach zu erklären. Diese Einführung ist jedoch kein Ersatz für die Golfregeln, die zu Hilfe genommen werden sollten, sobald Zweifel auftreten. Weitere Informationen zu den jeweiligen Punkten in dieser Einführung sind in der zutreffenden Regel zu finden.

ALLGEMEINES

Golf sollte mit der richtigen Einstellung gespielt werden. Um diese zu verstehen, sollten Sie den Abschnitt „Etikette" in den Offiziellen Golfregeln lesen. Insbesondere gilt

- Nehmen Sie Rücksicht auf andere Spieler
- Spielen Sie zügig und seien Sie bereit, schnellere Gruppen durchspielen zu lassen, und
- Schonen Sie den Platz, indem Sie die Bunker einebnen, Divots zurücklegen und Balleinschlaglöcher auf den Grüns ausbessern.

Vor Beginn der Runde

- Lesen Sie die Platzregeln auf der Zählkarte und am schwarzen Brett.
- Versehen Sie Ihren Ball mit einer Kennzeichnung zur Identifizierung. Viele Spieler verwenden einen Ball gleicher Marke und Typs. Wenn Sie Ihren Ball nicht identifizieren können, gilt er als verloren (Regeln 12-2 und 27-1).
- Zählen Sie ihre Schläger. Sie dürfen maximal 14 Schlager mitführen (Regel 4-4).

Während der Runde

- Fragen Sie niemanden nach „Belehrung" außer Ihren Partner (ein Spieler aus Ihrer Partei) oder Ihre Caddies. Geben Sie niemandem Belehrung außer ihrem Partner. Sie dürfen nach Informationen zu den Regeln, Entfernungen, Lage von Hindernissen, des Flaggenstocks usw. fragen (Regel 8-1).
- Spielen Sie keine Übungsschläge während des Spielens eines Lochs (Regel 7-2).
- Verwenden Sie keine künstlichen Hilfsmittel oder ungebräuchliche Ausrüstung, sofern dies nicht ausdrücklich durch eine Platzregel erlaubt ist (Regel 14-3).

Am Ende der Runde

- Vergewissern Sie sich im Lochspiel, dass das Ergebnis bekannt gegeben wird.
- Vergewissern Sie sich im Zählspiel, dass Ihre Zählkarte vollständig ausgefüllt ist und reichen Sie diese sobald wie möglich ein (Regel 6-6).

DIE REGELN

Abschlag (Regel 11)

Spielen Sie Ihren Abschlag von einem Punkt zwischen und nicht vor den Abschlagmarkierungen.
Sie dürfen Ihren Abschlag von einer Stelle bis zu zwei Schlägerlängen hinter der Vorderkante der Abschlagmarkierungen spielen.
Spielen Sie Ihren Abschlag von außerhalb des Abschlags:

- so ist dies im Lochspiel straflos, aber der Gegner darf verlangen, dass Sie den Schlag wiederholen, sofern er dies sofort macht;
- im Zählspiel ziehen Sie sich zwei Strafschläge zu und der Fehler muss berichtigt werden, indem ein Ball von innerhalb der Abschlagmarkierungen gespielt wird.

Spielen des Balls (Regeln 12, 13, 14, und 15)

Glauben Sie, ein Ball könnte Ihr Ball sein, sehen aber Ihre Kennzeichnung zur Identifizierung nicht, so dürfen Sie die Lage dieses Balls nach Ankündigung gegenüber Gegner oder Zähler markieren und ihn zum Identifizieren aufnehmen (Regel 12-2).
Spielen Sie Ihren Ball wie er liegt. Verbessern Sie nicht die Lage, den Raum des beabsichtigten Standes oder Schwunges oder Ihre Spiellinie durch

- Bewegen, Biegen oder Brechen von irgendetwas Befestigtem oder Wachsendem, außer beim redlichen Beziehen Ihrer Standposition oder beim Schwung, oder
- Niederdrücken von Etwas (Regel 13-2).

Ist Ihr Ball in einem Bunker oder Wasserhindernis,

- berühren Sie nicht den Boden (oder das Wasser in einem Wasserhindernis) mit der Hand oder dem Schläger vor Ihrem Abschwung, oder
- bewegen Sie keine losen hinderlichen Naturstoffe (Regel 13-4).

Spielen Sie einen falschen Ball,

- verlieren Sie im Lochspiel das Loch;
- im Zählspiel ziehen Sie sich zwei Strafschläge zu und müssen den Fehler berichtigen, indem Sie den richtigen Ball spielen (Regel 15-3).

Auf dem Grün (Regeln 16 und 17)

Auf dem Grün dürfen Sie

- die Lage Ihres Balls kennzeichnen, ihn aufnehmen und reinigen (legen Sie den Ball immer genau an dieselbe Stelle zurück), und
- Balleinschlaglöcher und alte Lochpfropfen ausbessern, aber keine anderen Beschädigungen wie z. B. Spikemarken (Regel 16-1).

Beim Spielen eines Schlags auf dem Grün sollten Sie sich vergewissern, dass der Flaggenstock entfernt oder bedient wird. Der Flaggenstock darf auch bedient oder entfernt werden, wenn der Ball außerhalb des Grüns liegt (Regel 17).

Ball in Ruhe bewegt (Regel 18)

Ist Ihr Ball im Spiel, so ziehen Sie sich im Allgemeinen einen Strafschlag zu und müssen Ihren Ball zurücklegen (beachten Sie jedoch die Ausnahmen zu den Regeln 18-2a und 18-2b), wenn
- Sie zufällig verursachen, dass Ihr Ball sich bewegt,
- Sie ihn aufnehmen, wenn es nicht zulässig ist, oder
- er sich bewegt, nachdem Sie ihn angesprochen haben.

Wird Ihr Ball in Ruhe durch jemand anderen als Sie, Ihren Partner oder Ihre Caddies bewegt oder wurde er durch einen anderen Ball bewegt, legen Sie ihn straflos zurück.

Wird ein Ball in Ruhe durch den Wind bewegt, oder bewegt er sich ohne erkennbaren Anlass, spielen Sie ihn straflos wie er liegt.

Ball in Bewegung abgelenkt oder aufgehalten (Regel 19)

Wird ein von Ihnen geschlagener Ball von Ihnen, Ihrem Partner, Ihren Caddies oder Ihrer Ausrüstung abgelenkt oder aufgehalten, ziehen Sie sich einen Strafschlag zu und spielen den Ball wie er liegt (Regel 19-2).

Wird ein von Ihnen geschlagener Ball von einem anderen Ball in Ruhe abgelenkt oder aufgehalten, ist dies meistens straflos und der Ball wird gespielt wie er liegt. Jedoch ziehen Sie sich im Zählspiel zwei Strafschläge zu, wenn beide Bälle auf dem Grün lagen bevor Sie Ihren Schlag machten (Regel 19-5a).

Aufnehmen, Fallenlassen und Hinlegen des Balls (Regel 20)

Bevor ein Ball aufgenommen wird, der danach zurückgelegt werden muss (z. B. wenn der Ball auf dem Grün aufgenommen wurde, um ihn zu reinigen), muss die Lage des Balls gekennzeichnet werden (Regel 20-1).

Wird der Ball aufgenommen, um ihn an einem anderen Ort fallen zu lassen oder hinzulegen (z. B. fallen lassen innerhalb zweier Schlägerlängen nach Regel „Ball unspielbar"), wird nicht zwingend verlangt, seine Lage zu kennzeichnen, es wird jedoch empfohlen.

Stehen Sie beim Fallenlassen aufrecht, halten Sie den Ball mit ausgestrecktem Arm auf Schulterhöhe und lassen ihn fallen.

Ein fallen gelassener Ball muss erneut fallen gelassen werden,
- wenn er in eine Lage rollt, in der Behinderung durch den Umstand besteht, von dem Erleichterung in Anspruch genommen wurde (z. B. ein unbewegliches Hemmnis);
- wenn er mehr als zwei Schlägerlängen von dem Punkt zur Ruhe kommt, an dem er fallen gelassen wurde; oder
- wenn er näher zum Loch zur Ruhe kommt als seine ursprüngliche Lage, dem nächstgelegenen Punkt der Erleichterung, oder dem Punkt, an dem er zuletzt die Grenze eines Wasserhindernisses gekreuzt hat.

Es gibt insgesamt neun Fälle, in denen ein fallen gelassener Ball erneut fallen gelassen werden muss. Sie sind in Regel 20-2c enthalten.

Wird ein Ball ein zweites Mal fallen gelassen und rollt erneut in eine dieser o. g. Lagen, legen Sie ihn dorthin, wo er beim zweiten Fallenlassen erstmals auf den Boden auftraf.

Ball unterstützt oder behindert Spiel (Regel 22)

Sie dürfen
- Ihren Ball aufnehmen oder einen anderen Ball aufnehmen lassen, wenn Sie der Ansicht sind, der Ball könne einen anderen Spieler unterstützen, oder
- Sie können jeden Ball aufnehmen lassen, wenn dieser Ihr Spiel behindern könnte.

Sie dürfen nicht zustimmen, einen Ball an seinem Ort liegen zu lassen, um damit einen anderen Spieler zu unterstützen.

Ein Ball, der aufgenommen wird, weil er das Spiel unterstützt oder behindert, darf nicht gereinigt werden, es sei denn, er war vom Grün aufgenommen worden.

Lose hinderliche Naturstoffe (Regel 23)

Sie dürfen einen losen hinderlichen Naturstoff bewegen (z. B. natürliche lose Gegenstände wie Steine, lose Blätter und Äste), es sei denn, der lose hinderliche Naturstoff und der Ball liegen im selben Hindernis. Wenn Sie einen losen hinderlichen Naturstoff bewegen und dies verursacht, dass Ihr Ball sich bewegt, so muss der Ball zurückgelegt werden und (außer der Ball lag auf dem Grün) Sie ziehen sich einen Strafschlag zu.

Bewegliche Hemmnisse (Regel 24-1)

Bewegliche Hemmnisse (z. B. künstliche bewegliche Gegenstände wie Rechen, Flaschen usw.) dürfen überall straflos entfernt werden. Wird der Ball dabei bewegt, muss er straflos zurückgelegt werden.

Liegt ein Ball in oder auf einem beweglichen Hemmnis, darf er aufgenommen werden, das Hemmnis darf entfernt werden und der Ball wird straflos so nahe wie möglich dem Punkt unterhalb der Stelle fallen gelassen, an der der Ball auf dem Hemmnis lag. Auf dem Grün wird der Ball an diesem Punkt hingelegt.

Unbewegliche Hemmnisse und ungewöhnlich beschaffener Boden (Regeln 24-2 und 25-1)

Ein unbewegliches Hemmnis ist ein künstlicher Gegenstand auf dem Platz, der nicht bewegt werden kann (z. B. ein Gebäude) oder der nicht ohne weiteres bewegt werden kann (z. B. ein fest eingelassener Richtungspfahl). Gegenstände, die „Aus" kennzeichnen, werden nicht als Hemmnisse behandelt.

Ein ungewöhnlich beschaffener Boden ist zeitweiliges Wasser, Boden in Ausbesserung oder ein Loch, Aufgeworfenes oder Laufweg eines Erdgänge grabenden Tiers, Reptils oder Vogels.

Ausgenommen der Ball liegt in einem Wasserhindernis, wird straflose Erleichterung von unbeweglichen Hemmnissen oder ungewöhnlich beschaffenem Boden gewährt, wenn ein solcher Umstand physisch die Lage des Balls, Ihrer Stand oder Ihren Schwung behindert. Sie dürfen den Ball aufnehmen und ihn innerhalb einer Schlägerlänge des „nächstgelegenen Punkts der Erleichterung" fallen lassen (siehe Erklärung „nächstgelegener Punkt der Erleichterung"), jedoch nicht näher zum Loch als der nächstgelegene Punkt der Erleichterung (siehe Skizze unten). Ist der Ball auf dem Grün, so wird er an den nächstgelegenen Punkt der Erleichterung gelegt; dieser kann auch außerhalb des Grüns sein.

Es gibt keine Erleichterung für eine Beeinträchtigung der Spiellinie, es sei denn, sowohl der Ball wie auch der Umstand liegen auf den Grün.

Ist der Ball im Bunker, können Sie als zusätzliche Möglichkeit Erleichterung von dem Umstand in Anspruch nehmen, indem Sie den Ball außerhalb und hinter dem Bunker mit einem Strafschlag fallen lassen.

Die nachfolgende Skizze verdeutlicht den Begriff „nächstgelegener Punkt der Erleichterung" in den Regeln 24-2 und 25-1 für einen rechtshändigen Spieler:

EINE KURZE EINFÜHRUNG IN DIE GOLFREGELN

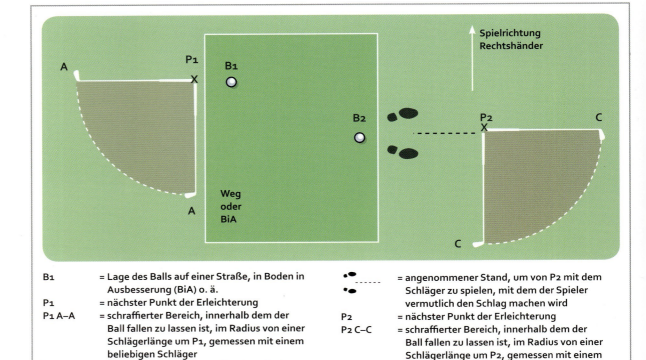

B1	= Lage des Balls auf einer Straße, in Boden in Ausbesserung (BiA) o. ä.
P1	= nächster Punkt der Erleichterung
P1 A–A	= schraffierter Bereich, innerhalb dem der Ball fallen zu lassen ist, im Radius von einer Schlägerlänge um P1, gemessen mit einem beliebigen Schläger
B2	= Lage des Balls auf einer Straße, in Boden in Ausbesserung (BiA) o. ä. .
••-----	= angenommener Stand, um von P2 mit dem Schläger zu spielen, mit dem der Spieler vermutlich den Schlag machen wird
P2	= nächster Punkt der Erleichterung
P2 C–C	= schraffierter Bereich, innerhalb dem der Ball fallen zu lassen ist, im Radius von einer Schlägerlänge um P2, gemessen mit einem beliebigen Schläger

Wasserhindernisse (Regel 26)

Ist Ihr Ball in einem Wasserhindernis (gelbe Pfähle und / oder Linien), so dürfen Sie den Ball spielen wie er liegt oder unter Hinzurechnung eines Strafschlags:

- einen Ball von dort spielen, von wo aus Ihr letzter Schlag gespielt wurde, oder
- einen Ball in beliebiger Entfernung hinter dem Hindernis fallen lassen, auf einer geraden Linie zwischen dem Loch, dem Punkt, an dem der Ball zuletzt die Grenze des Hindernisses überschritten hatte, und der Stelle, an der der Ball fallen gelassen wird.

Ist Ihr Ball in einem seitlichen Wasserhindernis (rote Pfähle und / oder Linien), so dürfen Sie zusätzlich zu den Optionen für einen Ball im Wasserhindernis (siehe oben) einen Ball unter Hinzurechnung eines Strafschlags fallen lassen, innerhalb von zwei Schlägerlängen von dem Punkt, und nicht näher zum Loch als dieser,

- an dem der Ball zuletzt die Grenze des Hindernisses gekreuzt hat, oder
- auf der gegenüberliegenden Seite des Hindernisses, der gleichweit vom Loch entfernt liegt wie der Punkt, an dem der Ball zuletzt die Grenze des Hindernisses gekreuzt hat.

Ball verloren oder Aus; provisorischer Ball (Regel 27)

Überprüfen Sie die Platzregeln auf der Zählkarte, um die Ausgrenzen des Platzes zu kennen. Diese sind im Allgemeinen durch Zäune, Mauern, weiße Pfähle oder weiße Linien gekennzeichnet.

Ist Ihr Ball außerhalb eines Wasserhindernisses verloren oder Aus, müssen Sie mit einem Strafschlag einen neuen Ball von der Stelle spielen, an der der letzte Schlag gespielt wurde, d. h. unter Strafe von Schlag und Distanzverlust.

Sie dürfen einen Ball fünf Minuten suchen. Ist er nicht innerhalb der fünf Minuten gefunden worden, ist er verloren.

Glauben Sie nach einem Schlag, Ihr Ball könnte außerhalb eines Wasserhindernisses verloren oder Aus sein, sollten Sie einen „provisorischen Ball" spielen. Sie müssen ankündigen, dass dies ein provisorischer Ball ist und ihn spielen, bevor Sie nach vorne gehen um den ursprünglichen Ball zu suchen.

Ist der ursprüngliche Ball verloren (außer in einem Wasserhindernis) oder Aus, müssen Sie das Spiel mit einem Strafschlag mit dem provisorischen Ball fortsetzen. Wird der ursprüngliche Ball auf dem Platz gefunden, müssen Sie das Spiel mit diesem Ball fortsetzen und dürfen den provisorischen Ball nicht mehr weiterspielen.

Ball unspielbar (Regel 28)

Ist Ihr Ball in einem Wasserhindernis und Sie möchten ihn nicht spielen, wie er liegt, müssen Sie nach der Regel „Wasserhindernisse" verfahren; die Regel „Ball unspielbar" ist nicht anwendbar.

Halten Sie Ihren Ball anderswo auf dem Platz für unspielbar, dürfen Sie unter Hinzurechnung eines Strafschlags

- einen Ball dort spielen, von wo aus Ihr letzter Schlag gespielt wurde, oder
- einen Ball in beliebiger Entfernung hinter dem Punkt, an dem der Ball lag, fallen lassen, auf einer geraden Linie zwischen dem Loch, dem Punkt, an dem der Ball lag und der Stelle, an der der Ball fallen gelassen wird, oder

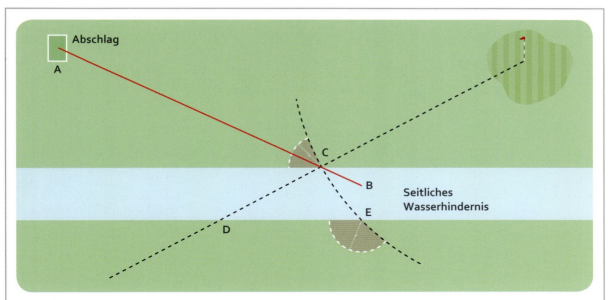

Ein vom Abschlag an Punkt „A" gespielter Ball kreuzt die Grenze des Hindernisses an Punkt „C" und kommt in einem seitlichen Wasserhindernis an Punkt „B" zur Ruhe.
Der Spieler hat folgende Möglichkeiten:
• Den Ball straflos an Punkt B spielen, oder mit einem Strafschlag:
• einen anderen Ball vom Abschlag spielen
• einen Ball irgendwo auf der gepunkteten Linie von „D" nach hinten fallen lassen
• einen Ball in der schraffierten Fläche an Punkt C fallen lassen (innerhalb von zwei Schlägerlängen von „C", nicht näher zum Loch als „C")
• einen Ball in der schraffierten Fläche an Punkt E fallen lassen (innerhalb von zwei Schlägerlängen von „E", nicht näher zum Loch als „E")

• einen Ball innerhalb von zwei Schlägerlängen von der Stelle, an der der Ball lag, nicht näher zum Loch fallen lassen.
Ist Ihr Ball in einem Bunker, können Sie wie oben beschrieben verfahren, jedoch muss der Ball im Bunker fallen gelassen werden, wenn Sie ihn auf der Linie zurück oder innerhalb zweier Schlägerlängen fallen lassen.

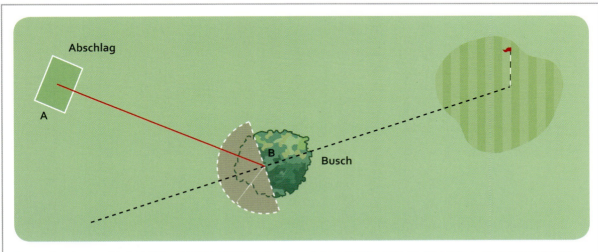

Ein von Punkt „A" auf dem Abschlag gespielter Ball kommt in einem Busch an Punkt „B" zur Ruhe. Hält der Spieler den Ball für unspielbar, hat er unter Anrechnung eines Strafschlags folgende Möglichkeiten:
• einen Ball vom Abschlag zu spielen
• einen Ball hinter Punkt „B" auf der gestrichelten Linie fallen zu lassen, oder
• einen Ball in der schraffierten Fläche fallen lassen, d.h. innerhalb von zwei Schlägerlängen von „B", aber nicht näher zum Loch als „B".

EINE KURZE EINFÜHRUNG IN DIE GOLFREGELN

Abschnitt 1
ETIKETTE; VERHALTEN AUF DEM PLATZ

Einleitung
Dieser Abschnitt stellt Richtlinien für das Verhalten auf, das beim Golfspielen erwartet wird. Wenn diese Richtlinien eingehalten werden, können alle Spieler die größtmögliche Spielfreude erreichen. Das vorherrschende Prinzip ist, dass auf dem Platz stets Rücksicht auf andere Spieler genommen werden sollte.

Der „wahre Geist des Golfspiels" (Spirit of the Game)
Golf wird überwiegend ohne die Anwesenheit eines Schiedsrichters oder Unparteiischen gespielt. Das Spiel beruht auf dem ehrlichen Bemühen jedes einzelnen Spielers, Rücksicht auf andere Spieler zu nehmen und nach den Regeln zu spielen. Alle Spieler sollten sich diszipliniert verhalten und jederzeit Höflichkeit und Sportsgeist erkennen lassen, gleichgültig wie ehrgeizig sie sein mögen. Dies ist der „wahre Geist des Golfspiels" (Spirit of the Game).

Sicherheit
Spieler sollten sich vergewissern, dass niemand nahe bei ihnen oder sonst wie so steht, dass ihn Schläger, Ball oder irgendetwas (wie Steine, Sand, Zweige etc.), was beim Schlag oder Schwung bewegt wird, treffen könnten, wenn sie einen Schlag oder Übungsschwung machen.

Spieler sollten nicht spielen, bis die Spieler vor ihnen außer Reichweite sind.

Spieler sollten immer auf Platzpfleger in ihrer Nähe oder in Spielrichtung achten, wenn sie einen Schlag spielen, der diese gefährden könnte.

Schlägt ein Spieler einen Ball in eine Richtung, in der er jemanden treffen könnte, sollte er sofort eine Warnung rufen. Der übliche Warnruf in einer solchen Situation lautet „Fore".

Rücksicht auf andere Spieler
Nicht stören oder ablenken
Spieler sollten immer Rücksicht auf andere Spieler auf dem Platz nehmen und deren Spiel nicht durch Bewegungen, Gespräche oder vermeidbare Geräusche stören.
- Spieler sollten sicherstellen, dass keine von ihnen auf den Platz mitgenommenen elektronischen Geräte andere Spieler ablenken.
- Auf dem Abschlag sollte ein Spieler seinen Ball nicht aufsetzen, bevor er an der Reihe ist.
- Andere Spieler sollten nicht nahe oder direkt hinter dem Ball des Spielers oder direkt hinter dem Loch stehen, wenn dieser dabei ist, seinen Schlag auszuführen.

Spieler sollten spielbereit sein, sobald sie an der Reihe sind. Dies kann erreicht werden, indem schon die Puttlinie gelesen wird, während andere Spieler spielen, immer vorausgesetzt, dass dies nicht zu einer Störung oder Ablenkung führt. Hier puttet Phil Mickelson, während Tiger Woods sich auf den Putt vorbereitet.

Auf dem Grün

Auf dem Grün sollten Spieler nicht auf oder nahe bei der Puttlinie eines anderen Spielers stehen oder ihren Schatten auf die Puttlinie werfen, wenn ein anderer Spieler spielt.

Spieler sollten in der Nähe des Grüns bleiben, bis alle Spieler dieses Loch beendet haben.

Aufschreiben der Schlagzahlen

Ein Spieler, der im Zählspiel als Zähler eingesetzt ist, sollte, falls notwendig, auf dem Weg zum nächsten Abschlag das Ergebnis des letzten Lochs mit dem Spieler abgleichen und aufschreiben.

Spieltempo
Zügig spielen und Anschluss halten

Spieler sollten ein zügiges Spieltempo einhalten. Die Spielleitung kann Richtlinien zur Spielgeschwindigkeit aufstellen, an die sich alle Spieler halten sollten.

Es liegt in der Verantwortung einer Spielergruppe, Anschluss an die Gruppe vor sich zu halten. Fällt sie ein ganzes Loch hinter der Gruppe vor sich zurück und hält sie die ihr folgende Gruppe auf, sollte sie dieser das Durchspielen anbieten, gleich wie viele Spieler in dieser Gruppe spielen. Falls eine Spielergruppe zwar kein ganzes Loch vor sich frei hat, es aber dennoch deutlich wird, dass die nachfolgende Spielergruppe schneller spielen kann, so sollte der nachfolgenden Gruppe das Durchspielen ermöglicht werden.

Auf den Schlag vorbereitet sein

Spieler sollten unmittelbar bereit sein, ihren Schlag zu spielen, wenn sie an der Reihe sind. Wenn sie auf oder nahe dem Grün sind, sollten sie ihre Golftaschen oder -wagen an einer Stelle abstellen, die es ihnen ermöglicht, schnell vom Grün zum nächsten Abschlag zu gelangen. Sofort nach Beendigung eines Lochs sollten die Spieler das Grün verlassen.

Ball verloren

Glaubt ein Spieler, dass sein Ball außerhalb eines Wasserhindernisses verloren oder im Aus sein kann, so sollte er einen provisorischen Ball spielen, um Zeit zu sparen.

Spieler, die einen Ball suchen, sollten nachfolgenden Spielern unverzüglich ein Zeichen zum Überholen geben, wenn der gesuchte Ball offensichtlich nicht sogleich zu finden ist. Sie sollten nicht zunächst fünf Minuten suchen, bevor sie überholen lassen. Ihr Spiel sollten sie erst fortsetzen, wenn die nachfolgenden Spieler überholt haben und außer Reichweite sind.

Vorrecht auf dem Golfplatz

Sofern nicht von der Spielleitung anders bestimmt, wird das Vorrecht auf dem Platz durch das Spieltempo einer Spielergruppe bestimmt.
Jedes Spiel über die volle Runde hat den Anspruch, dass ihm Gelegenheit gegeben wird, jedes Spiel über eine kürzere Runde zu überholen. Der Begriff „Gruppe" bzw. „Spielergruppe" schließt einen Einzelspieler ein.

SCHONUNG DES GOLFPLATZES
Divots sind einzusetzen (1), Balleinschlaglöcher auf dem Grün sind sorgfältig zu beheben (2) und Fußabdrücke sowie andere Unebenheiten sind bei Verlassen des Bunkers einzuebnen (3). Beim Herausnehmen des Balles aus dem Loch nicht auf den Putter stützen (4).

Schonung des Golfplatzes
Bunker einebnen

Vor Verlassen eines Bunkers sollten Spieler alle von ihnen oder in der näheren Umgebung von anderen Spielern verursachten Unebenheiten und Fußspuren sorgfältig einebnen. Ist eine Harke in der Nähe des Bunkers verfügbar, so sollte die Harke benutzt werden.

Ausbessern von Divots, Balleinschlaglöchern und Schäden durch Schuhe

Ein Spieler sollte gewährleisten, dass jede von ihm beschädigte oder herausgeschlagene Grasnarbe (Divot) sofort wieder eingesetzt und niedergedrückt wird und dass alle durch Einschlag eines Balls hervorgerufenen Schäden auf dem Grün sorgfältig behoben werden (gleich, ob diese vom Ball des Spielers verursacht wurden oder nicht). Sobald sämtliche Spieler der Gruppe das Loch zu Ende gespielt haben, sollten durch Golfschuhe entstandene Schäden auf dem Grün behoben werden.

Vermeidung von unnötigen Beschädigungen

Spieler sollten vermeiden, den Platz durch Herausschlagen von Grasnarbe bei Übungsschwüngen oder Schlagen des Schlägers in den Boden – aus Ärger oder einem anderen Grund – zu beschädigen.

Die Spieler sollten gewährleisten, dass beim Ablegen von Golftaschen oder Flaggenstöcken die Grüns nicht Schaden nehmen. Um das Loch nicht zu beschädigen, sollten Spieler und deren Caddies nicht zu nahe am Loch stehen und den Flaggenstock sorgfältig bedienen sowie den Ball vorsichtig aus dem Loch nehmen. Der Schlägerkopf sollte nicht dazu benutzt werden, den Ball aus dem Loch zu nehmen.

Spieler sollten sich auf dem Grün nicht auf ihren Schläger stützen, vor allem nicht, wenn sie den Ball aus dem Loch nehmen.

Der Flaggenstock sollte ordnungsgemäß in das Loch zurückgesteckt werden, bevor die Spieler das Grün verlassen.

Örtliche Vorschriften über die Benutzung von Golfwagen sind streng zu befolgen.

Zusammenfassung, Strafen für Verstoß

Befolgen Spieler die Richtlinien in diesem Abschnitt, wird das Spiel für jeden angenehmer.

Missachtet ein Spieler fortgesetzt diese Richtlinien während einer Runde oder über einen gewissen Zeitraum zum Nachteil anderer, so wird der Spielleitung empfohlen, geeignete disziplinarische Maßnahmen gegen diesen Spieler zu erlassen. Solche Maßnahmen können z. B. aus einem Spielverbot auf dem Platz für eine gewisse Zeit oder in einer Sperre für eine Anzahl von Wettspielen bestehen. Dies erscheint im Interesse der Mehrheit aller anderen Spieler, die Golf in Übereinstimmung mit den vorgenannten Richtlinien spielen wollen, gerechtfertigt.

Im Fall eines schwerwiegenden Verstoßes gegen die Etikette kann die Spielleitung einen Spieler nach Regel 33-7 disqualifizieren.

HÄUFIG GESTELLTE FRAGEN

Hat ein Einzelspieler irgendein Vorrecht auf dem Platz?

Unterschiedlich: Spieler spielen in unterschiedlichen Geschwindigkeiten. Obwohl Spieler nicht gezwungen sein sollten, um den Platz rennen, so sollten sie sich doch bewusst sein, dass gleichzeitig auch andere Spieler auf dem Platz spielen. Sie sollten deshalb diesen Spielern gegenüber gesunden Menschenverstand und Höflichkeit zeigen.

Der Abschnitt „Etikette" empfiehlt, dass, vorbehaltlich einer anderen Regelung durch die Spielleitung, das Vorrecht auf dem Platz durch die Spielgeschwindigkeit einer Gruppe bestimmt wird. Der Begriff „Gruppe" schließt einen Einzelspieler mit ein. Der Abschnitt „Spieltempo" der Etikette sagt außerdem, dass „es in der Verantwortung einer Spielergruppe liegt, Anschluss an die Gruppe vor sich zu halten. Wenn sie mehr als ein Loch Rückstand zu der Gruppe vor sich hat und das Spiel der Gruppe hinter sich verzögert, so sollte sie die Gruppe hinter sich einladen, durchzuspielen, gleich wie viele Spieler in dieser Gruppe spielen. Hat eine Gruppe nicht mehr als ein Loch Rückstand, aber es ist zu erkennen, dass die Gruppe hinter ihr schneller spielen kann, so sollte sie die schnellere Gruppe einladen, durchzuspielen." Deshalb sollte eine langsame Gruppe eine schnellere Gruppe durchspielen lassen, wo immer es möglich ist, und Einzelspieler sollten die gleichen Rechte haben wie alle anderen Spieler.

Abschnitt 2
ERKLÄRUNGEN

Die Erklärungen sind alphabetisch geordnet. In den Regeln selbst sind die für die Anwendung einer Regel wichtigsten Erklärungen in *Kursivschrift* wiedergegeben.

Abschlag *„Abschlag"* ist der Ort, an dem das zu spielende Loch beginnt. Der Abschlag ist eine rechteckige Fläche, zwei Schlägerlängen tief, deren Vorder- und Seitenbegrenzungen durch die Außenseiten von zwei Abschlagmarkierungen bezeichnet werden. Ein Ball befindet sich außerhalb des *Abschlags*, wenn er vollständig außerhalb liegt.

Ansprechen des Balls Ein Spieler hat den Ball angesprochen, sobald er seinen Schläger unmittelbar vor oder unmittelbar hinter dem Ball aufgesetzt hat, unabhängig davon, ob er seine *Standposition* bezogen hat.

Aus *„Aus"* ist jenseits der Grenzen des *Platzes* oder jeder Teil des *Platzes*, der durch die *Spielleitung* als *Aus* markiert ist.

Wird Aus durch Pfähle oder einen Zaun oder als jenseits von Pfählen oder einem Zaun gekennzeichnet, so verläuft die Auslinie auf Bodenebene entlang den platzseitig vordersten Punkten der Pfähle bzw. Zaunpfosten ohne Berücksichtigung schräg laufender Stützpfosten. Wenn sowohl Pfähle als auch Linien benutzt werden, um Aus anzuzeigen, so bezeichnen die Pfähle das Aus und die Linien kennzeichnen die Grenze. Wird Aus durch eine Bodenlinie gekennzeichnet, so ist die Linie selbst Aus. Aus erstreckt sich von der Auslinie senkrecht nach oben und unten.

Ein Ball ist im Aus, wenn er vollständig im Aus liegt. Ein Spieler darf im Aus stehen, um einen nicht im Aus liegenden Ball zu spielen.

Gegenstände zur Kennzeichnung des Aus wie Mauern, Zäune, Pfähle und Geländer sind keine *Hemmnisse* und gelten als befestigt. Pfähle zur Bezeichnung von Aus sind keine *Hemmnisse* und gelten als befestigt.

Anmerkung 1: Pfähle oder Linien zur Kennzeichnung von Aus sollten weiß sein.

Anmerkung 2: Die Spielleitung darf in einer Platzregel festlegen, dass Pfähle, die Aus bezeichnen aber nicht kennzeichnen, Hemmnisse sind.

Ausrüstung *„Ausrüstung"* ist alles, was vom Spieler benutzt, am Körper oder mit sich getragen wird oder für den Spieler von seinem *Partner* oder einem ihrer *Caddies* getragen wird, ausgenommen jeder Ball, den er an dem zu spielenden Loch gespielt hat, und jeder kleine Gegenstand wie Münze oder *Tee*, wenn er benutzt wurde, um die Lage eines Balls oder die Ausdehnung einer Fläche zu kennzeichnen, innerhalb der ein Ball fallen gelassen werden muss. Ausrüstung schließt

ANSPRECHEN DES BALLS

(1) Ein Spieler hat seinen Ball angesprochen, wenn er seinen Schläger unmittelbar vor oder hinter dem Ball aufgesetzt hat, gleich ob er seinen Stand eingenommen hat oder nicht.

(2) Da der Spieler seinen Schläger weder vor noch hinter dem Ball aufgesetzt hat, hat er seinen Ball nicht „angesprochen" und kann sich keine Strafe nach Regel 18-2b zuziehen, falls der Ball sich bewegen sollte.

Golfwagen ein, gleich ob motorisiert oder nicht.
Anmerkung 1: Ein an dem zu spielenden Loch gespielter Ball ist Ausrüstung, solange er aufgenommen und noch nicht wieder ins Spiel gebracht wurde.
Anmerkung 2: Wird ein Golfwagen von zwei oder mehreren Spielern geteilt, so gelten der Golfwagen und alles darin als Ausrüstung eines der Spieler, die sich den Golfwagen teilen.

Wird der Golfwagen von einem der Spieler (oder dem *Partner* eines der Spieler), die sich den Golfwagen teilen, bewegt, so gilt der Golfwagen und alles darin als Ausrüstung dieses Spielers. Anderenfalls gelten der von den Spielern geteilte Golfwagen und alles darin als Ausrüstung des Spielers, dessen Ball (oder dessen *Partners* Ball) betroffen ist.

Ball eingelocht Siehe: „Einlochen".

Ball gilt als bewegt Siehe: „Bewegen, bewegt".

Ball im Spiel Ein Ball ist *„im Spiel"*, sobald der Spieler auf dem *Abschlag* einen *Schlag* ausgeführt hat. Er bleibt im Spiel, bis er *eingelocht* ist, es sei denn, er ist *verloren*, im *Aus*, oder er wurde aufgenommen oder durch einen anderen Ball ersetzt, gleich ob der Ersatz erlaubt ist oder nicht; ein so *neu eingesetzter Ball* wird Ball im Spiel.

Wird ein Ball von außerhalb des *Abschlags* gespielt, wenn der Spieler ein Loch beginnt oder bei dem Versuch diesen Fehler zu beheben, ist der Ball nicht im Spiel; Regel 11-4 oder 11-5 finden Anwendung. Anderenfalls beinhaltet der Begriff *Ball im Spiel* einen Ball, der von außerhalb des Abschlags gespielt wird, wenn der Spieler seinen nächsten Schlag vom *Abschlag* spielen will oder muss.
Ausnahme im Lochspiel: Ball im Spiel schließt einen Ball ein, der vom Spieler bei Beginn eines Lochs von außerhalb des *Abschlags* gespielt wurde, wenn der *Gegner* nicht verlangt, dass dieser *Schlag* entsprechend Regel 11-4a annulliert wird.

CADDIE

Ein Caddie trägt die Schläger des Spielers und darf Rat bei Schlägerwahl, Bestimmung der Spielrichtung und Lesen der Puttlinie anbieten.

Ball verloren Siehe: „Verlorener Ball".

Belehrung „*Belehrung*" ist jede Art von Rat oder Anregung, die einen Spieler in seiner Entscheidung über sein Spiel, die Schlägerwahl oder die Art der Ausführung eines *Schlags* beeinflussen könnte.

Auskunft über die *Regeln*, Entfernungen oder über allgemein Kenntliches wie die Lage von *Hindernissen* oder

BUNKER

Der koreanische Spieler Jeong Jin bereitet sich auf einen Schlag aus dem „Road-Hole-Bunker" auf dem 17. Loch des Old Course in St. Andrews in Schottland vor. Eine Bunkerwand aus Grassoden, ob grasbedeckt oder nicht, ist kein Teil des Bunkers.

ZEITWEILIGES WASSER

Zeitweiliges Wasser ist „ungewöhnlich beschaffener Boden" und ein Spieler kann von diesem Umstand Erleichterung nach Regel 25-1 in Anspruch nehmen.

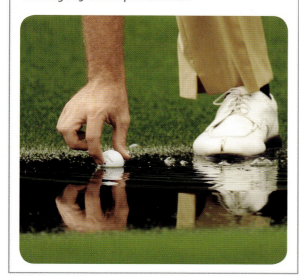

AUSRÜSTUNG

Ein kleiner Gegenstand wie eine Münze oder ein Tee, mit dem der Bereich gekennzeichnet wird, in dem ein Ball fallen gelassen werden soll, ist keine „Ausrüstung" des Spielers.

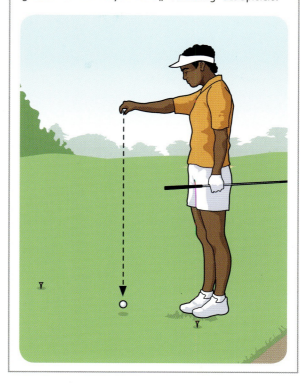

die Position des *Flaggenstocks* auf dem *Grün* ist nicht Belehrung.

Beobachter „*Beobachter*" ist jemand, den die *Spielleitung* bestimmt hat, einem *Referee* bei der Entscheidung von Tatfragen zur Seite zu stehen und ihm jeden *Regelverstoß* zu melden. Ein Beobachter soll nicht den *Flaggenstock* bedienen, am *Loch* stehen oder dessen Lage anzeigen, und soll auch nicht den Ball aufnehmen oder dessen Lage kennzeichnen.

Bestball Siehe: „Spielformen des Lochspiels".

Bewegen, bewegt Ein Ball gilt als „*bewegt*", wenn er seine Lage verlässt und anderswo zur Ruhe kommt.

Bewerber „*Bewerber*" ist ein Spieler im *Zählwettspiel*. „*Mitbewerber*" ist jede Person, mit der zusammen der Bewerber spielt. Keiner ist *Partner* des anderen.

In *Zählspiel-Vierern* und *Vierball*-Wettspielen schließt, soweit es der Zusammenhang gestattet, der Begriff „*Bewerber*" oder „*Mitbewerber*" den *Partner* ein.

Boden in Ausbesserung „*Boden in Ausbesserung*" ist jeder Teil des *Platzes*, der auf Anordnung der *Spielleitung* als solcher markiert oder durch deren befugte Vertreter dazu erklärt wurde. Jeglicher Boden und jederlei Gras, Busch und Baum oder Sonstiges, das wächst, in dem Boden in Ausbesserung, gehören zu dem Boden in Ausbesserung. Boden in Ausbesserung schließt auch zur Beseitigung angehäuftes Material und von Platzpflegern gemachte Löcher mit ein, auch wenn dies nicht entsprechend markiert ist. Schnittgut und anderes auf dem Platz liegen gelassene Material, das sich selbst überlassen und nicht zum Abtransport bestimmt wurde, ist kein Boden in Ausbesserung, es sei denn, es wäre so markiert.

Wird die Grenze von Boden in Ausbesserung durch Pfähle gekennzeichnet, so befinden sich diese Pfähle in Boden in Ausbesserung und die Grenze wird durch die Verbindung der nächstgelegenen äußeren Punkte der Pfähle auf Bodenebene gekennzeichnet. Werden sowohl Pfähle als auch Linien benutzt, um Boden in Ausbesserung anzuzeigen, so bezeichnen die Pfähle den Boden in Ausbesserung und die Linien kennzeichnen die Grenze. Wird die Grenze von Boden in Ausbesserung durch eine Linie auf dem Boden gekennzeichnet, so ist die Linie selbst in Boden in Ausbesserung. Die Grenze von Boden in Ausbesserung erstreckt sich senkrecht nach unten, nicht jedoch nach oben.

Ein Ball ist im Boden in Ausbesserung, wenn er darin liegt oder ihn mit irgendeinem Teil berührt.

Pfähle, die Boden in Ausbesserung bezeichnen oder dessen Grenzen kennzeichnen, sind *Hemmnisse*.

Anmerkung: Die *Spielleitung* darf durch Platzregel bestimmen, dass von Boden in Ausbesserung oder von einem geschützten Biotop, das als Boden in Ausbesserung gekennzeichnet ist, nicht gespielt werden darf.

Bunker Ein „*Bunker*" ist ein *Hindernis* in der Form einer besonders hergerichteten, oft vertieften Bodenstelle, von der Grasnarbe oder Erdreich entfernt und durch Sand oder dergleichen ersetzt wurde. Grasbewachsener Boden angrenzend an einen oder in einem Bunker einschließlich aufgeschichteter Grassoden (gleich ob grasbewachsen oder nicht) ist nicht Bestandteil des Bunkers. Eine Wand oder ein Rand eines Bunkers, welche(r) nicht mit Gras bewachsen ist, ist Teil des Bunkers.

Die Grenze eines Bunkers erstreckt sich senkrecht nach unten, aber nicht nach oben.

Ein Ball ist im Bunker, wenn er darin liegt oder ihn mit irgendeinem Teil berührt.

Caddie „*Caddie*" ist jemand, der den Spieler in Übereinstimmung mit den *Golfregeln* unterstützt. Dies kann das Tragen oder den Umgang mit den Schlägern des Spielers während des Spiels einschließen.

Ist ein Caddie von mehr als einem Spieler eingesetzt, so gilt er stets als Caddie desjenigen sich den Caddie teilenden Spielers, dessen Ball (oder dessen *Partners* Ball) betroffen ist, und von ihm getragene *Ausrüstung* gilt als *Ausrüstung* des betreffenden Spielers, ausgenommen der Caddie handelt auf besondere Weisung eines anderen Spielers (oder dem *Partner* eines anderen Spielers) mit dem der Caddie geteilt wird; im letztgenannten Fall gilt er als Caddie jenes anderen Spielers.

Dreiball Siehe: „*Spielformen des Lochspiels*".

Dreier Siehe: „*Spielformen des Lochspiels*".

Ehre Der Spieler, der als Erster vom *Abschlag* zu spielen berechtigt ist, hat – wie man sagt – die „*Ehre*".

Einlochen Ein Ball ist „*eingelocht*", wenn er innerhalb des Lochumfangs zur Ruhe gekommen ist und sich vollständig unterhalb der Ebene des Lochrands befindet.

Einzel Siehe: „*Spielformen des Lochspiels*" und „*Spielformen des Zählspiels*".

Erdgänge grabendes Tier Ein „*Erdgänge grabendes Tier*" ist ein Tier (mit Ausnahme von einem Wurm, Insekt oder Ähnlichem), das einen Bau als Unterkunft oder zu seinem Schutz anlegt, z. B. ein Kaninchen, Maulwurf, Murmeltier, Erdhörnchen oder Salamander.

Anmerkung: Ein Loch von einem Tier, das keine Erdgänge gräbt, z. B. von einem Hund, gilt nicht als *ungewöhnlich beschaffener Boden*, es sei denn, es wurde als *Boden in Ausbesserung* gekennzeichnet oder dazu erklärt.

Falscher Ball „*Falscher Ball*" ist jeder andere Ball als des Spielers
- *Ball im Spiel*;
- *provisorischer Ball*; oder

BODEN IN AUSBESSERUNG

Schnittgut ist „Boden in Ausbesserung" wenn es zum Abtransport aufgehäuft wurde oder von der Spielleitung als „Boden in Ausbesserung" gekennzeichnet wurde. Der Spieler erhält keine straflose Erleichterung nach Regel 25-1, wenn das Schnittgut offensichtlich unter einen Busch geworfen wurde um dort zu verrotten. Schnittgut ist ein loser hinderlicher Naturstoff, gleich ob er zum Abtransport aufgehäuft wurde oder nicht und darf vom Spieler entfernt werden (siehe Regel 23-1).

- nach Regel 3-3 oder Regel 20-7c im Zählspiel gespielter zweiter Ball

und schließt mit ein:
- eines anderen Spielers Ball;
- einen aufgegebenen Ball; und
- des Spielers ursprünglichen aber nicht mehr im Spiel befindlichen Ball.

Anmerkung: *Ball im Spiel* ist auch ein *neu eingesetzter Ball*, der den im Spiel befindlichen Ball ersetzt hat, gleich, ob der Ersatz erlaubt ist oder nicht.

Falsches Grün Ein *„falsches Grün"* ist jedes andere *Grün* als das des zu spielenden Lochs. Sofern von der *Spielleitung* nicht anders vorgeschrieben, schließt dieser Begriff ein Übungs- oder Annäherungsgrün auf dem *Platz* ein.

Festgesetzte Runde Die *„festgesetzte Runde"* besteht aus den in richtiger Reihenfolge gespielten Löchern des *Platzes*, sofern nicht von der *Spielleitung* anderweitig bestimmt. Die festgesetzte Runde geht über 18 Löcher, sofern nicht die *Spielleitung* eine geringere Anzahl bestimmt hat. Bezüglich Verlängerung der festgesetzten Runde im Lochspiel siehe Regel 2-3.

Flaggenstock Ein *„Flaggenstock"* ist ein beweglicher gerader Anzeiger mit oder ohne Flaggentuch bzw. sonst etwas daran, der in der Mitte des *Lochs* steckt, um dessen Lage anzuzeigen. Sein Querschnitt muss kreisförmig sein. Polsterungen oder anderes Aufschlag dämpfendes Material, das die Bewegung des Balls unangemessen beeinflussen könnte, sind nicht zulässig.

Gegner Ein *„Gegner"* ist ein Mitglied einer *Partei*, gegen die die *Partei* des Spielers in einem Lochspiel antritt.

Gelände *„Gelände"* ist der gesamte Bereich des *Platzes*, ausgenommen
a) *Abschlag* und *Grün* des zu spielenden Lochs; und
b) sämtliche *Hindernisse* auf dem *Platz*.

Grün *„Grün"* ist der gesamte Boden des zu spielenden Lochs, der zum Putten besonders hergerichtet ist, oder andernfalls von der Spielleitung als solcher gekennzeichnet ist. Ein Ball ist auf dem *Grün*, wenn er mit irgendeinem Teil das *Grün* berührt.

Hemmnisse
„Hemmnis" ist alles Künstliche, eingeschlossen die künstlich angelegten Oberflächen und Begrenzungen von Straßen und Wegen sowie künstlich hergestelltes Eis, jedoch ausgenommen
a) Gegenstände zum Bezeichnen des *Aus* wie Mauern, Zäune, Pfähle und Geländer;
b) jeder im *Aus* befindliche Teil eines unbeweglichen künstlichen Gegenstands; und
c) jede von der *Spielleitung* zum Bestandteil des *Platzes* erklärte Anlage.

Ein Hemmnis ist ein bewegliches Hemmnis, wenn es ohne übermäßige Anstrengung, ohne unangemessene Verzögerung des Spiels und ohne etwas zu beschädigen *bewegt* werden kann. Anderenfalls ist es ein unbewegliches Hemmnis.

Anmerkung: Die *Spielleitung* darf durch Platzregel ein bewegliches Hemmnis zu einem unbeweglichen Hemmnis erklären.

Hindernisse Ein *„Hindernis"* ist jeder *Bunker* oder jedes *Wasserhindernis*.

Loch Das *„Loch"* muss einen Durchmesser von 108 mm haben und mindestens 101,6 mm tief sein. Wird ein Einsatz benutzt, so muss er mindestens 25,4 mm unter die Grünoberfläche eingelassen werden, sofern es nicht wegen der Bodenbeschaffenheit undurchführbar ist; der äußere Durchmesser darf 108 mm nicht überschreiten.

Lose hinderliche Naturstoffe *„Lose hinderliche Naturstoffe"* sind natürliche Gegenstände einschließlich
- Steine, Blätter, Zweige, Äste und dergleichen,
- Kot,
- Würmer, Insekten und Ähnliches sowie Aufgeworfenes und Haufen von ihnen,

sofern diese betreffenden Gegenstände weder
- befestigt noch wachsend,
- noch fest eingebettet sind,
- und auch nicht am Ball haften.

Sand und loses Erdreich sind auf dem *Grün* lose hinderliche Naturstoffe, jedoch nirgendwo sonst.
Schnee und natürliches Eis, nicht aber Reif, sind entweder *zeitweiliges Wasser* oder lose hinderliche Naturstoffe nach Wahl des Spielers.
Tau und Reif gelten nicht als lose hinderliche Naturstoffe.

Mitbewerber Siehe: *„Bewerber"*.

Nächstgelegener Punkt der Erleichterung Der *„nächstgelegene Punkt der Erleichterung"* ist der Bezugspunkt bei Inanspruchnahme von strafloser Erleichterung von Behinderung durch ein *unbewegliches Hemmnis* (Regel 24-2), einen *ungewöhnlich beschaffenen Boden* (Regel 25-1) oder ein *falsches Grün* (Regel 25-3).

Er ist der dem Ball nächstgelegene Punkt auf dem Platz,
a) der nicht näher zum *Loch* ist und
b) an dem, läge der Ball dort, keine Behinderung durch den Umstand, von dem Erleichterung in Anspruch genommen wird, bestehen würde. Letzteres gilt für den *Schlag*, wie ihn der Spieler an der ursprünglichen Stelle des Balls gemacht hätte, wenn es den behindernden Umstand dort nicht gegeben hätte.

Anmerkung: Um den nächstgelegenen Punkt der Erleichterung genau festzustellen, sollte der Spieler mit demjenigen Schläger, mit dem er seinen nächsten *Schlag* gemacht hätte, wenn es den Umstand dort nicht gegeben hätte, die Ansprechposition, die Spielrichtung und das Schwingen für diesen *Schlag* simulieren.

ERKLÄRUNGEN 17

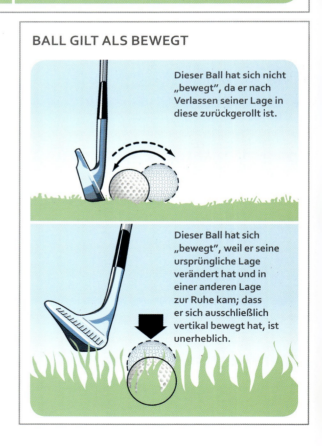

LOSE HINDERLICHE NATURSTOFFE

Natürliche Gegenstände wie z. B. tote Ratte, Bananenschale, Tannenzapfen, Zweige, Steine, Wurmhaufen, Blätter, Insekten

BEWEGLICHE HEMMNISSE

Künstlich hergestellte Gegenstände wie z. B. Abfall, Flasche, Harke, Heft, Dose, Tee, Zählkarte

Neu eingesetzter Ball Ein „neu eingesetzter Ball" ist ein Ball, der ins Spiel gebracht wurde für den ursprünglichen Ball, der entweder im Spiel war, verloren wurde, im *Aus* war oder aufgenommen wurde.

Nicht zum Spiel Gehörig (Äußere Einwirkungen) Im Lochspiel ist „Nicht zum Spiel Gehörig" alles außer
- der *Partei* des Spielers oder *Gegners*,
- jeder Caddie beider Parteien,
- jeder von beiden *Parteien* an dem gespielten Loch gespielter Ball
- und jegliche *Ausrüstung* beider Parteien

Im Zählspiel ist „Nicht zum Spiel Gehörig" alles außer
- der *Partei* des Spielers,
- jeder *Caddie* dieser *Partei*,
- jeder von der *Partei* an dem gespielten Loch gespielte Ball
- und jegliche *Ausrüstung* der Partei

„Nicht zum Spiel Gehörig" schließt einen *Referee*, einen *Zähler*, einen *Beobachter* und einen *Vorcaddie* mit ein. Weder Wind noch Wasser sind etwas „Nicht zum Spiel Gehöriges" (äußere Einwirkungen).

Partei Eine „*Partei*" ist ein Spieler, oder zwei bzw. mehr Spieler, die *Partner* sind. Im Lochspiel ist jedes Mitglied der gegnerischen Partei ein *Gegner*. Im Zählspiel sind Mitglieder aller Parteien *Bewerber* und Mitglieder verschiedener Parteien, die zusammen spielen, sind *Mitbewerber*.

BALL GILT ALS BEWEGT

Dieser Ball hat sich nicht „bewegt", da er nach Verlassen seiner Lage in diese zurückgerollt ist.

Dieser Ball hat sich „bewegt", weil er seine ursprüngliche Lage verändert hat und in einer anderen Lage zur Ruhe kam; dass er sich ausschließlich vertikal bewegt hat, ist unerheblich.

Partner „*Partner*" ist ein Spieler, der mit einem anderen Spieler zu einer *Partei* verbunden ist.

In einem *Dreier*, *Vierer*, *Bestball-* oder *Vierballspiel* schließt, soweit es der Zusammenhang gestattet, der Begriff Spieler den bzw. die Partner ein.

Platz „*Platz*" ist der gesamte Bereich innerhalb aller von der *Spielleitung* festgelegten Platzgrenzen (siehe Regel 33-2).

Platzrichter siehe „*Referee*"

Provisorischer Ball Ein „*Provisorischer Ball*" ist ein Ball, der nach Regel 27-2 für einen Ball gespielt wird, der außerhalb eines *Wasserhindernisses verloren* oder im *Aus* sein kann.

Puttlinie „*Puttlinie*" ist die Linie, die nach der Absicht des Spielers sein Ball nach einem auf dem *Grün* gespielten *Schlag* nehmen soll. Ausgenommen im Sinne von Regel 16-1e umfasst die Puttlinie einen angemessenen Abstand beiderseits der beabsichtigten Linie. Die Puttlinie erstreckt sich nicht über das *Loch* hinaus.

R&A „*R&A*" steht für R&A REGELs Limited.

Referee „*Referee*" ist jemand, den die *Spielleitung* bestimmt hat, Tatfragen zu entscheiden und den *Regeln* Geltung zu verschaffen. Er muss bei jedem Regelverstoß einschreiten, den er beobachtet oder der ihm gemeldet wird.

Ein Referee soll nicht den *Flaggenstock* bedienen, am *Loch* stehen oder dessen Lage anzeigen und auch nicht den Ball aufnehmen oder dessen Lage kennzeichnen.

Ausnahme im Lochspiel: Sofern ein Referee nicht dazu eingeteilt ist, Spieler im Lochspiel durchgehend zu begleiten, hat er, außer in Bezug auf Regel 1-3, 6-7 oder 33-7, keine Befugnis, bei einem Lochspiel einzuschreiten.

Regel oder Regeln Der Begriff „*Regel*" schließt ein
a) die Golfregeln und ihre in den „Entscheidungen zu den Golfregeln" enthaltenen Auslegungen;
b) alle von der *Spielleitung* nach Regel 33-1 und Anhang I erlassenen *Wettspielbedingungen*;
c) alle von der *Spielleitung* nach Regel 33-8a und Anhang I erlassenen Platzregeln und
d) die Bestimmungen zu
I) Schläger und dem Ball in den Anhängen II und III und ihre in „A Guide to the REGELs on Clubs and Balls" enthaltenen Interpretationen, und
II) Hilfsmittel und anderer *Ausrüstung* in Anhang IV.

Schlag „*Schlag*" ist die Vorwärtsbewegung des Schlägers, ausgeführt in der Absicht, nach dem Ball zu schlagen und ihn zu *bewegen*. Bricht jedoch ein Spieler willentlich seinen Abschwung ab, bevor der Schlägerkopf den Ball erreicht, so hat er keinen Schlag gemacht.

Seitliches Wasserhindernis „*Seitliches Wasserhindernis*" ist ein *Wasserhindernis* bzw. derjenige Teil davon, an dem es aufgrund seiner Lage nicht möglich oder nach Auffassung der *Spielleitung* undurchführbar ist, einen Ball in Übereinstimmung mit Regel 26-1b hinter dem *Wasserhindernis* fallen zu lassen. Jeglicher Boden und alles Wasser innerhalb der Grenzen eines seitlichen Wasserhindernisses ist Teil des seitlichen Wasserhindernisses.

Wird die Grenze eines seitlichen Wasserhindernisses durch Pfähle gekennzeichnet, so befinden sich diese Pfähle in dem seitlichen Wasserhindernis und die Grenze des *Hindernisses* wird durch die Verbindung der nächstgelegenen äußeren

---

NÄCHSTGELEGENER PUNKT DER ERLEICHTERUNG

Der Spieler sollte den Schläger zum Simulieren der Ansprechposition verwenden, mit dem er den nächsten Schlag gespielt hätte. So kann er den richtigen „nächstgelegenen Punkt der Erleichterung" unter Bezug auf die Lage seines Balls feststellen.

AUS

a. Durch Pfähle gekennzeichnet

Ist „Aus" durch Pfähle gekennzeichnet, so ist „Aus" durch den nächstgelgenen platzseitigen Punkt der Pfähle auf Bodenhöhe bestimmt. Ball 1 gilt als auf dem Platz liegend, da ein Teil von ihm auf den Platz ragt. Ball 2 ist „Aus", da kein Teil von ihm auf den Platz ragt.

b. Durch Linien gekennzeichnet

Ist „Aus" durch eine Linie gekennzeichnet, so ist die Linie selbst im „Aus". Ball 1 gilt als auf dem Platz liegend, da ein Teil von ihm auf den Platz ragt. Ball 2 ist „Aus", da kein Teil von ihm auf den Platz ragt.

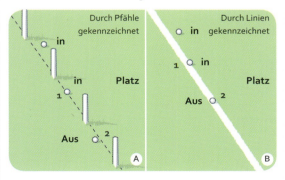

ERKLÄRUNGEN

Punkte der Pfähle auf Bodenebene gekennzeichnet. Werden sowohl Pfähle als auch Linien benutzt, um ein seitliches Wasserhindernis anzuzeigen, so bezeichnen die Pfähle das seitliche Wasserhindernis und die Linien kennzeichnen dessen Grenze. Wird die Grenze eines seitlichen Wasserhindernisses durch eine Linie auf dem Boden gekennzeichnet, so ist die Linie selbst im seitlichen Wasserhindernis. Die Grenze eines seitlichen Wasserhindernisses erstreckt sich senkrecht nach oben und unten.

Ein Ball ist im seitlichen Wasserhindernis, wenn er darin liegt oder es mit irgendeinem Teil berührt.

Pfähle, die ein seitliches Wasserhindernis bezeichnen oder dessen Grenze kennzeichnen, sind *Hemmnisse*.
Anmerkung 1: Derjenige Teil eines *Wasserhindernisses*, der als seitliches Wasserhindernis gespielt werden soll, muss unverwechselbar markiert sein. Pfähle oder Linien zur Kennzeichnung der Grenze oder Bezeichnung eines seitlichen Wasserhindernisses müssen rot sein.
Anmerkung 2: Die *Spielleitung* darf durch Platzregel bestimmen, dass von einem geschützten Biotop, das als seitliches Wasserhindernis gekennzeichnet ist, nicht gespielt werden darf.
Anmerkung 3: Die *Spielleitung* darf ein seitliches Wasserhindernis als ein *Wasserhindernis* kennzeichnen.

Spielformen des Lochspiels
Einzel: Ein Wettkampf, in dem ein Spieler gegen einen anderen Spieler spielt.
Dreier: Ein Wettkampf, in dem ein Spieler gegen zwei andere Spieler spielt und jede *Partei* nur einen Ball spielt.
Vierer: Ein Wettkampf, in dem zwei Spieler gegen zwei andere Spieler spielen und jede *Partei* nur einen Ball spielt.
Dreiball: Drei Spieler spielen gegeneinander, jeder spielt seinen eigenen Ball. Jeder Spieler spielt zwei voneinander unabhängige Lochspiele.
Bestball: Ein Wettkampf, in dem ein Spieler gegen den besseren Ball von zwei anderen Spielern oder den besten Ball von drei anderen Spielern spielt.
Vierball: Ein Wettkampf, in dem zwei Spieler ihren besseren Ball gegen den besseren Ball von zwei anderen Spielern spielen.

Spielformen des Zählspiels
Einzel: Ein Wettkampf, in dem jeder *Bewerber* für sich spielt.
Vierer: Ein Wettkampf, in dem zwei *Bewerber* als *Partner* einen Ball spielen.
Vierball: Ein Wettkampf, in dem zwei *Bewerber* als *Partner* jeder seinen eigenen Ball spielt. Das bessere Ergebnis der Partner ist das Ergebnis für das Loch. Wenn ein *Partner* das *Loch* nicht beendet, fällt keine Strafe an.
Anmerkung: Für Spiele gegen Par oder nach Stableford siehe Regel 32-1.

Spielleitung Die „*Spielleitung*" ist der für das Wettspiel verantwortliche Ausschuss, anderenfalls der für den *Platz* verantwortliche Ausschuss.

PARTNER
Ein Partner ist ein Spieler, der mit einem anderen Spieler zur gleichen Partei gehört.

Spiellinie „*Spiellinie*" ist die Richtung, die nach der Absicht des Spielers sein Ball nach einem *Schlag* nehmen soll, zuzüglich eines angemessenen Abstands beiderseits der beabsichtigten Richtung. Die Spiellinie erstreckt sich vom Boden senkrecht nach oben, jedoch nicht über das *Loch* hinaus.

Spielzufall Wird ein Ball in Bewegung zufällig durch etwas *Nicht zum Spiel Gehöriges* abgelenkt oder aufgehalten, so gilt dies als „*Spielzufall*" (siehe Regel 19-1).

Standposition „*Standposition*" beziehen heißt, dass ein Spieler für und in Vorbereitung auf einen *Schlag* die Füße in Stellung bringt.

Strafschlag „*Strafschlag*" ist ein *Schlag*, der nach bestimmten *Regeln* der Schlagzahl eines Spielers oder einer *Partei* zugerechnet wird. Im *Dreier* oder *Vierer* wirken sich Strafschläge nicht auf die Spielfolge aus.

Ungewöhnlich beschaffener Boden „*Ungewöhnlich beschaffener Boden*" bezeichnet folgende Umstände auf dem *Platz*: *Zeitweiliges Wasser*, *Boden in Ausbesserung*

ABSCHLAG

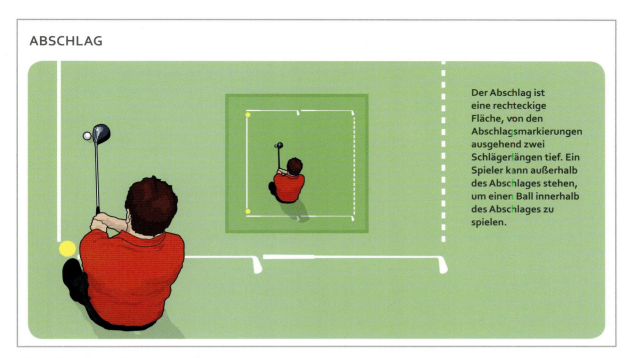

Der Abschlag ist eine rechteckige Fläche, von den Abschlagsmarkierungen ausgehend zwei Schlägerlängen tief. Ein Spieler kann außerhalb des Abschlages stehen, um einen Ball innerhalb des Abschlages zu spielen.

oder Loch, Aufgeworfenes oder Laufweg eines *Erdgänge grabenden Tiers*, eines Reptils oder eines Vogels.

Verlorener Ball Ein Ball gilt als „*verloren*", wenn
a) er binnen fünf Minuten, nachdem die *Partei* des Spielers oder deren *Caddies* die Suche danach begonnen haben, nicht gefunden oder nicht vom Spieler als sein eigener identifiziert ist; oder
b) der Spieler einen *Schlag* nach einem *provisorischen Ball* gemacht hat, von dem Ort, an dem sich der ursprüngliche Ball mutmaßlich befindet, oder von einem Punkt, der näher zum *Loch* liegt als dieser Ort (siehe Regel 27-2b); oder
c) der Spieler unter Strafe von *Schlag* und Distanzverlust einen anderen Ball nach Regel 26-1a, 27-1 oder 28a ins Spiel gebracht hat; oder
d) der Spieler einen anderen Ball ins Spiel gebracht hat, weil es bekannt oder so gut wie sicher ist, dass der nicht gefundene Ball
- von etwas *Nicht zum Spiel Gehörigen* bewegt wurde (siehe Regel 18-1),
- in einem *Hemmnis* ist (siehe Regel 24-3),
- in *ungewöhnlich beschaffenem Boden* ist (siehe Regel 25-1c), oder
- in einem *Wasserhindernis* ist (siehe Regel 26-1b oder c); oder

e) der Spieler einen *Schlag* nach einem *neu eingesetzten Ball* gemacht hat.

Beim Spielen eines *falschen Balls* zugebrachte Zeit wird nicht auf die zulässige Suchzeit von fünf Minuten angerechnet.

Vierball Siehe: „*Spielformen des Lochspiels*" und „*Spielformen des Zählspiels*".

Vierer Siehe: „*Spielformen des Lochspiels*" und „*Spielformen des Zählspiels*".

Vorcaddie „*Vorcaddie*" ist jemand, den die *Spielleitung* eingesetzt hat, Spielern während des Spiels die Lage von Bällen anzugeben. Er ist *Nicht zum Spiel Gehörig*.

Wasserhindernis „*Wasserhindernis*" ist jedes Meer, jeder See, Teich, Fluss, Graben, Abzugsgraben oder sonstige offene Wasserlauf (Wasser enthaltend oder nicht) und alles Ähnliche auf dem *Platz*. Jeglicher Boden und alles Wasser innerhalb der Grenzen eines *Wasserhindernisses* ist Teil des Wasserhindernisses.

DEFINITION EINES SCHLAGES

Hier hat der Spieler, da er noch nicht im Abschwung ist, auch noch nicht mit dem „Schlag" begonnen. Mit dem Beginn des Abschwungs gilt die Bewegung als Schlag, es sei denn, der Spieler bricht vor dem Treffen des Balls den Abschwung willentlich ab.

ERKLÄRUNGEN

Wird die Grenze eines Wasserhindernisses durch Pfähle gekennzeichnet, so befinden sich diese Pfähle in dem Wasserhindernis und die Grenze des *Hindernisses* wird durch die Verbindung der nächstgelegenen äußeren Punkte der Pfähle auf Bodenebene gekennzeichnet. Werden sowohl Pfähle als auch Linien benutzt, um ein Wasserhindernis anzuzeigen, so bezeichnen die Pfähle das Wasserhindernis und die Linien kennzeichnen dessen Grenze. Wird die Grenze eines Wasserhindernisses durch eine Linie auf dem Boden gekennzeichnet, so ist die Linie selbst im Wasserhindernis. Die Grenze eines Wasserhindernisses erstreckt sich senkrecht nach oben und unten.
Ein Ball ist im Wasserhindernis, wenn er darin liegt oder es mit irgendeinem Teil berührt.

Pfähle, die ein Wasserhindernis bezeichnen oder dessen Grenze kennzeichnen, sind *Hemmnisse*.
Anmerkung 1: Pfähle oder Linien zur Kennzeichnung der Grenze oder Bezeichnung eines Wasserhindernisses müssen gelb sein.
Anmerkung 2: Die *Spielleitung* darf durch Platzregel bestimmen, dass von einem geschützten Biotop, das als Wasserhindernis gekennzeichnet ist, nicht gespielt werden darf.

Zähler „*Zähler*" ist jemand, den die *Spielleitung* zum Aufschreiben der Schlagzahl eines *Bewerbers* im Zählspiel bestimmt hat. Er kann ein *Mitbewerber* sein. Er ist kein *Referee*.

Zeitweiliges Wasser „*Zeitweiliges Wasser*" ist jede vorübergehende Wasseransammlung auf dem *Platz*, die nicht in einem *Wasserhindernis* ist, und die sichtbar ist, bevor oder nachdem der Spieler seine *Standposition* bezieht. Schnee und natürliches Eis, nicht aber Reif, sind entweder zeitweiliges Wasser oder *lose hinderliche Naturstoffe* nach Wahl des Spielers. Künstlich hergestelltes Eis ist *Hemmnis*. Tau und Reif gelten nicht als zeitweiliges Wasser.
Ein Ball ist in zeitweiligem Wasser, wenn er darin liegt oder es mit irgendeinem Teil berührt.

Regelfall

*Ernie Els stoppte einen späten Angriff von Retief Goosen um damit die South African Open 2010 zum fünften Mal zu gewinnen. An Stelle jedoch 36 Löcher in den beiden letzten Runden zu spielen, hatte er schon nach 34 Löchern gewonnen. Zwei festgesetzte Runden waren am letzten Spieltag zu spielen, da zuvor der Regen fast den ganzen ersten Spieltag weggeschwemmt hatte. Die Anzahl Löcher in der festgesetzten Runde beträgt 18, es sei denn, eine geringere Anzahl wird von der Spielleitung bestimmt.
Ein Schauer am Morgen setzte das vierte Loch -ein Par 3- unter Wasser und es war trotz aller Anstrengungen, das Wasser zu beseitigen klar, dass dieses Loch nicht gespielt werden konnte. Dementsprechend wurde vor Beginn der dritten Runde entschieden, dieses Loch zu streichen und die beiden Schlussrunden über festgesetzten Runden von 17 Löchern zu spielen.*

Nach Ende des Spiels wurde allen Spielern ein Par auf dem vierten Loch eingetragen um die Statistik der European Tour für jeden Spieler fortschreiben zu können.

Die Entscheidung über die Reduzierung der Anzahl Löcher der festgesetzten Runde war nicht ohne Beispiel.

In zwei Fällen wurde in der Dutch Open in den späten 60er Jahren nur über 17 Löcher gespielt, da politisch motivierte Demonstranten ein Grün umgegraben hatten.

Retief Goosen aus Südafrika und sein Caddie laufen über das nasse vierte Grün, das in der dritten und vierten Runde der South African Open Golf Championship 2010 im Durban Country Club nicht gespielt wurde.

Häufig gestellte Fragen

Wie bestimmt ein Spieler den nächstgelegenen Punkt der Erleichterung?

Nehmen wir an, der Ball eines Spielers liegt auf dem Fairway. Der Spieler würde straflose Erleichterung erhalten, wenn die Lage des Balls oder der Raum seines beabsichtigten Stands oder Schwungs z. B. von einem ungewöhnlichen beschaffenen Boden behindert wären (Regel 25-1). Wählt der Spieler die Erleichterung, so wird verlangt, dass er Erleichterung für alle drei Punkte (also „vollständige Erleichterung") nimmt. Er kann nicht wählen, nur Erleichterung von einem aber nicht von den anderen Punkten zu nehmen. Lag der Ball z. B. in zeitweiligem Wasser (ein ungewöhnlich beschaffener Boden), so muss der Spieler beim Bestimmen des nächstgelegenen Punktes der Erleichterung sicherstellen, dass der Ball sich dort nicht in dem zeitweiligem Wasser befindet und dass das zeitweilige Wasser auch nicht seinen Schwung oder Stand behindert. Er darf nicht nur für die Lage des Balls Erleichterung nehmen.

Um den nächstgelegenen Punkt der Erleichterung genau zu bestimmen, sollte der Spieler mit dem Schläger, mit dem er den nächsten Schlag gespielt hätte, wenn die Behinderung (zeitweiliges Wasser) nicht dort gewesen wäre, und er sollte die Standposition, die Spielrichtung und den Schwung für einen solchen Schlag simulieren, um sich zu vergewissern, dabei frei von Behinderung durch den entsprechenden Umstand zu sein.

Der nächstgelegene Punkt der Erleichterung ist die Stelle auf dem Platz, so nahe wie möglich zu der Stelle, an der der Ball liegt, der (I) nicht näher zum Loch liegt und (II), läge der Ball dort, keine Behinderung mehr von dem Umstand (in diesem Fall zeitweiliges Wasser) gegeben wäre.

Welchen Schläger muss ein Spieler nehmen, um den nächstgelegenen Punkt der Erleichterung auszumessen und zu bestimmen?

Candie Kung aus Taiwan misst eine Schlägerlänge vom nächstgelegenen Punkt der Erleichterung aus. Sobald der nächstgelegene Punkt bestimmt wurde, darf der Spieler jeden Schläger nehmen, um die Fläche zu messen, in der der Ball fallen zu lassen ist.

Um den „nächstgelegenen Punkt der Erleichterung" (siehe Erklärung dieses Begriffs) zu bestimmen, sollte der Spieler den Schläger nehmen, mit dem er den nächsten Schlag spielen würde. Dies ist eine Empfehlung, deshalb wird auch das Wort „sollte" und nicht „muss" verwendet und der Spieler zieht sich keine Strafe zu, nur weil er dieser Empfehlung nicht folgt. Verwendet der Spieler jedoch einen anderen Schläger, mit dem es z. B. völlig unvernünftig von ihm wäre, den nächsten Schlag zu spielen, so läuft er Gefahr, einen Punkt zu bestimmen, der nicht der richtige nächstgelegene Punkt der Erleichterung ist. Verfährt der Spieler so, könnte er als Folge davon den Ball an einer falschen Stelle fallen lassen und, falls er von dort spielt, sich die Strafe für das Spielen von einer falschen Stelle zuziehen.

Angenommen, der Ball des Spielers liegt 90 Meter vom Loch entfernt und er steht in zeitweiligem Wasser. Der Spieler ist nach Regel 25-1 zu strafloser Erleichterung aus dem zeitweiligen Wasser berechtigt. Er sollte sich nun vorstellen, das zeitweilige Wasser würde nicht dort sein und einfach den Schläger wählen, mit dem er üblicherweise an dieser Stelle spielen würde – z.B. eine Wedge. Die Wedge wäre deshalb der richtige Schläger zur genauen Bestimmung des nächstgelegenen Punkts der Erleichterung.

Andererseits darf der Spieler jeden Schläger verwenden, um die Fläche zum Fallenlassen des Balls von einer oder zwei Schlägerlängen (abhängig von der Regel) zu bestimmen.

Einige Regeln – z.B. „Unbewegliche Hemmnisse" (Regel 24-2) oder „Ungewöhnlich beschaffener Boden" (Regel 25-1) verlangen vom Spieler, den Ball innerhalb einer Schlägerlänge vom nächstgelegenen Punkt der Erleichterung fallen zu lassen. Andere Regeln, wie „Ball unspielbar" (Regel 28), verlangen vom Spieler einfach, einen Ball innerhalb einer bestimmten Anzahl von Schlägerlängen fallen zu lassen: Im Fall von Regel 28c innerhalb von zwei Schlägerlängen von der Stelle, an der der Ball liegt.

Abschnitt 3
DIE REGELN DES SPIELS

REGEL 1

DAS SPIEL

1-1 ALLGEMEINES

Golf spielen ist, einen Ball mit einem Schläger durch einen *Schlag* oder aufeinander folgende *Schläge* in Übereinstimmung mit den *Regeln* vom *Abschlag* in das *Loch* zu spielen.

1-2 BEEINFLUSSUNG DER BEWEGUNG DES BALLS ODER ABÄNDERUNG PHYSISCHER BEDINGUNGEN

Kein Spieler darf (I) eine Handlung mit der Absicht durchführen, die Bewegung eines Balls im Spiel zu beeinflussen, oder (II) physische Bedingungen mit der Absicht abändern, das Spielen eines Lochs zu beeinflussen.

ERKLÄRUNGEN
Feststehende Begriffe sind kursiv geschrieben und alphabetisch im Abschnitt II „Erklärungen" aufgeführt (siehe Seiten 13-23).

BEEINFLUSSUNG DER BEWEGUNG DES BALLS ODER ABÄNDERUNG PHYSISCHER BEDINGUNGEN

Das Niederdrücken eines hochstehenden Grasbüschels oder das Ausbessern eines Divots is kein Verstoß gegen Regel 1-2, vorausgesetzt es wird ausschließlich zum Zweck der Platzpflege unternommen. Geschieht dies jedoch in der Absicht, die Bewegung des Balls oder das Spiel des Lochs zu beeinflussen, so wäre dies ein Verstoß gegen Regel 1-2.

Ausnahmen:
1. Eine Handlung, die ausdrücklich nach einer anderen Regel gestattet oder untersagt ist, unterliegt dieser anderen Regel, nicht Regel 1-2.
2. Dient eine Handlung ausschließlich der Pflege des Platzes, ist dies kein Verstoß gegen Regel 1-2.

BILLIGKEIT – EINIGE BEISPIELE

Ball kommt in der Nähe eines Bienenstocks zur Ruhe. Spieler steht Erleichterung zu – Entscheidung 1–4/10

Ball haftet nach einem Schlag an der Schlägerfläche. Spieler lässt Ball an der Stelle fallen, wo der Schläger war, als der Ball haften blieb. – Entscheidung 1–4/2

Vogelnest behindert Schlag. Spieler steht Erleichterung zu – Entscheidung 1–4/9

Überraschungen sind üblich, manche Probleme aber weniger. So bedarf die Tierwelt unseres Schutzes; auch durch den Golfer.

Ball kommt in der Nähe einer Schlange zur Ruhe. Spieler steht Erleichterung zu – Entscheidung 1–4/10

Ein Ball ist entweder in zeitweiligem Wasser verloren, das aus einem übergelaufenen Wasserhindernis stammt oder er ist in dem Wasserhindernis. Hier muss der Spieler nach der Wasserhindernisregel verfahren. Siehe Entscheidung 1-4/7.

*** STRAFE
FÜR VERSTOSS GEGEN REGEL 1-2:**
Lochspiel – Lochverlust; **Zählspiel** – Zwei Schläge
* Bei einem schwerwiegenden Verstoß gegen Regel 1-2 darf die Spielleitung die Strafe der Disqualifikation verhängen.

ANMERKUNG 1:
Ein Spieler hat einen schwerwiegenden Verstoß gegen Regel 1-2 begangen, wenn die *Spielleitung* der Meinung ist, dass die Handlung, durchgeführt unter Verstoß gegen diese Regel, ihm oder einem anderen Spieler einen bedeutenden Vorteil, oder einem anderen Spieler, außer seinem *Partner*, einen bedeutenden Nachteil, verschafft hat.

ANMERKUNG 2:
Außer bei einem schwerwiegenden Verstoß im Zählspiel, der zur Disqualifikation führt, muss ein Spieler bei einem Verstoß gegen Regel 1-2, der sich auf die *Bewegung* seines eigenen Balls bezieht, den Ball von dort spielen, wo er angehalten wurde, oder, falls der Ball abgelenkt wurde von dort, wo er zur Ruhe kam. Wurde die *Bewegung des Balls* eines Spielers von einem Mitbewerber oder etwas anderem *Nicht zum Spiel Gehörigen* absichtlich beeinflusst, gilt für den Spieler Regel 1-4 (siehe Anmerkung zu Regel 19-1).

1-3 ÜBEREINKUNFT ÜBER NICHTANWENDUNG VON REGELN

Spieler dürfen nicht übereinkommen, die Anwendung irgendeiner *Regel* auszuschließen oder irgendeine Strafe außer Acht zu lassen.

**STRAFE
FÜR VERSTOSS GEGEN REGEL 1-3:**
Lochspiel – Disqualifikation beider *Parteien*
Zählspiel – Disqualifikation beteiligter Bewerber
(Übereinkunft zum Spielen außer Reihenfolge im Zählspiel – siehe Regel 10-2c.)

1-4 NICHT DURCH REGELN ERFASSTE EINZELHEITEN

Wird irgendeine strittige Einzelheit nicht durch die *Regeln* erfasst, so sollte nach Billigkeit entschieden werden.

LOCHSPIEL: ÜBERLEGUNG, EIN LOCH ZU HALBIEREN

Eine Übereinkunft ein Loch zu teilen ist keine Übereinkunft über Nichtanwendung der Regeln.

Regelfall

Nachdem er bei der US Open 2010 mit einer 69 in Pebble Beach auf dem einem geteilten ersten Platz in die zweite Runde ging, führten Paul Casey´s Handlungen nach einem kurzen Pitch auf der Bahn 14 zu der Frage, ob hier ein Verstoß gegen Regel 1-2 vorläge.

Sein dritter Schlag auf dem Par 5 war ein kurzer Pitch, den er auf das Grün spielte und der in einiger Entfernung vom Loch liegen blieb. Enttäuscht sah er auf den Boden, ohne zu merken, dass sein Ball sich erneut in Bewegung gesetzt hatte und vom Grün zurück in seine Richtung rollte, drückte er einige hochstehende Grasbüschel mit seinem Schläger nieder. Der Ball rollte weiter zu ihm und kam nahe der niedergedrückten Grasbüschel zur Ruhe.

Der Regelausschuss der US Open sah sich den Fall in einer Videoaufzeichnung an und besprach ihn mit Casey, bevor er seine Zählkarte einreichte. Der Ausschuss stellte fest, dass Casey keine Absicht hatte, durch das Niederdrücken des Grases die Bewegung des Balls zu beeinflussen, da er nicht wusste, dass sein Ball zu ihm zurückkehren würde und dass deshalb kein Verstoß gegen Regel 1-2 vorlag.

Regel 1-2 erfasst den Casey-Fall nun weitergehend. Casey handelte ohne die Absicht, die Bewegung des Balls zu beeinflussen und wurden nicht mit der Absicht ausgeführt, die physischen Umstände in der Gegend zu verändern, in die der Ball rollen könnte. Die Entscheidung 1-2/8 besagt auch, dass ein Spieler keinen Regelverstoß begeht, wenn er sich nicht bewusst ist, dass sein Ball in das Gebiet zurückkehrt.

Casey chippte dann auf die andere Seite des Grüns, entschied sich dort für den Putter und machte drei Putts. Dies führte zu einer enttäuschenden 8 für das Loch 14 und seine Hoffnungen auf einen Sieg in den USA verflüchtigten sich.

Häufig gestellte Fragen

Was bedeutet der Begriff „Billigkeit"?
Billigkeit bedeutet, gleiche Vorkommnisse gleich zu behandeln. Einige Dinge werden nicht durch die Golfregeln erfasst, und in diesen Fällen muss die Entscheidung danach getroffen werden, was hier nach den Regeln fair wäre. Billigkeit ist jedoch kein Ersatz für die korrekte Anwendung einer Regel.

REGEL 2

LOCHSPIEL

2-1 ALLGEMEINES

Ein Spiel besteht aus einer *Partei*, die, wenn nicht von der *Spielleitung* anders bestimmt, über die *festgesetzte Runde* gegen eine andere *Partei* spielt.

Im Lochspiel wird lochweise gespielt.

Sofern die *Regeln* nichts anderes bestimmen, gewinnt ein *Loch* diejenige *Partei*, die mit weniger Schlägen ihren Ball einlocht. Im Vorgabespiel gewinnt das niedrigere Nettoergebnis das Loch. Der Stand des Lochspiels wird durch die Begriffe „so viele Löcher auf", „gleich (all square)" und „so viele Löcher zu spielen" ausgedrückt.

Eine *Partei* ist „dormie", wenn sie so viele Löcher auf ist, wie noch zu spielen sind.

2-2 HALBIERTES LOCH

Ein Loch ist halbiert, wenn beide *Parteien* mit der gleichen *Schlagzahl einlochen*.

Hat ein Spieler *eingelocht* und kann sein *Gegner* mit einem *Schlag* halbieren, der Spieler zieht sich jedoch nach dem *Einlochen* eine Strafe zu, so ist das *Loch* halbiert.

ERKLÄRUNGEN
Feststehende Begriffe sind kursiv geschrieben und alphabetisch im Abschnitt II „Erklärungen" aufgeführt (siehe Seiten 13-23).

GEWINNER IM LOCHSPIEL: HOLE BY HOLE PLAY-OFF

Die Spielleitung ist berechtigt, über das Verfahren bei gleichen Ergebnissen zu entscheiden. Es wird empfohlen, dass ein Lochspiel, dass mit Gleichstand endet, lochweise fortgesetzt wird bis eine Partei ein Loch gewinnt. Das Stechen sollte an dem Loch beginnen, an dem das Lochspiel begonnen wurde und alle Vorgabenschläge sollte wie in der festgesetzten Runde gewährt werden.

2-3 GEWINNER IM LOCHSPIEL

Ein Lochspiel ist gewonnen, wenn eine *Partei* mit mehr Löchern führt als noch zu spielen sind.

Zur Entscheidung bei Gleichstand darf die *Spielleitung* eine *festgesetzte Runde* um so viele Löcher verlängern, wie erforderlich sind, bis das Lochspiel gewonnen ist.

2-4 SCHENKEN DES LOCHSPIELS, DES LOCHS ODER DES NÄCHSTEN SCHLAGS

Ein Spieler darf ein Lochspiel jederzeit vor Beginn oder Abschluss des Lochspiels schenken.

Ein Spieler darf ein *Loch* jederzeit vor Beginn oder Abschluss des Lochs schenken.

Ein Spieler darf seinem *Gegner* jederzeit den nächsten *Schlag* schenken, vorausgesetzt der Ball des *Gegners* ist zur Ruhe gekommen. Der Ball gilt als vom *Gegner* mit seinem nächsten *Schlag eingelocht* und jede *Partei* darf den Ball entfernen.

Ein Schenken darf weder zurückgewiesen noch widerrufen werden.
(Ball ragt über den Lochrand hinaus – siehe Regel 16-2.)

2-5 ZWEIFEL ODER STREIT ÜBER SPIELWEISE; BEANSTANDUNGEN

Entstehen im Lochspiel zwischen den Spielern Zweifel oder Streit, so kann ein Spieler eine Beanstandung erheben. Ist kein befugter Vertreter der *Spielleitung* binnen angemessener Frist erreichbar, so müssen die Spieler das Lochspiel ohne Verzögerung fortsetzen.

Eine Beanstandung wird von der *Spielleitung* nur berücksichtigt, wenn diese rechtzeitig erhoben wurde und der beanstandende Spieler dabei seinem *Gegner* mitgeteilt hatte,
I) dass er eine Beanstandung erhebt oder dass er eine Regelentscheidung verlangt, und
II) auf welche Tatsachen sich die Beanstandung oder Regelentscheidung stützt.

Die Beanstandung gilt als rechtzeitig erhoben, wenn nach Feststellen von Umständen, die Anlass für eine Beanstandung sind, der Spieler seine Beanstandung erhebt,
I) bevor irgendein an dem Lochspiel beteiligter Spieler am nächsten *Abschlag* abschlägt, oder,
II) sofern es sich um das letzte Loch des Lochspiels handelt, bevor alle an dem Lochspiel beteiligten Spieler das *Grün* verlassen, oder
III) die Umstände, die Anlass für die Beanstandung sind, festgestellt wurden, nachdem alle Spieler des Lochspiels das *Grün* des letzten Loches verlassen haben und bevor das Ergebnis des Lochspiels offiziell bekanntgegeben wurde.

Eine Beanstandung, die sich auf ein bereits gespieltes *Loch* des Lochspiels bezieht, darf von der *Spielleitung* nur berücksichtigt werden, wenn sie auf Tatsachen beruht, die dem beanstandenden Spieler zuvor unbekannt waren, und ihm von einem *Gegner* eine falsche Auskunft (Regeln 6-2a oder 9) erteilt wurde. Eine solche Beanstandung muss rechtzeitig erfolgen.

Nach offizieller Bekanntgabe des Ergebnisses darf eine Beanstandung durch die *Spielleitung* nicht berücksichtigt werden, es sein denn, sie ist davon überzeugt, dass

I) die Beanstandung auf Tatsachen beruht, die dem beanstandenden Spieler bis zum Zeitpunkt der offiziellen Bekanntgabe des Ergebnisses nicht bekannt waren,
II) dem beanstandenden Spieler von einem *Gegner* falsche Auskunft gegeben wurde, und
III) der *Gegner* wusste, dass er falsche Auskunft gab.

Eine solche Beanstandung muss ohne zeitliche Einschränkung berücksichtigt werden.

ANMERKUNG 1:
Ein Spieler darf über einen Regelverstoß seines Gegners hinwegsehen, sofern es keine Übereinkunft der *Parteien* gibt, eine Regel nicht anzuwenden (Regel 1-3).

ANMERKUNG 2:
Im Lochspiel darf ein Spieler, der im Zweifel ist, welches seine Rechte sind oder wie er zu verfahren hat, das Loch nicht mit zwei Bällen beenden.

BEHANDLUNG EINER ZU SPÄTEN BEANSTANDUNG

Beanstandungen müssen rechtzeitig erfolgen, sonst kann die Spielleitung sie nicht berücksichtigen. Ein Spieler stellt z. B. fest, dass sein Gegner das vierte Loch verloren haben sollte, weil er seinen Schläger im Bunker aufgesetzt hatte. Um eine Beanstandung rechtzeitig zu erheben, muss der Spieler Einspruch erheben, bevor einer der beiden Spieler vom fünften Abschlag abschlägt.

2-6 GRUNDSTRAFE

Sofern nichts anderes vorgesehen, ist die Strafe für Verstoß gegen eine *Regel* im Lochspiel Lochverlust.

Regelfall

Das Schenken von Tony Jacklin's Putt durch Jack Nicklaus auf dem letzten Loch des Ryder Cups 1969 wird als eine der fairsten Gesten im Golf betrachtet und führte zum ersten Gleichstand in der Geschichte dieses Wettspiels.

Zu Beginn des Schlusstags des Wettspiels im Royal Birkdale Golfclub (Lancashire, England) hatten die USA sowie Großbritannien/Irland jeweils acht Punkte erzielt. Die Lochspielzweier am Vormittag ergaben einen Vorsprung von zwei Punkten für Großbritannien/Irland, aber die USA reagierten am Nachmittag darauf, was den Stand des Spiels auf jeweils 15 Punkte brachte. Nur das Spiel von Nicklaus und Jacklin war noch auf dem Platz. 18 der 32 Ryder-Cup-Spiele endeten in diesem Jahr am 18. Loch, und hier war es, wo das dreitägige Wettspiel letztlich entschieden wurde.

Nicklaus schien das Spiel in der Hand zu haben, da Jacklin auf den letzten neun Löchern zurückfiel, aber der amtierende Open-Sieger Jacklin gab nicht nach. Tatsächlich spielte er einen Eagle auf dem 17. Loch, um wieder all square mit Nicklaus zu liegen. Auf dem Par 5 (18. Loch) verpasste er den Putt zum Birdie. Nicklaus lochte einen Putt von 1,20 Meter zum Par ein und ließ

Jacklin einen kurzen Putt, um das Spiel zu teilen. Wenn er den Putt lochen würde, wäre es ein Gleichstand, aber wenn Jacklin das Loch verfehlen würde, hätten die Amerikaner gewonnen.

Bevor Jacklin spielen konnte, schenkte Nicklaus den Putt dem Engländer und sicherte damit einen Gleichstand. „Ich glaube nicht, dass Du diesen Putt vorbeigeschoben hättest", sagte Nicklaus angeblich, „aber unter diesen Umständen würde ich Dir nie eine Gelegenheit dazu gegeben haben."

„Die Länge dieses Putts hat sich in 30 Jahren verändert", berichtete Jacklin kürzlich gegenüber Journalisten. „Es wurde von 1,20 Meter gesprochen, aber in meiner Erinnerung war es ein halber Meter. Natürlich hätte ich das Loch verfehlen können, denn es gibt keine Gewissheit im Golf, vor allem nicht unter dem Druck eines Ryder Cups, aber ich glaube, ich hätte den Putt eingelocht. Aber Jack sah die Szene vor sich, wie ich zwei Monate vorher nach 18 Jahren der erste britische Spieler war, der wieder die Open gewonnen hatte, was in diesem Jahr in England zu einer enormen pro-britischen Stimmung im Ryder Cup führte. Jack wusste, dass der Putt 1969 auf dem letzten Loch für den Ryder Cup viel mehr bedeutete als nur, wer dieses letzte Spiel gewinnt oder verliert. Es war ein bedeutender Augenblick."

Tony Jacklin und Jack Nicklaus geben sich die Hand auf dem 18. Grün während des Ryder Cup 1969 in Royal Birkdale. Das Ergebnis des gesamten Spiels zwischen Großbritannien und Irland gegen die USA wurde durch den letzten Putt des letzten Lochspiels entschieden. Mit einem Gespür für die Bedeutung dieses Moments schenkte Nicklaus Jacklins´ Putt, was zum ersten Gleichstand in der Geschichte des Ryder Cups führte.

HÄUFIG GESTELLTE FRAGEN

Darf im Lochspiel ein zweiter Ball gespielt werden, wenn man sich über das Verfahren nicht im Klaren ist?

Nein. Ist kein Mitglied der Spielleitung in der Nähe, so muss man das Lochspiel ohne Verzögerung auf die Art und Weise fortsetzen, die man für richtig hält. Ist der Gegner nicht damit einverstanden, muss er eine Beanstandung erheben, die später von der Spielleitung entschieden wird.

Der Gegner muss die Beanstandung rechtzeitig erheben, muss den Spieler informieren, dass er eine Regelentscheidung wünscht und muss die Gründe für seine Beanstandung nennen. Dies muss geschehen, bevor einer der Spieler vom nächsten Abschlag abschlägt, oder, wenn es sich um das letzte Loch handelt, bevor einer der Spieler das letzte Grün verlässt.

Haben alle Spieler das Grün des letzten Loches des Spiels verlassen und erst dann wird der Anlass für eine Beanstandung bekannt, so darf diese nur von der Spielleitung berücksichtigt werden, bevor das Ergebnis des Lochspiels offiziell bekannt gegeben wurde.

REGEL 3

ZÄHLSPIEL

3-1 ALLGEMEINES; GEWINNER

Ein Zählwettspiel besteht aus *Bewerbern*, die jedes *Loch* einer oder mehrerer festgesetzten Runde oder Runden beenden und die für jede Runde eine Zählkarte einreichen, auf der eine Bruttoschlagzahl für jedes *Loch* eingetragen ist. Jeder *Bewerber* spielt gegen jeden anderen *Bewerber* in dem Wettspiel.

Gewinner ist derjenige *Bewerber*, der für die *festgesetzte(n) Runde(n)* die wenigsten *Schläge* benötigt.

In einem Wettspiel mit Vorgabe ist der *Bewerber* mit dem niedrigsten Netto-Ergebnis für die *festgesetzte(n) Runde(n)* der Gewinner.

3-2 NICHT EINGELOCHT

Locht ein *Bewerber* an irgendeinem Loch nicht *ein* und behebt seinen Fehler nicht, bevor er einen *Schlag* vom nächsten *Abschlag* macht, bzw., sofern es sich um das letzte Loch der Runde handelt, das *Grün* verlässt, **so ist er disqualifiziert**.

3-3 ZWEIFEL ÜBER SPIELWEISE

a) Verfahren

Im Zählspiel darf ein *Bewerber*, der beim Spielen eines Lochs im Zweifel ist, welches seine Rechte sind oder wie er zu spielen hat, straflos das Loch mit zwei Bällen beenden.

Nach Entstehen der Lage, die den Zweifel hervorruft, muss der *Bewerber* vor jeder weiteren Handlung seinem *Zähler* oder einem *Mitbewerber* ankündigen, dass er zwei Bälle spielen will und welcher Ball gelten soll, sofern es die *Regeln* gestatten.

Der *Bewerber* muss, bevor er seine Zählkarte einreicht, den Sachverhalt der *Spielleitung* melden. Versäumt er dies, **so ist er disqualifiziert**.

ERKLÄRUNGEN
Feststehende Begriffe sind kursiv geschrieben und alphabetisch im Abschnitt II „Erklärungen" aufgeführt (siehe Seiten 13-23).

ZWEIFEL ÜBER DAS VERFAHREN IM ZÄHLSPIEL

Ein Spieler, der sich nicht über das richtige Verfahren im Klaren ist, darf das Loch mit zwei Bällen beenden. Er muss bekanntgeben, welchen Ball er gezählt haben möchte und den Fall der Spielleitung vortragen, bevor er seine Zählkarte einreicht.

ANMERKUNG:
Handelt der Bewerber, bevor er sich mit der zweifelhaften Situation befasst, so ist Regel 3-3 nicht anwendbar. Das Ergebnis mit dem ursprünglichen Ball zählt, oder, wenn der ursprüngliche Ball nicht einer der gespielten Bälle ist, zählt das Ergebnis mit dem zuerst ins Spiel gebrachten Ball, auch wenn die *Regeln* das Verfahren mit diesem Ball nicht zulassen. Der Bewerber zieht sich jedoch keine Strafe für das Spielen eines zweiten Balls zu und *Strafschläge*, die ausschließlich beim Spielen des zweiten Balls anfielen, werden nicht zu seinem Ergebnis hinzugezählt.

b) Schlagzahl für das Loch

(I) Ist nach den *Regeln* die Spielweise mit dem Ball zulässig, den der *Bewerber* im Voraus ausgewählt hatte, so gilt die Schlagzahl mit dem ausgewählten Ball als seine Schlagzahl für das Loch. Anderenfalls gilt die Schlagzahl mit dem anderen Ball, wenn die *Regeln* das mit diesem Ball gewählte Verfahren erlauben.

(II) Versäumt der *Bewerber*, im Voraus anzukündigen, dass er das Loch mit zwei Bällen beenden will oder welcher Ball gelten soll, so gilt die Schlagzahl mit dem ursprünglichen Ball, vorausgesetzt, er wurde in Übereinstimmung mit den *Regeln* gespielt. Ist der ursprüngliche Ball nicht einer der gespielten Bälle, gilt der erste ins Spiel gebrachte Ball, vorausgesetzt, er wurde in Übereinstimmung mit den *Regeln* gespielt. Anderenfalls gilt die Schlagzahl mit dem anderen Ball, wenn die *Regeln* das mit dem anderen Ball gewählte Verfahren erlauben.

ANMERKUNG 1:
Spielt ein *Bewerber* einen zweiten Ball nach Regel 3-3, so werden *Schläge*, die nach Anwenden dieser Regel mit dem Ball anfielen, der nicht gewertet wird, nicht gezählt, und *Strafschläge*, die nur beim Spielen dieses Balls anfielen, bleiben außer Betracht.

ANMERKUNG 2:
Ein nach Regel 3-3 gespielter zweiter Ball ist kein *provisorischer Ball* nach Regel 27-2.

3-4 REGELVERWEIGERUNG

Weigert sich ein *Bewerber*, einer Regel nachzukommen, die eines anderen *Bewerbers* Rechte berührt, **so ist er disqualifiziert**.

3-5 GRUNDSTRAFE

Sofern nichts anderes vorgesehen, ist die Strafe für Verstoß gegen eine *Regel* im Zählspiel zwei Schläge.

REGEL 4

SCHLÄGER

Der R&A behält sich vor, jederzeit die Regeln zu Schlägern oder Bällen (siehe Anhang II und III) zu ändern sowie Auslegungen zu erlassen und zu ändern, die diese Regeln betreffen. Ein Spieler, der Zweifel hat, ob ein Schläger zulässig ist, sollte den *R&A* zurate ziehen.

Ein Hersteller sollte dem *R&A* ein Muster des Schlägers, der hergestellt werden soll, vorlegen, damit der *R&A* entscheiden kann, ob der Schläger in Einklang mit den *Regeln* steht. Jedes dem *R&A* übersandte Muster geht als Belegstück in dessen Eigentum über. Versäumt ein Hersteller, vor der Herstellung und/oder Vermarktung eines Schlägers ein Muster vorzulegen oder, falls er ein Muster eingesandt hatte, hierzu eine Entscheidung abzuwarten, so läuft der Hersteller Gefahr, dass der Schläger als nicht mit den *Regeln* in Einklang stehend erklärt wird.

ERKLÄRUNGEN
Feststehende Begriffe sind kursiv geschrieben und alphabetisch im Abschnitt II „Erklärungen" aufgeführt (siehe Seiten 13-23).

4-1 FORM UND MACHART VON SCHLÄGERN
a) Allgemeines
Die Schläger des Spielers müssen dieser Regel sowie den Einzelvorschriften und Auslegungsbestimmungen des Anhangs II entsprechen.

> **ANMERKUNG:**
> Die *Spielleitung* kann in den Wettspielbestimmungen (Regel 33-1) verlangen, dass jeder Driver, den der Spieler mit sich führt, einen Schlägerkopf haben muss, der durch Typ und Neigung der Schlagfläche (Loft) bezeichnet und in der aktuellen „List of Conforming Driver Heads", die vom *R&A* herausgegeben wird, aufgeführt ist.

NICHT DEN REGELN ENTSPRECHENDER SCHLÄGER MITGEFÜHRT, ABER NICHT BENUTZT

Die Strafe für das Mitführen (aber nicht Benutzen) eines nicht den Regeln entsprechenden Schlägers wird in den Regeln 4-1 und 4-2 beschrieben. Der Spieler ist nur disqualifiziert, wenn er einen Schlag mit einem nicht den Regeln entsprechenden Schläger macht. Dieser „Chipper" entspricht nicht den Regeln, da er mehr als eine Schlagfläche hat.

b) Abnutzung und Abänderung

Für einen Schläger, der in neuem Zustand mit den *Regeln* in Einklang steht, gilt dies auch im Zustand der Abnutzung durch normalen Gebrauch. Jeder absichtlich veränderte Teil eines Schlägers gilt als neu und muss in dem abgeänderten Zustand den *Regeln* entsprechen.

4-2 VERÄNDERTE SPIELEIGENSCHAFTEN UND FREMDSTOFF

a) Veränderte Spieleigenschaften

Während einer *festgesetzten Runde* dürfen die Spieleigenschaften eines Schlägers weder durch Abänderung noch auf irgendeine sonstige Weise absichtlich verändert werden.

b) Fremdstoff

Fremdstoff darf nicht zu dem Zweck an der Schlagfläche angebracht werden, die Bewegung des Balls zu beeinflussen.

---

* STRAFE
FÜR DAS MITFÜHREN EINES ODER MEHRERER SCHLÄGER DIE NICHT MIT REGEL 4-1 oder 4-2 IN EINKLANG STEHEN, OHNE DIESE ZU SPIELEN:
Lochspiel – Nach Beendigung des Lochs, an dem der Verstoß festgestellt wurde, ist der Stand des Lochspiels zu berichtigen; dabei wird für jedes Loch, bei dem ein Verstoß vorkam, ein Loch abgezogen, höchstens jedoch zwei Löcher pro Runde.
Zählspiel – Zwei Schläge für jedes Loch, bei dem ein Verstoß vorkam, höchstens jedoch vier Schläge pro Runde (zwei Schläge für jedes der ersten beiden Löcher, bei denen ein Verstoß vorkam).
Lochspiel oder Zählspiel – Wird ein Verstoß zwischen dem Spielen von zwei Löchern festgestellt, so gilt er als während des Spiels des nächsten Lochs festgestellt und die Strafe muss entsprechend angewandt werden.
Wettspiele gegen Par – siehe Anmerkung 1 zu Regel 32-1a.
Wettspiele nach Stableford – siehe Anmerkung 1 zu Regel 32-1b.
* Jeder unter Verstoß gegen Regel 4-1 oder 4-2 mitgeführte Schläger muss, nachdem festgestellt wurde, dass ein Verstoß vorlag, unverzüglich vom Spieler gegenüber seinem *Gegner* im Lochspiel oder seinem *Zähler* oder einem *Mitbewerber* im Zählspiel für neutralisiert erklärt werden. Unterlässt der Spieler dies, so ist er disqualifiziert.

STRAFE
Für das machen eines *Schlags* mit einem Schläger der nicht mit Regel 4-1 oder 4-2 in Einklang steht:
Disqualifikation

4-3 BESCHÄDIGTE SCHLÄGER: INSTAND SETZEN UND ERSATZ

a) Beschädigung im normalen Spielverlauf

Wurde während einer *festgesetzten Runde* der Schläger eines Spielers im normalen Spielverlauf beschädigt, so darf der Spieler

(I) den Schläger für den Rest der *festgesetzten Runde* im beschädigten Zustand weiter gebrauchen oder

(II) den Schläger instand setzen oder instand setzen lassen, ohne das Spiel unangemessen zu verzögern oder

(III) als eine zusätzliche Wahlmöglichkeit, aber nur, wenn der Schläger spielunbrauchbar ist, den beschädigten Schläger durch einen beliebigen anderen Schläger ersetzen. Das Ersetzen eines Schlägers darf das Spiel nicht unangemessen verzögern (Regel 6-7), und es darf nicht irgendein Schläger ausgeliehen werden, den irgendwer, der auf dem *Platz* spielt, zum Spielen ausgewählt hat, oder durch Zusammensetzen von Schlägerteilen erfolgen, die von oder für den Spieler während der *festgesetzten Runde* mitgeführt werden.

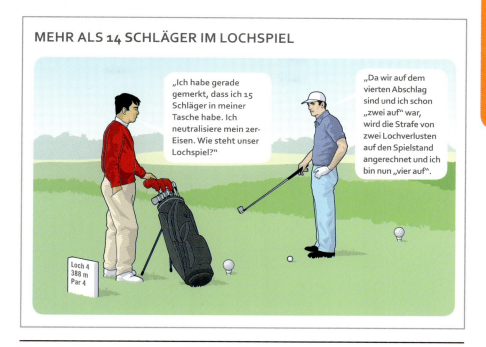

**STRAFE
FÜR VERSTOSS GEGEN REGEL 4-3a:**
siehe Strafenvermerk zu Regel 4-4a oder b und Regel 4-4c

ANMERKUNG:
Ein Schläger ist spielunbrauchbar, wenn er beträchtlich beschädigt ist, z. B. wenn der Schaft eingebeult, merklich verbogen oder in Stücke zerbrochen oder der Schlägerkopf lose, losgelöst oder merklich verformt ist oder der Griff sich löst. Ein Schläger ist nicht spielunbrauchbar, nur weil der Anstellwinkel oder die Neigung (Loft) der Schlagfläche des Schlägerkopfs verändert oder weil der Schlägerkopf verschrammt ist.

b) Andere, nicht im normalen Spielverlauf entstandene Beschädigung

Wurde während einer *festgesetzten Runde* der Schläger eines Spielers auf andere Weise als im normalen Spielverlauf beschädigt, sodass er dadurch nicht in Einklang mit den *Regeln* steht oder dadurch seine Spieleigenschaften verändert sind, so darf er anschließend während der Runde nicht mehr gebraucht oder ersetzt werden.

STRAFE FÜR VERSTOSS GEGEN REGEL 4-3b:
Disqualifikation

c) Beschädigung vor der Runde

Ein Spieler darf einen Schläger, der vor einer Runde beschädigt wurde, gebrauchen, vorausgesetzt, der Schläger steht in seinem beschädigten Zustand in Einklang mit den *Regeln*. Vor einer Runde eingetretener Schaden an einem Schläger darf während der Runde behoben werden, sofern sich dadurch die Spieleigenschaften nicht verändern und das Spiel nicht unangemessen verzögert wird.

STRAFE FÜR VERSTOSS GEGEN REGEL 4-3c:
siehe Strafenvermerk zu Regel 4-1 oder 4-2
(Unangemessene Verzögerung – siehe Regel 6-7.)

4-4 HÖCHSTZAHL VON 14 SCHLÄGERN
a) Auswahl und Hinzufügen von Schlägern

Der Spieler darf eine *festgesetzte Runde* nicht mit mehr als 14 Schlägern antreten. Er ist für diese Runde auf die ausgewählten Schläger beschränkt, jedoch darf er, sofern er mit weniger als 14 Schlägern angetreten ist, beliebig viele hinzufügen, vorausgesetzt die Gesamtzahl übersteigt nicht 14.

Das Hinzufügen eines Schlägers oder von Schlägern darf das Spiel nicht unangemessen verzögern (Regel 6-7) und der Spieler darf keinen Schläger hinzufügen oder ausleihen, den irgendwer, der auf dem *Platz* spielt, zum Spielen ausgewählt hat oder durch Zusammensetzen von Schlägerteilen, die von oder für den Spieler während der *festgesetzten Runde* mitgeführt werden.

HÖCHSTZAHL VON 14 SCHLÄGERN

Jim Furyk zieht sich vier Strafschläge nach Regel 4-4a für das Mitführen von 15 Schlägern zu (Einzelheiten zu dieser teuren Strafe siehe Seite 37).

b) Partner dürfen Schläger gemeinsam gebrauchen

Partner dürfen Schläger gemeinsam gebrauchen, sofern die Gesamtzahl der Schläger, die die *Partner* mitführen und gemeinsam gebrauchen, 14 nicht übersteigt.

**STRAFE
FÜR VERSTOSS GEGEN REGEL 4-4a oder b:
UNBESCHADET DER ÜBERZAHL MITGEFÜHRTER SCHLÄGER**

Lochspiel – Nach Beendigung des Lochs, an dem der Verstoß festgestellt wurde, ist der Stand des Lochspiels zu berichtigen; dabei wird für jedes Loch, bei dem ein Verstoß vorkam, ein Loch abgezogen, höchstens jedoch zwei Löcher pro Runde.
Zählspiel – Zwei Schläge für jedes Loch, an dem ein Verstoß vorkam, höchstens jedoch vier Schläge pro Runde (zwei Schläge für jedes der ersten beiden Löcher, bei denen ein Verstoß vorkam).
Lochspiel oder Zählspiel – Wird ein Verstoß zwischen dem Spielen von zwei Löchern festgestellt, so gilt er als während des Spiels des gerade beendeten Lochs festgestellt und die Strafe für einen Verstoß gegen Regel 4-4a oder b gilt nicht für das nächste Loch.
Wettspiele gegen Par – siehe Anmerkung 1 zu Regel 32-1a
Wettspiele nach Stableford – siehe Anmerkung 1 zu Regel 32-1b

c) Überzähliger Schläger neutralisiert

Jeder unter Verstoß gegen Regel 4-3a (III) oder Regel 4-4 mitgeführte oder gebrauchte Schläger muss vom Spieler gegenüber seinem *Gegner* im Lochspiel oder seinem *Zähler* oder einem *Mitbewerber* im Zählspiel unverzüglich nach Feststellung des Verstoßes für neutralisiert erklärt werden. Der Spieler darf den oder die Schläger für den Rest der *festgesetzten Runde* nicht mehr gebrauchen.

**STRAFE
FÜR VERSTOSS GEGEN REGEL 4-4c:**
Disqualifikation

Regelfall

Bei der WGC-CA Championship 2008 in Doral verpasste Ian Poulter einen Putt von 2,5 Meter zum Par auf der Bahn 14. Auf dem Weg zum 15. Abschlag schlug er seinen Putter gegen die Kante des Cartwegs und lockerte damit ein Gewicht auf der Rückseite des Schlägers, der damit nicht mehr den Regeln entsprach.

Da sein Putter nicht im normalen Spielgebrauch beschädigt wurde (z. B. bei einem Schlag oder beim zufälligen Hinfallen) durfte Poulter den Schläger auf der Runde nicht mehr benutzen (s. Regel 4-3b). Er verbrachte den Rest der Runde damit, seine Wedge als Putter zu benutzen.

„Das war so eine Sache" sagte er nach der Runde „Ich habe meinen Putter auf den Weg fallen lassen, und vielleicht war ein bißchen Frust dabei. Ich glaube, Beton und Metall passen nicht wirklich gut zusammen."

Jim Furyk zog sich vier Strafschläge in der dreitten Runde der Barclays Championship 2009 im Liberty National Golfclub zu, als er einen überzähligen Schläger in seiner Tasche ließ. Furyk entdeckte den überzähligen Schläger bei der Vorbereitung auf seinen zweiten Schlag auf dem zweiten Loch (Par 3). Als er in die Tasche griff um seine 60°-Wedge zu nehmen, bemerkte er darin tatsächlich zwei 60°-Wedges, was die Gesamtzahl seiner Schläger auf 15 brachte. Die zusätzliche 60°-Wedge wurde versehentlich nach dem Üben in der Tasche gelassen und wurde wegen der Regenhaube auf der Tasche zu Beginn der Runde übersehen.

Regel 4-4a bestimmt, das ein Spieler die Runde mit nicht mehr als 14 Schlägern beginnen darf. Im Zählspiel

Ian Woosnam wird von John Paramor (Chief Referee, European PGA Tour), dem Platzrichter in seiner Spielergruppe, darüber informiert, dass die Strafe für das Mitführen von 15 Schlägern zwei Schläge beträgt. Nach Regel 4-4a darf ein Spieler nur 14 Schläger mitführen.

ist die Strafe unabhängig von der Anzahl überzähliger Schläger zwei Strafschläge für jedes Loch, an dem der Verstoß vorkommt. Da Furyk bereits seinen Abschlag auf dem zweiten Loch (Par 3) gespielt hatte, zog er sich sowohl auf dem ersten wie auch auf dem zweiten Loch zwei Strafschläge zu. Die Strafe ist auf maximal vier Strafschläge beschränkt, so dass Furyk sich auch bei einer Feststellung des Verstoßes auf dem dritten Loch nur vier Strafschläge zugezogen hätte.

Bei Feststellung des Verstoßes musste Furyk einen Schläger neutralisieren, den er für den Rest der Runde nicht mehr verwenden durfte (Regel 4-4c). Der Fehler war teuer, da er nur sechs Schläge hinter dem Sieger Heath Slocum das Spiel beendete.

Michael Hoey aus Irland wurde in der Irish Open 2009 disqualifiziert, da er 15 Schläger in der Tasche hatte. Er schaute während der zweiten Runde nach einigen Löchern in seine Tasche und stellte fest, dass er über der Höchstzahl lag. Da er jedoch seit der Übungsrunde keinen Schläger hinzugefügt oder ausgetauscht hatte, stellte er fest, dass er die erste Runde auch mit 15 Schlägern gespielt hatte und unter diesen Umständen seine Zählkarte unterschrieben und eingereicht hatte.

Dementsprechend wurde er disqualifiziert, da er ein zu niedriges Ergebnis unterschrieben hatte (Regel 6-6), da die Strafe für den Verstoß gegen Regel 4-4a aus der ersten Runde fehlte.

Vielleicht der bemerkenswerteste Fall zur Regel 4-4a geschah während der Open Championship 2001 in Royal Lytham St. Annes. Ian Woosnam begann die letzte Runde auf einem geteilten ersten Platz und hatte einen kurzen Putt zum Birdie auf dem ersten Loch. Das war ein phantastischer Start der letzten Runde. Als er auf dem zweiten Abschlag stand, kam sein Caddie Miles Byrne zu ihm und sagte „Du wirst gleich in die Luft gehen. Wir haben 15 Schläger im Bag." Auf der Driving Range hatte Woosnam zwei Driver ausprobiert und dann in der Eile auf dem Weg zum ersten Abschlag seine Schläger nicht gezählt, um die Höchstzahl von 14 sicherzustellen. Nach Regel 4-4 zog sich Woosnam zwei Strafschläge auf dem ersten Loch zu und aus seinem Birdie wurde ein Bogey.

HÄUFIG GESTELLTE FRAGEN

Darf ein Spieler sowohl mit linkshändigen wie auch mit rechtshändigen Schlägern spielen?

Die Golfregeln schränken einen Spieler nicht in der Wahl seiner Schläger ein, wenn es darum geht, ob diese linkshändig oder rechtshändig sind. Der Spieler darf bis zu 14 Schläger auswählen (die zulässige Höchstzahl nach Regel 4-4) und diese können aus linkshändigen und rechtshändigen Schlägern bestehen. Einige Spieler bevorzugen es z. B. rechtshändig zu spielen, putten aber linkshändig und haben deshalb einen linkshändigen Putter. Dies ist nach den Regeln erlaubt, vorausgesetzt, dass die Gesamtzahl 14 nicht übersteigt und alle Schläger den Anforderungen der Regeln entsprechen.

Darf ich einen Chipper auf der festgesetzten Runde verwenden?

Ein „Chipper" ist ein Eisen, dass für das Spiel um das Grün herum entworfen wurde. Es ist erlaubt, einen Chipper auf der festgesetzten Runde zu verwenden, vorausgesetzt

- der Schaft ist an der Ferse des Schlägerkopfes befestigt;
- der Chipper hat nur einen Griff und der Griff hat einen kreisförmigen Querschnitt;
- der Chipper hat nur eine Schlagfläche
- die Schlagfläche des Chippers entspricht den Bestimmungen hinsichtlich der Härte, Rauigkeit, Material und Markierungen in der Trefferfläche (siehe Anhang II und Entscheidung 4-1/3).

REGEL 5

DER BALL

Ein Spieler, der Zweifel hat, ob ein Ball zulässig ist, sollte den *R&A* zurate ziehen. Ein Hersteller sollte dem *R&A* Muster von einem Ball, der hergestellt werden soll, vorlegen, damit der *R&A* entscheiden kann, ob der Ball in Einklang mit den *Regeln* steht. Die Muster gehen als Belegstücke in das Eigentum des *R&A* über. Versäumt ein Hersteller, vor der Herstellung und/oder Vermarktung eines Balles Muster vorzulegen oder hierzu eine Entscheidung abzuwarten, so läuft der Hersteller Gefahr, dass der Ball als nicht mit den *Regeln* in Einklang stehend erklärt wird.

ERKLÄRUNGEN
Feststehende Begriffe sind kursiv geschrieben und alphabetisch im Abschnitt II „Erklärungen" aufgeführt (siehe Seiten 13-23).

5-1 ALLGEMEINES
Der vom Spieler gespielte Ball muss den in Anhang III geforderten Spezifikationen entsprechen.

> **ANMERKUNG:**
> Die *Spielleitung* darf in der Wettspielausschreibung (Regel 33-1) festlegen, dass der vom Spieler gespielte Ball im aktuell gültigen Verzeichnis zugelassener Golfbälle des *R&A* aufgeführt ist.

5-2 FREMDSTOFF
An dem Ball, den der Spieler spielt, darf kein Fremdstoff zu dem Zweck angebracht sein, seine Spieleigenschaften zu verändern.

> **STRAFE FÜR VERSTOSS GEGEN REGEL 5-1 ODER 5-2:**
> Disqualifikation

DER BALL

Ein „X-out" ist ein gebräuchlicher Golfball, der vom Hersteller aus ästhetischen Gründen als nicht perfekt eingestuft wird. Ohne schwerwiegende Gründe, dass der Ball nicht den Regeln entspricht, ist es erlaubt, einen solchen Ball zu spielen.

5-3 BALL SPIELUNBRAUCHBAR

Ein Ball ist spielunbrauchbar, wenn er sichtbar eingekerbt, zerschlagen oder verformt ist. Ein Ball ist nicht lediglich deswegen spielunbrauchbar, weil Schmutz oder andere Stoffe daran haften, weil er verschrammt oder zerkratzt oder weil die Farbe beschädigt oder fleckig ist.

Hat ein Spieler Grund zu der Annahme, dass sein Ball beim Spielen des zu spielenden Lochs spielunbrauchbar wurde, so darf er ihn straflos aufnehmen, um entscheiden zu können, ob er spielunbrauchbar ist.

Vor dem Aufnehmen des Balls muss der Spieler die Absicht dazu seinem *Gegner* im Lochspiel bzw. seinem *Zähler* oder einem *Mitbewerber* im Zählspiel ankündigen und die Lage des Balls kennzeichnen. Sodann darf er den Ball aufnehmen und überprüfen, vorausgesetzt, er gibt dem *Gegner*, *Zähler* oder *Mitbewerber* Gelegenheit zum Prüfen des Balls sowie das Aufnehmen und Zurücklegen zu beobachten. Der Ball darf nicht gereinigt werden, wenn er nach Regel 5-3 aufgenommen wurde.

Versäumt der Spieler, dieses Verfahren ganz oder teilweise einzuhalten, oder nimmt er den Ball in der unbegründeten Annahme auf, dass er während des Spiels an dem gespielten *Loch* spielunbrauchbar geworden sei, **so zieht er sich einen Strafschlag zu.** Ist entschieden, dass der Ball beim Spielen des zu spielenden Lochs spielunbrauchbar wurde, so darf der Spieler einen anderen Ball einsetzen und ihn an der Stelle hinlegen, an der der ursprüngliche Ball gelegen hatte. Anderenfalls muss der ursprüngliche Ball zurückgelegt werden. Ersetzt ein Spieler unzulässig einen Ball durch einen anderen Ball und macht er einen *Schlag* nach dem fälschlicherweise neu eingesetzten *Ball*, so zieht er sich die Grundstrafe für einen Verstoß gegen Regel 5-3 zu, jedoch keine weitere Strafe nach dieser *Regel* oder Regel 15-2.

Springt ein Ball als Folge eines *Schlags* in Stücke, so ist der *Schlag* zu annullieren, und der Spieler muss straflos einen Ball so nahe wie möglich der Stelle spielen, an der der ursprüngliche Ball gespielt worden war (siehe Regel 20-5).

*** STRAFE
FÜR VERSTOSS GEGEN REGEL 5-3:**
Lochspiel – Lochverlust;
Zählspiel – Zwei Schläge.
* Zieht sich ein Spieler die Grundstrafe für Verstoß gegen Regel 5-3 zu, so kommt keine zusätzliche Strafe nach dieser Regel hinzu.

ANMERKUNG 1:
Will der Gegner, *Zähler* oder *Mitbewerber* einen Anspruch auf spielunbrauchbaren Ball bestreiten, so muss das geschehen, bevor der Spieler einen anderen Ball spielt.

ANMERKUNG 2:
Wurde die ursprüngliche Lage eines Balls, der hingelegt oder zurückgelegt werden soll, verändert, siehe Regel 20-3b.
(Reinigen eines vom *Grün* oder nach einer anderen Regel aufgenommenen Balls – siehe Regel 21.)

BALL SPIELUNBRAUCHBAR

Ein Spieler, der Grund zu der Annahme hat, sein Ball könne spielunbrauchbar sein, muss dem Gegner, Zähler oder Mitbewerber die Gelegenheit geben, den Ball zu prüfen sowie das Aufnehmen und Zurücklegen zu beobachten.

Regelfall

Bei fast allen hochrangigen Professional-Wettspielen legt die Spielleitung eine Wettspielbedingung fest, die als „Ein-Ball-Regel" bekannt ist (Golfregeln, Anhang I, Teil C, 1c). Diese Regel hält einen Spieler davon ab, während der festgesetzten Runde die Marke und den Typ seiner Golfbälle zu wechseln und beabsichtigt, den Spieler daran zu hindern, durch die Verwendung von Bällen mit unterschiedlichen Flugeigenschaften auf verschiedenen Löchern einen Vorteil zu gewinnen, indem er z.B. einen harten Ball auf langen Löchern und einen weicheren Ball auf kurzen Löchern spielt. Zusätzlich wird noch eine Wettspielbedingung eingeführt, die von dem Spieler verlangt, einen auf der „List of Conforming Golf Balls" (Golfregeln, Anhang I, Teil C, 1b) aufgeführten Ball zu spielen. Diese Liste enthält alle Bälle, die geprüft wurden und als regelkonform befunden wurden.

Im zweiten Durchgang des PGA Tour Qualifying Tournament 2008 merkte JP Hayes in der ersten Runde am 12. Loch, dass er einen anderen Ball spielte als den, mit dem er die Runde begonnen hatte (gleiche Marke, aber anderer Typ). Er bat um eine Regelentscheidung und es wurde festgestellt, dass er gegen die Ein-Ball-Regel verstoßen hatte und sich auf dem Loch zwei Strafschläge zugezogen hatte.

Später am Abend dachte Hayes darüber nach, wie dieser Ball in seine Tasche gekommen war und dadurch diesen Regelfall verursacht hatte. Es fiel ihm ein, dass der Ball ein Prototyp sein könnte. Er rief die Spielleitung an und am nächsten Morgen wurde nach erneuter Ansicht des Balls ermittelt, dass dieser Ball nicht auf der „List of Conforming Golf Balls" aufgeführt war. Dies führte zur Disqualifikation von Hayes in diesem Wettspiel und er verlor dadurch seine Tourkarte für das Jahr 2009.

Hayes gibt zu, äußerst genau auf seine Ausrüstung zu achten und kommentierte „Ich überprüfe mein Golfbag jeden Abend. Ich will wissen, was da drin ist. Das ist fast eine Art Therapie." Aber dieses Mal übersah Hayes einen Ball. Der Prototyp hätte einfach zu erkennen sein müssen, denn er trug zwar den Namen des Herstellers, aber keine Typenbezeichnung auf dem „Äquator", mit der er zu identifizieren gewesen wäre.

Als er zu seiner Selbstanzeige befragt wurde und auch den weiteren Schritt, Informationen dazu zu liefern, nach denen er disqualifiziert wurde, sagte Hayes „Ich denke, jeder hier (auf der PGA Tour) hätte so gehandelt."

Der Spieler muss seinem Gegner, Zähler oder Mitbewerber die Gelegenheit zur Untersuchung seines Balls geben, wenn er glaubt, dass sein Ball durch Beschädigungen spielunbrauchbar geworden ist. Kann keine Einigkeit darüber erzielt werden, kann ein Platzrichter gebeten werden, an dem Prozess der Entscheidungsfindung teilzunehmen.

HÄUFIG GESTELLTE FRAGEN

Darf ich einen „X-Out-Ball", einen „wieder aufbereiteten Ball" oder einen mit „Practice" bedruckten Ball während einer Golfrunde spielen?

„X-Out" ist die übliche Bezeichnung für einen Ball, den ein Hersteller nicht für perfekt hält (üblicherweise nur aus optischen Gründen, z. B. wegen Farb- oder Druckfehlern) und deshalb den Markennamen durchkreuzt. Ein „wieder aufbereiteter Ball" ist ein gebrauchter Ball, der gereinigt und als „aufbereitet" gekennzeichnet wurde.

Solange keine schwerwiegenden Beweise vorliegen, dass ein „X-Out-Ball" oder ein „wieder aufbereiteter Ball" nicht den Regeln entspricht, darf ein solcher Ball benutzt werden. Falls in einem Wettspiel die Spielleitung die Wettspielbedingung in Kraft gesetzt hat, dass der vom Spieler benutzte Ball auf der „List of Conforming Golfballs" aufgeführt sein muss (s. Anmerkung zu Regel 5-1), so darf ein solcher Ball nicht benutzt werden, auch wenn der fragliche Ball (ohne den „X-Out"- oder „Aufbereitet"-Aufdruck) auf der Liste erscheint.

In den meisten Fällen sind „ÜBEN"-Bälle nur ganz normal gelistete, zugelassene Golfbälle, die mit dem Aufdruck „ÜBEN" bedruckt wurden (genau wie z. B. mit dem Logo eines Golfclubs). Solche Bälle dürfen auch benutzt werden, wenn die Spielleitung die Wettspielbedingung in Kraft gesetzt hat, dass der vom Spieler benutzte Ball auf der „List of Conforming Golfballs" aufgeführt sein muss.

Darf ein Spieler Bälle von einem Gegner oder Mitbewerber leihen, wenn er im Verlauf der Runde selbst keine Bälle mehr hat?

Die Golfregeln hindern einen Spieler nicht daran, sich einen Ball von einem Spieler auf dem Platz zu leihen. Die Regeln beschränken nur das Ausleihen von Schlägern, aber nicht von Bällen.

Wie ist der Status eines Balls, der nicht auf der List of Conforming Golf Balls aufgeführt ist?

Balltypen oder Marken, die nicht auf der aktuellen List of Conforming Golf Balls erscheinen, fallen in drei Kategorien:

1. Modelle, die nie von ihrem Hersteller zur Überprüfung vorgelegt wurden.

2. Modelle, die auf einer früheren Liste aufgeführt waren, aber nicht zur Aufnahme auf die aktuelle Liste vorgelegt wurden.

3. Modelle, die zur Überprüfung vorlagen und die nicht den Regeln und den Anforderungen aus Anhang III der Golfregeln entsprechenden.

Bälle in den Kategorien 1 und 2 werden als zulässig angesehen, es sei denn, es gäbe überzeugende Beweise für das Gegenteil. Alle Modelle aus Kategorie 3 gelten als unzulässig.

REGEL 6

DER SPIELER

6-1 REGELN

Der Spieler und sein *Caddie* sind dafür verantwortlich, dass ihnen die *Regeln* bekannt sind. Während einer *festgesetzten Runde* zieht sich der Spieler für jeden Regelverstoß seines *Caddies* die jeweils anwendbare Strafe zu.

6-2 VORGABE

a) Lochspiel

Vor Antritt eines Lochspiels in einem Wettspiel mit Vorgabe sollten die Spieler gegenseitig ihre jeweiligen Vorgaben feststellen. Beginnt ein Spieler ein Lochspiel, nachdem er eine höhere Vorgabe angegeben hat, als sie ihm zusteht, und wirkt sich dies auf die Anzahl der zu gewährenden oder in Anspruch zu nehmenden Vorgabeschläge aus, **so ist er disqualifiziert**; anderenfalls muss der Spieler mit der von ihm angegebenen Vorgabe zu Ende spielen.

b) Zählspiel

Bei jeder Runde eines Wettspiels mit Vorgabe muss sich der *Bewerber* vergewissern, dass seine Vorgabe auf seiner Zählkarte eingetragen ist, bevor sie der *Spielleitung* eingereicht wird. Ist vor der Einreichung keine Vorgabe eingetragen (Regel 6-6b) oder ist die eingetragene Vorgabe höher als die dem *Bewerber* zustehende und wirkt sich dies auf die Anzahl der erhaltenen Vorgabeschläge aus, so **ist er** für das Wettspiel mit Vorgabe **disqualifiziert**; anderenfalls gilt die Schlagzahl.

> **ANMERKUNG:**
> Der Spieler ist dafür verantwortlich, dass er weiß, an welchen Löchern Vorgabeschläge gewährt oder in Anspruch genommen werden.

6-3 ABSPIELZEIT UND SPIELERGRUPPEN

a) Abspielzeit

Der Spieler muss zu der von der *Spielleitung* angesetzten Zeit abspielen.

ERKLÄRUNGEN
Feststehende Begriffe sind kursiv geschrieben und alphabetisch im Abschnitt II „Erklärungen" aufgeführt (siehe Seiten 13-23).

**STRAFE
FÜR VERSTOSS GEGEN REGEL 6-3a:**
Trifft ein Spieler spielbereit innerhalb von fünf Minuten nach seiner Abspielzeit am Ort seines Starts ein, ist die Strafe für das Versäumnis, rechtzeitig abzuspielen, Lochverlust des ersten Lochs im Lochspiel oder zwei Schläge am ersten Loch im Zählspiel. Anderenfalls ist die Strafe für Verstoß gegen diese Regel Disqualifikation.
Wettspiele gegen Par – siehe Anmerkung 2 zu Regel 32-1a
Wettspiele nach Stableford – siehe Anmerkung 2 zu Regel 32-1b

Ausnahme:
Stellt die Spielleitung fest, dass außergewöhnliche Umstände einen Spieler abgehalten haben, rechtzeitig abzuspielen, so ist dies straflos.

b) Spielergruppen
Im Zählspiel muss der *Bewerber* während der gesamten Runde in der Gruppe bleiben, die von der *Spielleitung* eingeteilt wurde, sofern nicht die *Spielleitung* einen Wechsel zulässt oder nachträglich genehmigt.

**STRAFE
FÜR VERSTOSS GEGEN REGEL 6-3b:**
Disqualifikation
(Bestball- und Vierballspiel – siehe Regeln 30-3a und 31-2.)

6-4 CADDIE
Der Spieler darf sich von einem *Caddie* unterstützen lassen, jedoch stets nur einen *Caddie* zu gleicher Zeit haben.

*** STRAFE
FÜR VERSTOSS GEGEN REGEL 6-4:**
Lochspiel – Nach Beendigung des Lochs, an dem der Verstoß festgestellt wurde, ist der Stand des Lochspiels zu berichtigen; dabei wird für jedes Loch, an dem ein Verstoß vorkam, ein Loch abgezogen, höchstens jedoch zwei Löcher pro Runde.
Zählspiel – Zwei Schläge für jedes Loch, an dem ein Verstoß vorkam, höchstens jedoch vier Schläge pro Runde (zwei Schläge für jedes der ersten beiden Löcher, bei denen ein Verstoß vorkam).
Lochspiel oder Zählspiel – Wird ein Verstoß zwischen dem Spielen von zwei Löchern festgestellt, so gilt er als während des Spiels des nächsten Lochs festgestellt und die Strafe muss entsprechend angewandt werden.
Wettspiele gegen Par – siehe Anmerkung 1 zu Regel 32-1a
Wettspiele nach Stableford – siehe Anmerkung 1 zu Regel 32-1b
* Ein Spieler, der mehr als einen *Caddie* hat und gegen diese Regel verstößt, muss unverzüglich nach Erkennen eines Verstoßes sicherstellen, dass er für den Rest der *festgesetzten Runde* nicht mehr als einen *Caddie* zu gleicher Zeit hat; anderenfalls ist der Spieler disqualifiziert.

ANMERKUNG:
Die *Spielleitung* darf in den Wettspielbedingungen (Regel 33-1) den Einsatz von *Caddies* untersagen oder einen Spieler in der Wahl seines *Caddies* beschränken.

6-5 BALL

Der Spieler ist dafür verantwortlich, dass er den richtigen Ball spielt. Jeder Spieler sollte seinen Ball kennzeichnen.

6-6 SCHLAGZAHLEN IM ZÄHLSPIEL

a) Schlagzahlen aufschreiben

Nach jedem Loch sollte der *Zähler* die Schlagzahl mit dem *Bewerber* vergleichen und aufschreiben. Bei Beendigung der Runde muss der *Zähler* die Zählkarte unterschreiben und sie dem *Bewerber* aushändigen. Schreiben mehr als ein *Zähler* die Schlagzahlen auf, so muss jeder den Teil unterschreiben, für den er verantwortlich ist.

b) Zählkarte unterschreiben und einreichen

Nach Beendigung der Runde sollte der *Bewerber* seine Schlagzahl für jedes Loch nachprüfen und alle zweifelhaften Einzelheiten mit der *Spielleitung* klären. Er muss die Unterschrift des *Zählers* oder der *Zähler* sicherstellen, die Zählkarte gegenzeichnen und sie so bald wie möglich der *Spielleitung* einreichen.

STRAFE
FÜR VERSTOSS GEGEN REGEL 6-6b:
Disqualifikation

c) Änderung der Zählkarte

Auf einer Zählkarte darf nichts mehr geändert werden, nachdem der *Bewerber* sie der *Spielleitung* eingereicht hat.

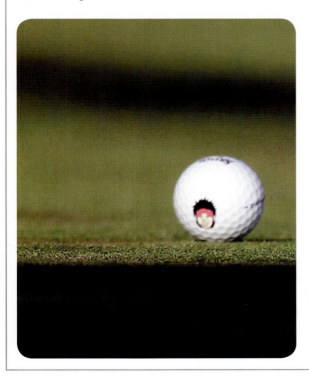

Der Japaner Ryo Ishikawa hat eine Karikatur von sich als Identifizierungsmerkmal.

Die Amerikanerin Cassy Isagawa kennzeichnet ihren Ball während der ersten Runde des Junior Ryder Cup 2010 in Gleneagles.

d) Falsche Schlagzahl für das Loch

Der *Bewerber* ist dafür verantwortlich, dass die für jedes Loch auf seiner Zählkarte aufgeschriebene Schlagzahl richtig ist. Reicht er für irgendein Loch eine niedrigere als die tatsächlich gespielte Schlagzahl ein, so **ist er disqualifiziert**. Reicht er für irgendein Loch eine höhere als die tatsächlich gespielte Schlagzahl ein, so gilt die eingereichte Schlagzahl.

ANMERKUNG 1:
Für das Zusammenzählen der Schlagzahlen und die Anrechnung der auf der Zählkarte eingetragenen Vorgabe ist die *Spielleitung* verantwortlich – siehe Regel 33-5.

ANMERKUNG 2:
Für *Vierball*-Zählspiel siehe auch Regel 31-3 und 31-7a.

6-7 UNANGEMESSENE VERZÖGERUNG; LANGSAMES SPIEL

Der Spieler muss ohne unangemessene Verzögerung und in Übereinstimmung mit jeder von der *Spielleitung* für das Spieltempo ggf. erlassenen Richtlinie spielen. Zwischen der Beendigung eines Lochs und dem Abspielen am nächsten *Abschlag* darf der Spieler das Spiel nicht unangemessen verzögern.

STRAFE
FÜR VERSTOSS GEGEN REGEL 6-7:
Lochspiel – Lochverlust; Zählspiel – Zwei Schläge
Wettspiele gegen Par – siehe Anmerkung 2 zu Regel 32-1a
Wettspiele nach Stableford – siehe Anmerkung 2 zu Regel 32-1b
Bei anschließendem Verstoß – Disqualifikation

ANMERKUNG 1:
Verzögert der Spieler unangemessen das Spiel zwischen den Löchern, so verzögert er das Spiel des nächsten Lochs und zieht sich, außer bei Wettspielen gegen Par oder nach Stableford (siehe Regel 32), für jenes Loch die Strafe zu.

UNANGEMESSENE VERZÖGERUNG

Ein Spieler darf das Clubhaus oder das Halfway-Haus straflos betreten, sofern er damit nicht sein eigenes Spiel oder das Spiel seines Gegners oder Mitbewerbers ungebührlich verzögert (Regel 6-7).

SCHLAGZAHLEN IM ZÄHLSPIEL

COMPETITION SPRING STROKE PLAY   **DATE** 14.6.11

PLAYER D. BROWN   **HANDICAP** 10   **Game No** 21

Hole	Yards	Par	Stroke Index	Score	W=+ L=− H=0 POINTS	Mar Score	Hole	Yards	Par	Stroke Index	Score	W=+ L=− H=0 POINTS	Mar Score
1	312	4	17	5		6	10	369	4	12	~~6~~ 5		
2	446	4	1	4		4	11	433	4	2	3		
3	310	4	13	4		3	12	361	4	14	4		
4	370	4	9	5		5	13	415	4	6	5		
5	478	5	3	6			14	155	3	16	6		
~~6~~ 7	429	4	11	4			15	338	4	8	5		
~~7~~ 6	385	4	5	3			16	316	4	10	4		
8	178	3	7	4			17	191	3	4	5		
9	354	4	15	6			18	508	5	18	7		
OUT	3262			41			IN	3086	35		44		
							OUT	3262	36		41		
							TOTAL	6348	71		85		
							HANDICAP				10		
							NETT				75		

Markers Signature D.B.

Players Signature Bill White

Verantwortlichkeit des Bewerbers:

1. Eintrag der korrekten Vorgabe auf der Zählkarte vor Rückgabe an die **Spielleitung**.
2. Überprüfung der Brutto-Schlagzahl für jedes Loch.
3. Sicherstellen, dass der **Zähler** und der Bewerber selbst die Karte vor Rückgabe an die **Spielleitung** unterzeichnet hat.

Verantwortlichkeit der Spielleitung:

1. Ausgabe einer Zählkarte an jeden **Teilnehmer**, die das Datum und den Namen des **Bewerbers** enthält.
2. Addition der Schlagzahl für jedes Loch und Anrechnung der Vorgabe.

Anmerkungen:

(a) Die Bezeichnungen der Löcher können geändert werden, wenn die Schlagzahl falsch eingetragen wurde.

(b) Der **Zähler** braucht seine eigene Schlagzahl nicht aufzuschreiben. Es empfiehlt sich jedoch.

(c) Änderungen auf der Zählkarte müssen nicht mit den Initialen des Zählers abgezeichnet werden.

(d) Der **Bewerber** ist nur für die Richtigkeit der Schlagzahlen an jedem Loch verantwortlich. Ermittelt der **Bewerber** eine falsche Gesamtschlagzahl oder ein falsches Nettoergebnis, muss die **Spielleitung** dies, ohne Strafe für den **Spieler**, berichtigen.

(e) Es ist straflos, wenn ein **Zähler** die Zählkarte in dem Feld unterzeichnet, das für den **Bewerber** vorgesehen ist und umgekehrt.

(f) Die Angabe von Initialen auf der Zählkarte ist eine ausreichende Unterzeichnung.

DER SPIELER | **REGEL 6**

SPIELUNTERBRECHUNG

Im Zählspiel dürfen Spieler das Spiel nicht allein wegen schlechten Wetters unterbrechen. Im Lochspiel dürfen sich Spieler jedoch auf eine Unterbrechung des Spiels einigen, z. B. wegen Dunkelheit, solange dadurch nicht das Wettspiel verzögert wird.

ZÄHLSPIEL — LOCHSPIEL

ANMERKUNG 2:
Zur Verhinderung langsamen Spiels darf die *Spielleitung* in der Ausschreibung eines Wettspiels (Regel 33-1) Richtlinien für das Spieltempo erlassen, einschließlich zulässiger Höchstzeiten zur Vollendung einer *festgesetzten Runde*, eines Lochs oder eines *Schlags*.

Im Lochspiel darf die *Spielleitung* in einer solchen Ausschreibung die Strafe für einen Verstoß gegen diese Regel wie folgt abändern:

Erster Verstoß – Lochverlust
Zweiter Verstoß – Lochverlust
Bei anschließendem Verstoß – Disqualifikation

Im Zählspiel darf die *Spielleitung* in einer solchen Ausschreibung die Strafe für Verstoß gegen diese Regel wie folgt abändern:

Erster Verstoß – Ein Schlag
Zweiter Verstoß – Zwei Schläge
Bei anschließendem Verstoß – Disqualifikation

6-8 SPIELUNTERBRECHUNG; WIEDERAUFNAHME DES SPIELS

a) Erlaubt

Der Spieler darf das Spiel nicht unterbrechen, es sei denn
(I) die *Spielleitung* hat das Spiel ausgesetzt;
(II) er sieht Blitzgefahr als gegeben an;
(III) er benötigt eine Entscheidung der *Spielleitung* über eine zweifelhafte oder strittige Einzelheit (siehe Regeln 2-5 und 34-3); oder
(IV) aus anderem triftigen Grund wie plötzlichem Unwohlsein.

Schlechtes Wetter als solches ist kein triftiger Grund für Spielunterbrechung.

Unterbricht der Spieler das Spiel ohne ausdrückliche Genehmigung der *Spielleitung*, so muss er dies der *Spielleitung* so bald wie durchführbar melden. Hält er sich daran, und erachtet die *Spielleitung* den Grund als hinlänglich, so verfällt er keiner Strafe, anderenfalls **ist er disqualifiziert**.

AUSNAHME IM LOCHSPIEL:
Spieler, die ein Lochspiel in gegenseitiger Übereinkunft unterbrechen, verfallen nicht der Disqualifikation, sofern sie dadurch nicht das Wettspiel verzögern.

ANMERKUNG:
Verlassen des *Platzes* ist als solches keine Spielunterbrechung.

b) Verfahren bei Aussetzung des Spiels durch Spielleitung

Hat die *Spielleitung* das Spiel ausgesetzt, so dürfen die Spieler eines Lochspiels bzw. einer Spielergruppe, die sich zwischen dem Spielen von zwei Löchern befinden, das Spiel nicht wieder aufnehmen, bevor die *Spielleitung* eine Wiederaufnahme angeordnet hat. Befinden sie sich beim Spielen eines Lochs, so dürfen sie das Spiel unverzüglich unterbrechen oder das Spiel des Lochs fortsetzen, sofern dies ohne Verzögerung geschieht. Entscheiden sie sich für die Fortsetzung des Spiels an dem Loch, so dürfen sie das Spiel vor Beendigung des Lochs unterbrechen. In jedem Fall muss das Spiel nach Beendigung des Lochs unterbrochen werden.

Die Spieler müssen das Spiel wieder aufnehmen, wenn die *Spielleitung* eine Wiederaufnahme des Spiels angeordnet hat.

STRAFE
FÜR VERSTOSS GEGEN REGEL 6-8b:
Disqualifikation

ANMERKUNG:
Die *Spielleitung* darf in der Ausschreibung eines Wettspiels (Regel 33-1) festlegen, dass bei drohender Gefahr nach Aussetzung des Spiels durch die *Spielleitung* das Spiel unverzüglich unterbrochen werden muss. Unterlässt es ein Spieler, das Spiel unverzüglich zu unterbrechen, so ist er disqualifiziert, sofern nicht die Aufhebung dieser Strafe nach Regel 33-7 gerechtfertigt ist.

c) Ball aufnehmen bei Spielunterbrechung

Ein Spieler, der beim Spielen eines Lochs das Spiel nach Regel 6-8a unterbricht, darf straflos seinen Ball nur dann aufnehmen, wenn die *Spielleitung* das Spiel ausgesetzt hat oder wenn das Aufnehmen aus triftigem Grund erfolgt. Vor dem Aufnehmen des Balls muss dessen Lage vom Spieler gekennzeichnet werden.
Unterbricht der Spieler das Spiel und nimmt er seinen Ball ohne ausdrückliche Genehmigung der *Spielleitung* auf, so muss er bei der Meldung an die *Spielleitung* (Regel 6-8a) gleichzeitig das Aufnehmen des Balls melden.

Nimmt der Spieler den Ball ohne einen triftigen Grund auf, versäumt er, die Lage des Balls vor dem Aufnehmen zu kennzeichnen, oder versäumt er, das Aufnehmen des Balls zu melden, **so zieht er sich einen *Strafschlag* zu.**

d) Verfahren bei Wiederaufnahme des Spiels

Das Spiel muss dort wieder aufgenommen werden, wo es unterbrochen wurde, auch an einem späteren Tag. Der Spieler muss entweder vor oder bei Wiederaufnahme des Spiels folgendermaßen verfahren
(I) wurde der Ball vom Spieler aufgenommen, so muss er, vorausgesetzt, er war nach Regel 6-8c zum Aufnehmen des Balls berechtigt, den ursprünglichen Ball oder einen *neu eingesetzten Ball* an die Stelle hinlegen, von der der ursprüngliche Ball aufgenommen worden war. Anderenfalls muss der ursprüngliche Ball zurückgelegt werden;
(II) hatte der Spieler seinen Ball nicht aufgenommen, so darf er, vorausgesetzt, er war nach Regel 6-8c zum Aufnehmen des Balls berechtigt, den Ball aufnehmen, reinigen und zurücklegen oder durch einen anderen Ball an der Stelle, von der der ursprüngliche Ball aufgenommen worden war, ersetzen. Bevor der Ball aufgenommen wird, muss der Spieler dessen Lage kennzeichnen, oder

(III) wurde während der Spielunterbrechung der Ball oder der Ballmarker des Spielers *bewegt* (auch durch Einwirkung von Wind oder Wasser), so muss ein Ball oder Ballmarker an die Stelle, von der der ursprüngliche Ball oder Ballmarker fortbewegt wurde, hingelegt werden.

ANMERKUNG:
Kann die Stelle, an die der Ball hinzulegen ist, nicht bestimmt werden, so muss diese Stelle geschätzt werden und der Ball muss an die geschätzte Stelle hingelegt werden. Die Verfahrensweisen der Regel 20-3c finden hier keine Anwendung.

* STRAFE FÜR VERSTOSS GEGEN REGEL 6-8d:
Lochspiel – Lochverlust;
Zählspiel – Zwei Schläge
* Hat sich ein Spieler die Grundstrafe für einen Verstoß gegen Regel 6-8d zugezogen, so fällt keine weitere Strafe nach Regel 6-8c an.

Regelfall

Dustin Johnson zog sich zu Beginn der ersten Runde der Northern Trust Open 2011 im Riviera Country Club zwei Strafschläge für eine Verspätung am Abschlag zu. Johnson spielte sich auf der Driving Range ein, als ein Vertreter der PGA Tour zu ihm gerannt kam und erzählte, er sei gerade dabei, seine Startzeit um 07:32 zu verpassen. Da eine Wettspielbedingung einem Spieler erlaubte, spielbereit am Abschlag innerhalb von fünf Minuten nach seiner Abschlagzeit einzutreffen, sprintete Johnson schnell von der Driving Range zum ersten Abschlag. Mit nur ein paar Sekunden restlicher Zeit erschien er auf dem Abschlag, zog sich aber zwei Strafschläge zu, da er es versäumt hatte, um 07:32 Uhr zu seiner Startzeit zu erscheinen.

Johnson hatte Glück, dass eine Wettspielbedingung ihm die fünfminütige Gnadenfrist für den Start bei dem Wettspiel einräumte. Hätte es diese Bedingung nicht gegeben, wäre er automatisch disqualifiziert gewesen. Regel 6-3 bestimmt jedoch neuerdings, dass ein Spieler, der innerhalb von fünf Minuten nach seiner Startzeit am Abschlag eintrifft, sich einen Lochverlust am ersten Loch im Lochspiel oder zwei Strafschläge am ersten Loch im Zählspiel zuzieht; anderenfalls ist der Spieler disqualifiziert. Damit erübrigt sich die Notwendigkeit einer Wettspielbedingung, die die Startzeit ausdehnt.

„Ich schaue nicht auf die Uhr. Ich überlasse das meinem Caddie Bobby", sagte Johnson. In diesem Fall hatte sein Caddie jedoch die Startzeit mit 08:12 Uhr verwechselt, die Johnson am Tag vorher im Pro-Am hatte. „Ich war auf dem ersten und zweiten Loch ziemlich durcheinander", ergänzte Johnson, „und auf dem dritten, vierten und fünften Loch."

Bei der Crech Open 2010 zog sich Bradley Dredge zwei Strafschläge zu, da er weniger als eine Minute zu spät zum Abschlag kam. Etwas später am gleichen Tag kam Philip Price fast zwei Minuten zu spät zu seiner Startzeit. Price konnte jedoch noch nicht abspielen, da die Gruppe vor ihm auf dem Fairway auf eine Regelentscheidung wartete. Die Entscheidung 6-3a/4 stellt klar, dass ein Spieler einer Gruppe, die nicht zu der von der Spielleitung angesetzten Zeit abspielen kann, der aber am Abschlag erscheint bevor es der Gruppe tatsächlich möglich ist, abzuschlagen, nicht gegen Regel 6-3a verstößt. Price zog sich deshalb keine Strafe zu.

Viele dachten, dass Price auch wie Dredge für die Verspätung am Abschlag hätte bestraft werden sollen. Es wäre jedoch nicht richtig, einen Spieler für eine Verspätung am Abschlag zu bestrafen, der aus anderen Gründen gar nicht abschlagen kann. Price hatte Glück, dass die Verspätung der vorhergehenden Gruppe ihn vor einer Strafe bewahrt hatte.

Regel 6-4 beschränkt einen Spieler darauf, nur einen Caddie zur gleichen Zeit zu haben, aber sie hindert einen Spieler nicht daran, den Caddie während der festgesetzten Runde zu wechseln. Der Schlusstag der US Open 2010 in Pebble Beach fiel auf den Vatertag. Als Nick Watney das Spiel des 17. Lochs beendet hatte,

David Johnson spielt seine Annäherung auf dem ersten Loch des Riviera Country Clubs. Johnson musste zwei Strafschläge zu seinem Ergebnis des ersten Lochs addieren, da er zu spät zum Abschlag kam.

Rory McIlroy aus Nordirland sitzt auf dem vierten Fairway, nachdem das Spiel bei der 139. Open Championship auf dem Old Course in St. Andrews wegen starkem Wind in der zweiten Runde unterbrochen wurde.

übergab sein Caddie seine Verantwortung an Nick Watney´s Vater. Sein Mitbewerber Steve Wheatcroft sah dies und bat seinen Caddie, das Gleiche zu tun, da sein Vater ihm ebenfalls um den Platz gefolgt war. Beide Spieler realisierten, dass es keine bessere Art gäbe, den Vatertag zu feiern, als sich von ihrem jeweiligen Vater die Tasche tragen zu lassen!

Während der zweiten Runde der Open Championship 2010 in St. Andrews wurde das Spiel um 14:40 Uhr unterbrochen, nachdem Böen von heftigen Winden in immer kürzeren Abständen zunahmen. Die Böen erreichten Spitzenwerte von 65 km/h und bewegten die Bälle auf den Grüns. Die Spieler hatten die Wahl, sofort zu unterbrechen oder das soeben zu spielende Loch zu Ende zu spielen.

Tiger Woods hatte einen langen Putt über das erste Grün gespielt und entschied sich, genau dort das Spiel zu unterbrechen und das Loch nicht noch zu beenden.

Er und seine Mitspieler Justin Rose und Camillo Villegas gingen dann in das schützende Clubhaus zurück bis weitere Informationen bekanntgegeben würden. Viele Spieler beendeten jedoch das Loch, dass sie begonnen hatten und blieben auf dem Platz, in der Hoffnung, dass das Spiel schnell wiederaufgenommen würde. Das Spiel wurde dann um 15:35 wiederaufgenommen, als der Wind auf eine Geschwindigkeit von 8 km/h fiel und die Böen in Häufigkeit und Stärke abnahmen.

David Rickman, Direktor des R&A für Regeln und Ausrüstung sagte, „Bälle begannen sich auf einer Anzahl von Grüns am Ende des Platzes zu bewegen und wir hatten keine andere Wahl als das Spiel zu unterbrechen. Dann fiel er auf eine Stärke zurück, von der wir sicher waren, das Spiel wiederaufnehmen zu können und wir haben weiterhin die Windgeschwindigkeit und ihre Auswirkungen auf das Spiel für den Rest des Nachmittags beobachtet.

HÄUFIG GESTELLTE FRAGEN

Muss ein Spieler seine Vorgabe auf der Zählkarte in das dafür bestimmte Feld schreiben?
Regel 6-2b verlangt zwar, dass der Spieler das Vorhandensein der Vorgabe auf seiner Zählkarte sicherstellen muss, aber sie bestimmt nicht, wo dies geschieht. Solange die Vorgabe irgendwo auf der Karte erscheint, hat der Spieler seine Pflicht erfüllt. Demnach kann ein Spieler nicht dafür disqualifiziert werden, dass er seine Vorgabe nicht in dem hierfür vorgesehenen Feld auf der Karte vermerkt.

Kann ein Spieler dafür disqualifiziert werden, dass er sich weigert, seine Ergebnisse in einen Computer einzugeben oder für evtl. Fehler dabei?
Die Golfregeln verlangen von einem Spieler nicht, seine Ergebnisse in einen Computer einzugeben. Deshalb darf ein Spieler nicht nach den Golfregeln bestraft oder disqualifiziert werden, wenn die Ergebnisse im Computer falsch sind oder gar nicht eingegeben werden. Der Vorstand kann jedoch disziplinarische Maßnahmen in der Wettspielordnung vorsehen (z. B. eine Sperre für das nächste Clubwettspiel), falls Spieler ihre Ergebnisse nicht in den Computer eingeben.

Kann ein Spieler dafür disqualifiziert werden, dass Änderungen auf seiner Zählkarte nicht abgezeichnet wurden?
Eine Spielleitung kann nicht verlangen, dass Änderungen auf der Karte abgezeichnet werden. Deshalb sollte ein Spieler nicht dafür disqualifiziert werden, wenn dies unterlassen wurde.

Muss ich meine Ergebnisse auf der Karte notieren, die ich als Zähler führe?
Nein. Die Golfregeln verlangen von einem Zähler, seine Ergebnisse auf der Karte zu notieren, die er als Zähler führt. Schreibt der Zähler seine Ergebnisse auf der Karte auf, die er führt, so ist dies nur zu Vergleichszwecken beim Überprüfen seines eigenen Ergebnisses. Das Aufschreiben der Ergebnisse des Zählers auf einer Zählkarte hat keine Bedeutung hinsichtlich Regel 6-8d, aber es kann den Spieler auf Abweichungen zu seiner eigenen Zählkarte aufmerksam machen.

REGEL 7

ÜBEN

7-1 VOR ODER ZWISCHEN RUNDEN

a) Lochspiel
An jedem Tag eines Lochwettspiels darf ein Spieler vor einer Runde auf dem Wettspielplatz üben.

b) Zählspiel
Vor einer Runde oder einem Stechen an jedem Tag eines Zählwettspiels darf ein *Bewerber* nicht auf dem Wettspielplatz üben oder die Oberfläche irgendeines *Grüns* des *Platzes* durch Rollen eines Balls oder Aufrauen oder Kratzen an der Oberfläche prüfen.

Werden zwei oder mehr Zählwettspielrunden an aufeinander folgenden Tagen gespielt, so ist zwischen jenen Runden einem *Bewerber* das Üben oder das Prüfen der Oberfläche irgendeines *Grüns* durch Rollen eines Balls oder Aufrauen oder Kratzen der Oberfläche auf keinem *Platz* gestattet, der im weiteren Verlauf des Wettspiels noch gespielt werden muss.

ERKLÄRUNGEN
Feststehende Begriffe sind kursiv geschrieben und alphabetisch im Abschnitt II „Erklärungen" aufgeführt (siehe Seiten 13–23).

AUSNAHME:
Putten oder Chippen zu Übungszwecken auf oder nahe dem ersten *Abschlag* oder auf jedem Übungsgelände ist vor dem Abspielen zu einer Runde oder einem Stechen gestattet.

**STRAFE
FÜR VERSTOSS GEGEN REGEL 7-1b:**
Disqualifikation

ANMERKUNG:
Die *Spielleitung* darf in der Ausschreibung eines Wettspiels (Regel 33-1) das Üben auf dem Wettspielplatz an jedem Tag eines Lochwettspiels untersagen oder das Üben auf dem Wettspielplatz bzw. Teilen des *Platzes* (Regel 33-2c) an jedem Tag oder zwischen Runden eines Zählwettspiels gestatten.

7-2 WÄHREND DER RUNDE

Ein Spieler darf beim Spielen eines Lochs keinen Übungsschlag machen.

Zwischen dem Spielen von zwei Löchern darf ein Spieler keinen *Übungsschlag* machen, außer er übt Putten oder Chippen auf oder nahe
(a) dem *Grün* des zuletzt gespielten Lochs,
(b) jedem Übungsgrün oder
(c) dem *Abschlag* des nächsten in der Runde zu spielenden Lochs,
sofern ein Übungsschlag nicht aus einem *Hindernis* gemacht wird und das Spiel nicht unangemessen verzögert wird (Regel 6-7).

Schläge zur Fortsetzung des Spiels an einem Loch, dessen Ergebnis bereits entschieden ist, sind keine Übungsschläge.

AUSNAHME:
Wurde das Spiel von der *Spielleitung* ausgesetzt, so darf der Spieler vor Wiederaufnahme des Spiels üben (a) wie in dieser Regel vorgesehen, (b) überall außerhalb des *Wettspielplatzes* und (c) anderweitig je nach Genehmigung der *Spielleitung*.

DIE VERANTWORTLICHKEIT DES SPIELERS

Putten und Chippen auf oder nahe dem Abschlag des nächsten zu spielenden Lochs ist erlaubt, sofern das Spiel dadurch nicht verzögert wird.

**STRAFE
FÜR VERSTOSS GEGEN REGEL 7-2:**
Lochspiel – Lochverlust;
Zählspiel – Zwei Schläge
Wird der Verstoß zwischen dem Spielen von zwei Löchern begangen, so gilt die Strafe für das nächste Loch.

ANMERKUNG 1:
Ein Übungsschwung ist kein Übungsschlag und darf überall ausgeführt werden, sofern der Spieler dadurch keine *Regel* verletzt.

ANMERKUNG 2:
Die *Spielleitung* darf in den Wettspielbedingungen (Regel 33-1)
a)   das Üben auf oder nahe dem *Grün* des zuletzt gespielten Lochs und
b)   das Rollen eines Balls auf dem *Grün* des zuletzt gespielten Lochs untersagen.

Regelfall

Corey Pavin und Colin Montgomerie entschieden, das Üben während der Runde in Celtic Manor anlässlich der Ryder Cup Lochspiele zu untersagen. Wegen des abnehmenden Tageslichtes im Herbst vereinbarten die Kapitäne, eine Wettspielbedingung einzuführen, die das Üben auf oder nahe dem Grün des zuletzt gespielten Lochs untersagt (siehe Anmerkung zu Regel 7-2), um so sicherzustellen, dass es keine Spielverzögerung geben würde.

Montgomerie war unnachgiebig darin, dass das Spiel wie geplant ablaufen würde. „Ich sehe keinen Grund, warum ein Vierball nicht in viereinhalb Stunden beendet sein sollte, auch bei dem Druck eines Ryder Cups," gab er vor dem Wettspiel bekannt. „Wir wollen nicht am Samstag und Sonntag Morgen ankommen und dann noch die Spiele vom Tag vorher beenden müssen."

Montgomerie bekam seinen Wunsch, nach dem Zeitplan zu spielen, leider doch nicht erfüllt. Trotz der Anstrengungen der Kapitäne, jegliche Zeitverschwendung durch Putten nach Beendigung des Lochs zu unterbinden war es dann das Wetter, das das Spiel verzögerte und dazu führte, das die Spiele einen Tag später abgeschlossen wurden.

HÄUFIG GESTELLTE FRAGEN

Darf ein Spieler auf dem Wettspielplatz üben?

Vor einem Lochspiel darf ein Spieler auf dem Wettspielplatz üben, es sei denn, es wäre von der Spielleitung in den Wettspielbedingungen untersagt worden.

Im Zählspiel darf ein Bewerber nicht vor dem Wettspiel auf dem Wettspielplatz üben oder die Oberfläche eines Grüns prüfen, es sei denn, es wäre von der Spielleitung in den Wettspielbedingungen erlaubt – siehe Anmerkung zu Regel 7-1.

Sowohl im Lochspiel wie auch im Zählspiel darf ein Spieler während der Runde beim Spielen des Lochs und auch zwischen den Löchern keinen Übungsschlag spielen. Ausgenommen hiervon ist die Zeit zwischen dem Spiel von zwei Löchern, in der der Spieler chippen oder putten auf oder nahe von:

- dem Grün des zuletzt gespielten Lochs,
- jeglichem Übungsgrün, oder
- dem Abschlag des nächsten zu spielenden Lochs darf. Ein Spieler sollte die Wettspielbedingungen daraufhin überprüfen, ob die Spielleitung bestimmte Einschränkungen zum Üben während der Runde erlassen hat.

REGEL 8

BELEHRUNG; SPIELLINIE ANGEBEN

ERKLÄRUNGEN
Feststehende Begriffe sind kursiv geschrieben und alphabetisch im Abschnitt II „Erklärungen" aufgeführt (siehe Seiten 13-23).

8-1 BELEHRUNG

Während einer *festgesetzten Runde* darf ein Spieler
(a) niemandem im Wettspiel, der auf dem *Platz* spielt, ausgenommen seinem *Partner*, *Belehrung* erteilen oder
(b) nicht von irgendjemand anderem außer seinem *Partner* oder einem ihrer *Caddies* *Belehrung* erbitten.

8-2 SPIELLINIE ANGEBEN

a) Außerhalb des Grüns

Außer auf dem *Grün* darf sich ein Spieler die *Spiellinie* von jedermann angeben lassen, doch darf niemand vom Spieler auf, nahe bei oder in der Verlängerung der Linie über das *Loch* hinaus in Position gebracht werden, während der *Schlag* gemacht wird. Jedes Zeichen, das vom Spieler oder mit seinem Wissen zum Angeben der Linie gesetzt wird, muss entfernt werden, bevor der *Schlag* gemacht wird.

Ausnahme:
Flaggenstock bedienen oder hochhalten – siehe Regel 17-1.

b) Auf dem Grün

Befindet sich der Ball des Spielers auf dem *Grün*, so dürfen der Spieler, sein *Partner* oder einer ihrer *Caddies* vor dem *Schlag*, aber nicht während des *Schlags* eine Linie zum Putten angeben, wobei jedoch das *Grün* nicht berührt werden darf. Nirgendwo darf ein Zeichen zum Angeben einer Linie zum Putten gesetzt werden.

BELEHRUNG: INFORMATIONEN ZUR ENTFERNUNG

Informationen zur Entfernung sind öffentlich verfügbare Informationen und keine Belehrung und dürfen deshalb zwischen Spielern ausgetauscht werden.

ANGEBEN DER SPIELLINIE

Ein Spieler darf kein Zeichen setzen um die Spiellinie anzuzeigen. Ein Handtuch auf den Abhang am Grün zu legen wäre ein Verstoß gegen Regel 8-2a.

**STRAFE
FÜR REGELVERSTOSS:**
Lochspiel – Lochverlust;
Zählspiel – Zwei Schläge

ANMERKUNG:
Bei Mannschaftswettspielen darf die *Spielleitung* in der Ausschreibung eines Wettspiels (Regel 33-1) jeder einzelnen Mannschaft die Einsetzung einer Person gestatten, die ihren Mannschaftsteilnehmern *Belehrung* (einschließlich Angebens einer Linie zum Putten) erteilen darf. Die *Spielleitung* kann Bedingungen für die Einsetzung und die zulässigen Handlungen einer solchen Person erlassen. Sie muss der *Spielleitung* vor dem Erteilen von *Belehrung* benannt werden.

Regelfall

John Paramor, Chief Referee auf der European Tour, hatte die Aufgabe, die jeweiligen Ryder Cup - Mannschaften der USA und Europas vor dem Start des Ryder Cup 2010 in Celtic Manor zu informieren. Es war wichtig, dass beide Mannschaften mit den Vereinbarungen der Kapitäne vertraut waren, die die Wettspielbedingungen und die Platzregeln bei dem Wettspiel bildeten.

Einer der wichtigsten Punkte war die Tatsache, dass die Kapitäne eine Wettspielbedingung vereinbart hatten, dass jede Mannschaft eine Person bestimmen konnte, die den Mannschaftsmitgliedern Belehrung erteilen durfte. Die Anmerkung zur Regel 8 erlaubt eine solche Wettspielbedingung und unterstreicht, dass eine solche Person der Spielleitung benannt werden muss. Im Fall des Ryder Cup war diese Person der jeweilige Mannschaftskapitän – Colin Montgomerie für Europa und Corey Pavin für die USA.

Während der Information der US-Mannschaft fraget

einer von Pavin´s Stellvertretern, wie sich Belehrung definieren würde. Paramor erklärte es an dem Beispiel von Bubba Watson, der ein Eisen 8 für einen Schlag nahm und Tiger Woods, der später den gleichen Schlag zu spielen hätte und zwischen einem Eisen 8 und einem Eisen 7 schwanken würde. Der Stellvertreter des Kapitäns könnte den Kapitän darüber informieren, dass Watson ein Eisen 8 genommen habe, aber es war nur der Kapitän, der diese Auskunft an Woods weitergeben könnte. Amüsiert kommentierte Tiger Woods „Da wäre kein Zweifel gewesen, ich hätte ein Eisen 8 geschlagen."

HÄUFIG GESTELLTE FRAGEN

Darf ein Spieler einen Schläger auf den Boden legen um sich daran auszurichten?
Ja, vorausgesetzt der Schläger wird wieder entfernt, bevor der Schlag gespielt wird. Anderenfalls läge ein Verstoß gegen Regel 8-2a vor.

REGEL 9

AUSKUNFT ÜBER SCHLAGZAHL

ERKLÄRUNGEN
Feststehende Begriffe sind kursiv geschrieben und alphabetisch im Abschnitt II „Erklärungen" aufgeführt (siehe Seiten 13-23).

9-1 ALLGEMEINES
Die Anzahl der *Schläge*, die ein Spieler gemacht hat, schließt alle *Strafschläge* ein, die er sich zugezogen hat.

9-2 LOCHSPIEL
a) Auskunft über die Schlagzahl
Ein *Gegner* hat Anspruch darauf, vom Spieler beim Spielen eines Lochs dessen jeweiligen Stand der *Schlagzahl* und im Anschluss an das Spielen eines Lochs dessen *Schlagzahl* für das soeben beendete *Loch* zu erfahren.

b) Falsche Auskunft
Ein Spieler darf seinem *Gegner* keine falsche Auskunft geben. Wenn ein Spieler falsche Auskunft gibt, **verliert er das Loch**.
Eine falsche Auskunft gilt als gegeben, wenn ein Spieler
(I) es unterlässt, seinen *Gegner* so bald wie durchführbar davon in Kenntnis zu setzen, dass er sich eine Strafe zugezogen hat, außer (a) er verfährt offenkundig nach einer *Regel*, die Strafe nach sich zieht, und dies wurde von seinem *Gegner* wahrgenommen, oder (b) er berichtigt seinen Fehler, bevor sein *Gegner* seinen nächsten *Schlag* macht; oder
(II) beim Spielen eines Lochs falsche Auskunft über den Stand der Schlagzahl erteilt und diesen Fehler nicht berichtigt, bevor sein *Gegner* den nächsten *Schlag* macht, oder
(III) falsche Auskunft über die Schlagzahl für ein beendetes Loch erteilt und sich dies auf des *Gegners* Auffassung vom Ergebnis des Lochs auswirkt, solange er seinen Fehler nicht berichtigt, bevor irgendein Spieler vom nächsten *Abschlag* einen *Schlag* macht oder, sofern es sich um das letzte Loch des Lochspiels handelt, bevor alle Spieler das *Grün* verlassen.

Ein Spieler hat auch dann falsche Auskunft erteilt, wenn er aus Unkenntnis einen *Strafschlag* nicht berücksichtigt, den er sich zugezogen hatte. Es liegt in der Verantwortung des Spielers, die *Regeln* zu kennen.

AUSKUNFT ÜBER SCHLAGZAHL
Ein Spieler muss seinem Zähler sobald wie möglich mitteilen, dass er sich eine Strafe zugezogen hat.

9-3 ZÄHLSPIEL
Ein *Bewerber*, der sich eine Strafe zugezogen hat, sollte seinen *Zähler* sobald wie durchführbar davon in Kenntnis setzen.

REGEL 10

ERKLÄRUNGEN
Feststehende Begriffe sind kursiv geschrieben und alphabetisch im Abschnitt II „Erklärungen" aufgeführt (siehe Seiten 13-23).

SPIELFOLGE

10-1 LOCHSPIEL
a) Zu Beginn des Lochs
Am ersten *Abschlag* ergibt sich die *Ehre* einer *Partei* aus der Aufstellung. Fehlt es an einer Aufstellung, so sollte um die *Ehre* gelost werden.

Die *Partei*, die ein Loch gewinnt, nimmt am nächsten *Abschlag* die *Ehre*. Wurde ein Loch halbiert, so behält diejenige *Partei* die *Ehre*, die sie am vorhergehenden *Abschlag* gehabt hat.

b) Während des Spielens eines Lochs
Nachdem beide Spieler das Loch begonnen haben, wird der weiter vom *Loch* entfernte Ball zuerst gespielt. Sind die Bälle gleich weit vom *Loch* entfernt oder kann ihre jeweilige Entfernung zum *Loch* nicht bestimmt werden, so sollte gelost werden, welcher Ball zuerst gespielt wird.

Ausnahme:
Regel 30-3b (*Bestball*- und *Vierball*-Lochspiel).

ANMERKUNG:
Wird es bekannt, dass der ursprüngliche Ball nicht gespielt werden soll, wie er liegt, und muss der Spieler einen Ball so nahe wie möglich von der Stelle spielen, von der der ursprüngliche Ball zuletzt gespielt wurde (siehe Regel 20-5), wird die Spielfolge durch die Stelle bestimmt, von der der vorhergehende *Schlag* gemacht wurde. Darf ein Ball von einer anderen Stelle gespielt werden als derjenigen, von der der vorhergehende *Schlag* gemacht wurde, wird die Spielfolge durch die Stelle bestimmt, an der der ursprüngliche Ball zur Ruhe kam.

c) Spielen außer Reihenfolge

Spielt ein Spieler, obwohl sein *Gegner* hätte spielen sollen, so ist das straflos, aber der *Gegner* darf unverzüglich verlangen, dass der Spieler den so gemachten *Schlag* annulliert und in richtiger Reihenfolge einen Ball so nahe wie möglich der Stelle spielt, von der der ursprüngliche Ball zuletzt gespielt worden war (siehe Regel 20-5).

10-2 ZÄHLSPIEL
a) Zu Beginn des Lochs

Am ersten *Abschlag* ergibt sich die *Ehre* eines *Bewerbers* aus der Aufstellung. Fehlt es an einer Aufstellung, so sollte um die *Ehre* gelost werden.

Der *Bewerber* mit der niedrigsten Schlagzahl an einem *Loch* nimmt am nächsten *Abschlag* die *Ehre*. Der *Bewerber* mit der nächstniedrigen Schlagzahl spielt als Nächster und so fort. Haben zwei oder mehr *Bewerber* an einem *Loch* die gleiche Schlagzahl, so spielen sie am nächsten *Abschlag* in gleicher Reihenfolge ab wie am vorhergehenden.

AUSNAHME:
Regel 32-1 (Wettspiele mit Vorgabe gegen Par und nach Stableford).

REIHENFOLGE DES SPIELS
Der Spieler, der am weitesten vom Loch entfernt ist, spielt zuerst, auch wenn der andere Spieler noch nicht auf dem Grün ist.

SPIELFOLGE | **REGEL 10**

b) Während des Spielens eines Lochs

Nachdem die *Bewerber* das Spielen des Lochs begonnen haben, wird der am weitesten vom *Loch* entfernte Ball zuerst gespielt. Liegen zwei oder mehr Bälle gleich weit vom *Loch* entfernt oder kann ihre jeweilige Entfernung zum *Loch* nicht bestimmt werden, so sollte gelost werden, welcher Ball zuerst gespielt wird.

Ausnahmen:
Regel 22 (Ball unterstützt oder behindert Spiel) und 31-4 (Vierball-Zählspiel).

> **ANMERKUNG:**
> Wird es bekannt, dass der ursprüngliche Ball nicht gespielt werden soll, wie er liegt, und muss der *Bewerber* einen Ball so nahe wie möglich von der Stelle spielen, von der der ursprüngliche Ball zuletzt gespielt wurde (siehe Regel 20-5), wird die Spielfolge durch die Stelle bestimmt, von der der vorhergehende *Schlag* gemacht wurde. Darf ein Ball von einer anderen Stelle gespielt werden als derjenigen, von der der vorhergehende *Schlag* gemacht wurde, wird die Spielfolge durch die Stelle bestimmt, an der der ursprüngliche Ball zur Ruhe kam.

c) Spielen außer Reihenfolge

Spielt ein *Bewerber* außer Reihenfolge, so zieht er sich keine Strafe zu, und der Ball wird gespielt, wie er liegt. Stellt jedoch die *Spielleitung* fest, dass *Bewerber* übereingekommen sind, außer Reihenfolge zu spielen, um einem von ihnen einen Vorteil zu verschaffen, so **sind sie disqualifiziert**.
(*Schlag* machen, solange ein anderer Ball nach einem auf dem *Grün* gespielten *Schlag* in Bewegung ist – siehe Regel 16-1f.)
(Falsche Reihenfolge im *Vierer*-Zählspiel – siehe Regel 29-3.)

10-3 PROVISORISCHER ODER ANDERER BALL VOM ABSCHLAG

Spielt ein Spieler einen *provisorischen Ball* oder einen anderen Ball vom *Abschlag*, so muss das geschehen, nachdem sein *Gegner* oder *Mitbewerber* seinen ersten *Schlag* gemacht hat. Beabsichtigen mehr als ein Spieler, einen provisorischen Ball zu spielen oder wenn es erforderlich wird, einen anderen Ball vom *Abschlag* zu spielen, so muss die ursprüngliche Reihenfolge beibehalten werden. Spielt ein Spieler einen *provisorischen* oder einen anderen *Ball* außer Reihenfolge, so gelten die Regeln 10-1c oder 10-2c.

Regelfall

In den Vierern des Vormittags am zweiten Tag des Walker Cups 2003 in Ganton führten Gary Wolstenholme und Oliver Wilson gegen Trip Kuehne und Bill Haas.

Kuehne spielte als erster vom zweiten Abschlag und machte einen langen Schlag, aber völlig aus der Richtung in dichtes Gebüsch. Wolstenholme folgte mit einem kürzeren Abschlag in einen Fairwaybunker. Als die Spieler an Ihren Bällen ankamen, begann eine Suche nach dem Ball der Amerikaner. Noch vor Ende der Suchzeit spielte Wilson den Ball aus dem Bunker und Wolstenholme schlug diesen dann auf das Grün.

Zu diesem Zeitpunkt stellte die Mannschaft der USA die Frage, ob der Gastgeber-Vierer außer der Reihenfolge gespielt hätte, da Wolstenholme möglicherweise von einer Stelle gespielt habe, die näher zum Loch lag, als die Stelle, an der der verlorene Ball der USA gelegen haben könnte. Da der Ball der USA nicht gefunden werden konnte, musste seine Lage geschätzt werden, um die die richtige Spielreihenfolge zu bestimmen. Der Platzrichter dieser Spielergruppe entschied nach dieser Schätzung, dass der britisch-irische Ball weiter vom Loch entfernt lag und deshalb nicht außerhalb der Reihenfolge gespielt wurde.

Dadurch wurde offensichtlich, dass die Regeln von einer besseren Aufklärung einer solchen Situation profitieren würden. Deshalb besagt die Anmerkung zu Regel 10-2b nun, dass die Spielreihenfolge von dem Ort abhängt, an dem der ursprüngliche Ball zuletzt gespielt wurde, für den Fall, dass der ursprüngliche Ball nicht gespielt wird, wie er liegt (z. B. weil er nicht innerhalb von 5 Minuten gefunden wurde), und dass der Spieler einen Ball so nahe wie möglich von der Stelle spielen muss, an der der ursprüngliche Ball zuletzt gespielt wurde.

Damit wären in dem Walker-Cup-Fall in dem Moment, als der amerikanische Ball verloren wurde, dann die Spieler der USA an der Reihe gewesen, da sie wieder vom Abschlag hätten spielen müssen.

Bob Lewis, der Kapitän des Walker Cups 2003, ermittelt mit dem bei diesem Match mitgehenden Platzrichter, ob das britisch-irische Team außerhalb der Reihenfolge gespielt hat.

HÄUFIG GESTELLTE FRAGEN

Wie wird in einem Netto-Zählwettspiel die Ehre bestimmt?

Am ersten Loch wird die Ehre durch die Startaufstellung bestimmt. Danach richtete sich die Ehre nach dem niedrigsten Bruttoergebnis an jedem einzelnen Loch. Für Netto-Stableford-Wettspiele, siehe Seite 159.

REGEL 11

ABSCHLAG

ERKLÄRUNGEN
Feststehende Begriffe sind kursiv geschrieben und alphabetisch im Abschnitt II „Erklärungen" aufgeführt (siehe Seiten 13-23).

11-1 AUFSETZEN DES BALLS

Bringt ein Spieler einen Ball vom *Abschlag* ins Spiel, so muss dieser von innerhalb des *Abschlags* gespielt werden, entweder von der Oberfläche des Bodens oder von einem zulässigen Tee (siehe Anhang IV) in oder auf der Oberfläche des Bodens.

Eine Bodenunebenheit (durch den Spieler geschaffen oder nicht) sowie Sand oder eine andere natürliche Substanz (durch den Spieler hingelegt oder nicht) ist eine Oberfläche des Bodens im Sinne dieser Regel.

Macht ein Spieler einen *Schlag* nach einem Ball auf einem unzulässigen Tee oder nach einem Ball, der nicht in der durch diese Regel erlaubten Art und Weise aufgesetzt wurde, so **ist er disqualifiziert**.

Ein Spieler darf außerhalb des *Abschlags* stehen, um einen Ball von innerhalb des *Abschlags* zu spielen.

11-2 ABSCHLAGMARKIERUNGEN

Bevor ein Spieler mit irgendeinem Ball seinen ersten *Schlag* vom *Abschlag* des zu spielenden Lochs macht, gelten die Abschlagmarkierungen als befestigt. Bewegt der Spieler in einem derartigen Zusammenhang eine Abschlagmarkierung, bzw. duldet er, dass sie *bewegt* wird, um dadurch zu verhindern, dass sie seine *Standposition*, den Raum seines beabsichtigten Schwungs oder seine *Spiellinie* behindert, **so zieht er sich die Strafe für Verstoß gegen Regel 13-2 zu**.

11-3 BALL FÄLLT VOM TEE

Fällt ein *Ball*, der nicht *im Spiel* ist, vom Tee oder wird er vom Spieler beim *Ansprechen* vom Tee gestoßen, so darf er straflos wieder aufgesetzt werden. Wurde jedoch dabei ein *Schlag* nach dem Ball gemacht, so zählt dieser *Schlag*, egal ob sich der Ball *bewegt* hat oder nicht, aber Strafe kommt nicht hinzu.

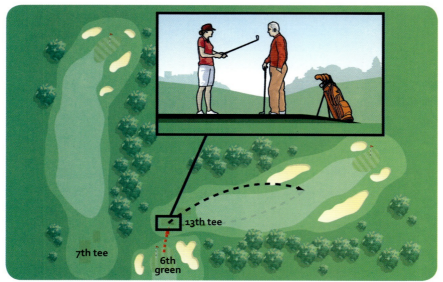

SPIELEN VOM FALSCHEN ABSCHLAG IM ZÄHLSPIEL

Ein Bewerber zieht sich zwei Strafschläge zu, wenn er vom falschen Abschlag spielt und muss diese Fehler beheben, indem er vom richtigen Abschlag spielt. Die Schläge vom falschen Abschlag und alle weiteren Schläge vor der Korrektur zählen nicht mit zur Schlagzahl des Spielers.

AUFTEEN

(1) Der Ball darf von der Oberfläche des Bodens gespielt werden (2) oder von einem regelkonformen Tee in der Oberfläche des Bodens, oder (3) von einer Bodenunebenheit.

11-4 SPIELEN VON AUSSERHALB DES ABSCHLAGS

a) Lochspiel

Spielt ein Spieler zu Beginn eines Lochs einen Ball von außerhalb des *Abschlags*, so ist dies straflos, aber der *Gegner* darf unverzüglich verlangen, dass der Spieler den *Schlag* annulliert und einen Ball von innerhalb des *Abschlags* spielt.

b) Zählspiel

Spielt ein *Bewerber* zu Beginn eines Lochs einen Ball von außerhalb des *Abschlags*, **so zieht er sich eine Strafe von zwei Schlägen zu** und muss dann einen Ball von innerhalb des *Abschlags* spielen.

Macht der *Bewerber* einen *Schlag* vom nächsten *Abschlag*, ohne zuvor seinen Fehler behoben zu haben, oder, sofern es sich um das letzte *Loch* der Runde handelt, verlässt er das *Grün*, ohne zuvor die Absicht zur Behebung seines Fehlers anzukündigen, **so ist er disqualifiziert.**

Der *Schlag* von außerhalb des *Abschlags* und alle weiteren Schläge des *Bewerbers* an dem Loch, bevor er den Fehler behoben hat, werden nicht auf seine Schlagzahl angerechnet.

11-5 SPIELEN VON FALSCHEM ABSCHLAG

Es gelten die Bestimmungen nach Regel 11-4.

Regelfall

Während der Wales Open 2011 im Celtic Manor Golf Resort zog sich Philip Price eine Strafe für einen Verstoß gegen Regel 11-4 zu und kamm knapp an einer Disqualifikation vorbei, da der Fall einem Referee berichtet wurde, bevor Price am nächsten Loch abschlug.

In seinem Versuch, auf dem 410 Meter langen 15. Loch des 2010-Platzes (der Ryder-Cup-Platz) ein Birdie zu spielen wollte Price das Dogleg abkürzen. Er teete den Ball auf und wollte über die Bäume vor das Grün schlagen, etwa 285 Meter entfernt. Um so zu schlagen, musste er seinen Ball in einem Winkel zur Linie der Abschlagmarkierungen aufteen und und spielte seinen Ball unwissentlich gut 20 Zentimeter vor den Abschlagmarkierungen.

Der Irrtum wurde dem Chief Referee mitgeteilt, der sich eine Fernsehaufzeichnung ansah, der den Fehler von Price bestätigte. Inzwischen hatte Price das 15. Loch beendet und bereitete sich darauf vor, auf dem Loch 16 abzuschlagen, als er von dem Regelverstoß

unterrichtet wurde. Glücklicherweise hatte er noch nicht auf dem 16. Loch abgeschlagen und war deshalb in der Lage, seinen Fehler wie von Regel 11-4 gefordert zu beheben und entging so der Disqualifikation. Price wurde von einem Referee zum 15. Abschlag zurückgebracht und musste das Loch erneut spielen, wobei er eine 3 mit seinem zweiten Ball spielte. Zusammen mit zwei Strafschlägen für den Verstoß gegen Regel 11-4 unterschrieb er am Ende eine 5 für das 15. Loch.

Der Waliser Philip Price „in action" während der Wales Open 2011 auf dem 2010-Platz im Celtic Manor Resort. Price zog sich zwei Strafschläge zu, als er auf dem 15. Loch von außerhalb des Abschlags spielte.

HÄUFIG GESTELLTE FRAGEN

Was macht man, wenn man vom falschen Abschlag gespielt hat?

Im Zählspiel muss der Fehler berichtigt werden und ein Ball unter Anrechnung von zwei Strafschlägen vom richtigen Abschlag gespielt werden. Der Schlag vom falschen Abschlag und weitere Schläge auf dem falschen Loch zählen nicht zum Ergebnis hinzu.

Im Lochspiel fällt keine Strafe an und das Spiel wird mit dem Ball vom falschen Abschlag fortgesetzt, es sei denn, der Gegner verlangt sofort, den Schlag zu annullieren und einen Ball vom richtigen Abschlag zu spielen.

REGEL 12

BALL SUCHEN UND IDENTIFIZIEREN

ERKLÄRUNGEN
Feststehende Begriffe sind kursiv geschrieben und alphabetisch im Abschnitt II „Erklärungen" aufgeführt (siehe Seiten 13-23).

12-1 BALL SUCHEN; BALL SEHEN

Ein Spieler hat nicht unbedingt Anspruch darauf, seinen Ball sehen zu können, wenn er einen *Schlag* macht.

Beim Suchen seines Balls überall auf dem *Platz* darf der Spieler langes Gras, Binsen, Gebüsch, Ginster, Heide oder dergleichen berühren oder biegen, jedoch nur im erforderlichen Ausmaß, um den Ball finden oder identifizieren zu können, und vorausgesetzt, dass dadurch die Lage des Balls, der Raum seines beabsichtigten Stands oder Schwungs oder seine *Spiellinie* nicht verbessert werden; wird der Ball *bewegt*, gilt Regel 18-2a, ausgenommen wie in den Absätzen a) bis d) dieser Regel vorgesehen.

Zusätzlich zu den anderweitig von den Regeln zugelassenen Methoden der Suche und Identifizierung eines Balls darf der Spieler nach Regel 12-1 einen Ball auch wie folgt suchen und identifizieren:

a) Suchen oder Identifizieren eines von Sand bedeckten Balls

Ist der Balls des Spieles, der irgendwo auf dem *Platz* liegt, vermutlich so von Sand bedeckt, dass er ihn nicht finden oder identifizieren kann, so darf er straflos den Sand berühren oder bewegen um den Ball zu finden oder zu identifizieren. Ist der Ball gefunden und als seiner

BALL IM BUNKER SUCHEN

(1) Ist der Ball eines Spielers vermutlich von Sand im Bunker bedeckt, so darf er den Sand mit dem Schläger, der Hand oder anderweitig berühren und fortbewegen. (2) Wird der Ball dabei bewegt, so ist dies straflos, aber der Ball muss zurückgelegt werden. (3) Der Spieler muss die ursprüngliche Lage des Balls wiederherstellen, indem er den Sand in die Ausgangslage zurückbringt und den Ball bedeckt. Es ist erlaubt, einen kleinen Teil des Balls sichtbar zu lassen.

identifiziert, muss der Spieler die Lage so gut wie möglich wiederherstellen, indem er den Sand zurücklegt. Wird der Ball beim Berühren oder Bewegen des Sandes während des Suchens oder Identifizierens *bewegt*, so ist das straflos; der Ball muss zurückgelegt und die Lage wiederhergestellt werden.

Wird eine Lage nach dieser Regel wiederhergestellt, darf der Spieler einen kleinen Teil des Balls sichtbar lassen.

b) Suchen oder Identifizieren eines von *losen hinderlichen Naturstoffen* bedeckten Balls im *Hindernis*

Ist der Balls des Spieles in einem *Hindernis* vermutlich so von *losen hinderlichen Naturstoffen* bedeckt, dass er ihn nicht finden oder identifizieren kann, so darf er straflos die *losen hinderlichen Naturstoffe* berühren oder bewegen, um den Ball zu finden oder zu identifizieren. Ist der Ball gefunden oder als seiner identifiziert, muss der Spieler die *losen hinderlichen Naturstoffe* zurücklegen. Wird der Ball beim Berühren oder Bewegen von *losen hinderlichen Naturstoffen während* des Suchens oder Identifizierens *bewegt*, so gilt Regel 18-2a; wird der Ball beim Zurücklegen der *losen hinderlichen Naturstoffe bewegt*, so ist das straflos und der Ball muss zurückgelegt werden.

War der Ball vollständig von *losen hinderlichen Naturstoffen* bedeckt, so muss der Spieler den Ball wieder bedecken, darf jedoch einen kleinen Teil des Balls sichtbar lassen.

c) Suchen eines Balls im Wasser eines Wasserhindernisses

Wird vermutet, dass ein Ball im Wasser eines *Wasserhindernisses* liegt, so darf der Spieler straflos mit einem Schläger oder sonst wie danach tasten. Wird der Ball im Wasser beim Tasten versehentlich *bewegt*, ist das straflos; der Ball muss zurückgelegt werden, sofern sich der Spieler nicht entscheidet, nach Regel 26-1 zu verfahren. Lag der *bewegte* Ball nicht im Wasser oder wurde er vom Spieler außer beim Tasten versehentlich *bewegt*, so gilt Regel 18-2a.

d) Suchen eines Balls im *Hemmnis* oder *ungewöhnlich beschaffenem Boden*

Wird ein Ball, der in oder auf einem *Hemmnis* oder in einem *ungewöhnlich beschaffenen Boden* liegt, beim Suchen versehentlich bewegt, so ist das straflos; der Ball muss zurückgelegt werden, es sei denn, der Spieler entscheidet sich, nach zutreffender Regel 24-1b, 24-2b oder 25-1b zu verfahren. Legt der Spieler den Ball zurück, so darf er dennoch nach einer dieser Regeln verfahren, wenn diese anwendbar ist.

BALL IM BUNKER IDENTIFIZIEREN

Ein Spieler darf seinen Ball zum Identifizieren aufnehmen, auch wenn dieser in einem Bunker oder einem Wasserhindernis liegt. Bevor der Ball aufgenommen wird, muss die Lage des Balls gekennzeichnet werden und der Spieler muss seinen Gegner, Mitbewerber oder Zähler davon unterrichten, was er vorhat, bevor er seinen Ball aufnimmt. Der Ball darf nicht über das Maß hinaus gereinigt werden, das zur Identifizierung erforderlich ist.

STRAFE
FÜR VERSTOSS GEGEN REGEL 12-1:
Lochspiel – Lochverlust;
Zählspiel – Zwei Schläge
(Lage, Raum des beabsichtigten Stands oder Schwungs oder *Spiellinie* verbessert – siehe Regel 13-2)

12-2 BALL ZUM IDENTIFIZIEREN AUFNEHMEN

Der Spieler ist dafür verantwortlich, dass er den richtigen Ball spielt. Jeder Spieler sollte seinen Ball kennzeichnen.

Vermutet ein Spieler, dass ein Ball in Ruhe seiner ist, kann ihn aber nicht identifizieren, darf der Spieler den Ball straflos zum Identifizieren aufnehmen. Das Recht zum Aufnehmen eines Balls zum Identifizieren gilt zusätzlich zu den in Regel 12-1 erlaubten Handlungen.

Vor dem Aufnehmen des Balls muss der Spieler die Absicht dazu seinem *Gegner* im Lochspiel bzw. seinem *Zähler* oder einem *Mitbewerber* im Zählspiel ankündigen und die Lage des Balls kennzeichnen. Sodann darf er den Ball aufnehmen und identifizieren, sofern er *Gegner*, *Zähler* oder *Mitbewerber* Gelegenheit gibt, das Aufnehmen und Zurücklegen zu beobachten. Der Ball darf beim Aufnehmen nach Regel 12-2 nicht mehr als im zur Identifizierung erforderlichen Ausmaß gereinigt werden.

Ist der aufgenommene Ball der Ball des Spielers und versäumt der Spieler, dieses Verfahren ganz oder teilweise einzuhalten, oder nimmt er seinen Ball zum Identifizieren auf, ohne einen triftigen Grund dafür zu haben, **so zieht er sich einen Strafschlag zu**. Ist der aufgenommene Ball der Ball des Spielers, so muss er diesen zurücklegen. Versäumt er dies, **zieht er sich die Grundstrafe für Verstoß gegen Regel 12-2 zu**, aber keine weitere Strafe nach dieser Regel.

ANMERKUNG:
Wurde die ursprüngliche Lage eines Balls, der zurückzulegen ist, verändert, siehe Regel 20-3b.

* STRAFE FÜR VERSTOSS GEGEN REGEL 12-2:
Lochspiel – Lochverlust;
Zählspiel – Zwei Schläge
* Wenn ein Spieler sich die Grundstrafe für Verstoß gegen Regel 12-2 zuzieht, fällt keine weitere Strafe nach dieser Regel an.

Regelfall

In der Dubai Desert Classic 2011 stürmte der Spanier Alvaro Quiros zu einem ereignisreichen Sieg. Ein schräger Abschlag auf dem 8. Loch (Par 4) im Emirates Golfclub fand sich in einer schlechten Lage in einem Busch wieder und zwang ihn, einen Strafschlag für einen unspielbaren Ball zu nehmen. Als er seinen Ball fallen ließ, bettete sich dieser in den weichen Sandboden ein und machte damit den dritten Schlag über die Palmen noch schwieriger. Sein Ball kam dann in einer der vielen Palmen zur Ruhe, die entlang der Fairways stehen.

Quiros konnte in dem Baum einen Callaway-Ball mit zwei Markierungspunkten erkennen, die seinen ähnlich Markierungspunkten ähnlich waren, aber er war sich nicht völlig sicher, ob es sein Ball wäre.

Ein Referee war zur Hand, und mit Hilfe eines Fernglases konnte Quiros sicher feststellen, dass der Ball in der Palme sein Ball war.

Da der Ball nicht verloren war, entschied sich Quiros, ihn für unspielbar zu halten und Erleichterung nach Regel 28c zu nehmen. Da ein Ball nach dieser Regel ersetzt werden darf, setzte er das Spiel fort, indem er unter Anrechnung eines Strafschlags innerhalb von zwei Schlägerlängen von einem Punkt auf dem Boden unmittelbar unter dem Ball im Baum einen anderen Ball fallen ließ (siehe Entscheidung 28/11). Einen kurzen Chip und zwei Putts später ging er mit einem Triplebogey 7 vom Grün. Er glich dieses teure Ergebnis durch ein Hole-in-One auf der Bahn 11 (Par 3) aus, was ihn sofort wieder zurück in eine Position brachte, aus der er um den Sieg spielen konnte.

Quiros benutzt ein Fernglas und identifiziert damit seinen Ball in einer Palme während der Dubai Desert Classic. Die Regel verbieten nicht die Verwendung eines künstlichen Hilfsmittels zum Identifizieren des Balls.

Während der dritten Runde der Honda Classic 2011 war Jerry Kelly überzeugt, dass sein Ball in einem hohen Baum lag, aber er konnte die grüne Markierungslinie nicht mit bloßem Auge erkennen. Er versuchte, den Ball mit einem Fernglas zu identifizieren, was aber nicht gelang. Wenn er den Ball nicht identifizieren könnte, besagt Entscheidung 27/15, dass der Ball verloren ist und dass der Spieler einen Strafschlag und Distanzverlust in Kauf nehmen muss. Kelly erhielt aber Hilfe durch die Technik um seinen Ball zu identifizieren, etwas, was in den Regeln nicht verboten ist.

Einer der Zuschauer regte an, dass Kelly einen Blick auf ein Foto werfen solle, das von einem akkreditierten Fotografen gemacht worden war. Erst als das Foto auf dem Display der Kamera vergrößert wurde, war Kelly sich sicher, seine Markierung darauf zu erkennen. Dennoch fragte der erste Referee den Chief Referee nach einer zweiten Meinung. Kelly nahm einen seiner Bälle aus der Tasche und zeigte den Referees, wie sein Ball gekennzeichnet war. Der Chief Referee Slugger White nahm zuerst seine Brille um auf das Display zu schauen und dann eine Lupe.

Obwohl die Suchzeit von 5 Minuten inzwischen vorbei war, war der Ball, wenn es sich herausstellen würde, dass es sich um Kellys Ball handelt, innerhalb von 5 Minuten gefunden worden. In diesem Fall regelt die Entscheidung 27/5.5, dass der Ball auch noch nach Ablauf der Suchzeit von 5 Minuten identifiziert werden darf. Nach einiger Diskussion stimmten die Referees zu, dass man Kellys grüne Linie auf dem Ball sehen könne. So musste Kelly nicht an die Stelle des letzten Schlags zurückkehren, sondern konnte den Ball mit einem Strafschlag für unspielbar halten. Er spielte dann auf das grün und lochte mit einem Schlag zu einem Ergebnis, das er als „ein verdammt gutes Bogey" rühmte.

HÄUFIG GESTELLTE FRAGEN

Ist es zulässig, eine Linie um den Ball herum zum Zeichen zur Identifizierung auf dem Ball anzubringen?

Ja. Es wird empfohlen, dass jeder Spieler seinen Ball individuell kennzeichnet. Dies kann beliebig geschehen, einschließlich einer Linie rund um den Ball, die der Spieler dann zur Ausrichtung verwenden darf.

Ein Spieler darf eine Linie auf dem Ball anbringen und diesen so ausrichten, dass er die Spiellinie anzeigt.

REGEL 13

BALL SPIELEN WIE ER LIEGT

ERKLÄRUNGEN
Feststehende Begriffe sind kursiv geschrieben und alphabetisch im Abschnitt II „Erklärungen" aufgeführt (siehe Seiten 13-23).

13-1 ALLGEMEINES

Der Ball muss gespielt werden, wie er liegt, sofern die *Regeln* nichts anderes vorsehen.
(Ball in Ruhe *bewegt* – siehe Regel 18.)

13-2 LAGE, RAUM DES BEABSICHTIGTEN STANDS ODER SCHWUNGS, ODER SPIELLINIE VERBESSERN

Ein Spieler darf nicht
- den Ort der Lage oder die Lage seines Balls,
- den Raum seines beabsichtigten *Stands* oder Schwungs,
- seine *Spiellinie* sowie eine angemessene Verlängerung dieser Linie über das *Loch* hinaus oder
- die Fläche zum Fallenlassen oder Hinlegen eines Balls

durch eine der folgenden Handlungen verbessern oder verbessern lassen:
- einen Schläger auf den Boden drücken
- Bewegen, Biegen oder Brechen von irgendetwas, das wächst oder befestigt ist (eingeschlossen *unbewegliche Hemmnisse* sowie Gegenstände zum Bezeichnen von *Aus*),
- Schaffung oder Beseitigung von Bodenunebenheiten,
- Entfernen oder Niederdrücken von Sand, losem Erdreich, herausgeschlagener und wieder eingesetzter Grasnarbe, oder sonstigen eingesetzten Rasenstücken oder
- Entfernen von Tau, Reif oder Wasser.

Jedoch zieht der Spieler sich keine Strafe zu, wenn dies vorkommt
- beim leichten Aufsetzen des Schlägers zum *Ansprechen* des Balls,
- bei redlichem Beziehen der *Standposition*,
- beim Spielen eines *Schlags* oder beim Rückschwung des Schlägers zum *Schlag* und der *Schlag* wird dann gemacht,
- bei der Schaffung oder Beseitigung von Bodenunebenheiten innerhalb des *Abschlags* oder beim Entfernen von Tau, Reif oder Wasser vom *Abschlag*, oder
- beim Entfernen von Sand und losem Erdreich oder beim Ausbessern von Schäden auf dem *Grün* (Regel 16-1).

SPIELLINIE VERBESSERN

Ein Spieler darf keinen Sand außerhalb des Grüns auf seiner Spiellinie entfernen. Sand ist nur auf dem Grün ein loser hinderlicher Naturstoff.

BODENUNEBENHEITEN BESEITIGEN

Ein Spieler darf kein Divot zurücklegen um eine Bodenunebenheit auf seiner Spiellinie auszubessern.

Ausnahme:
Ball im *Hindernis* – siehe Regel 13-4.

13-3 STANDPOSITION HERSTELLEN

Ein Spieler ist berechtigt, die Füße fest aufzusetzen, wenn er seine *Standposition* bezieht, darf sich aber keine *Standposition* herstellen.

13-4 BALL IM HINDERNIS, UNZULÄSSIGE HANDLUNGEN

Sofern nicht in den *Regeln* vorgesehen, darf der Spieler, bevor er einen *Schlag* nach einem Ball macht, der in einem *Hindernis* ist (gleich ob *Bunker* oder *Wasserhindernis*) oder der in einem *Hindernis* aufgenommen wurde und darin fallen gelassen oder hingelegt werden darf, nicht
a) die Beschaffenheit des *Hindernisses* oder eines gleichartigen *Hindernisses* prüfen,
b) den Boden im *Hindernis* oder Wasser im *Wasserhindernis* mit seiner Hand oder einem Schläger berühren oder
c) einen *losen hinderlichen Naturstoff* berühren oder bewegen, der im *Hindernis* liegt oder es berührt.

Ausnahmen:
1. Vorausgesetzt, es geschieht nichts, was Prüfen der Beschaffenheit des *Hindernisses* oder Verbessern der Lage des Balls darstellt, ist es straflos, wenn der Spieler (a) den Boden oder *lose hinderliche Naturstoffe* in irgendeinem *Hindernis* oder Wasser in einem *Wasserhindernis* berührt infolge oder zur Vermeidung eines Sturzes, beim Fortbewegen eines *Hemmnisses*, beim Nachmessen oder Kennzeichnen der Lage, oder beim Wiedererlangen, Aufnehmen, Hinlegen oder Zurücklegen eines Balls nach einer *Regel* oder wenn er (b) seine Schläger in einem *Hindernis* hinlegt.
2. Der Spieler darf jederzeit Sand oder Erdreich in einem *Hindernis* einebnen, sofern dies ausschließlich der Pflege des Platzes dient und nichts geschieht, was in Bezug auf

SCHLÄGER IM HINDERNIS HINLEGEN

Der Spieler darf seine Schläger im Hindernis hinlegen, vorausgesetzt er prüft damit nicht die Beschaffenheit des Hindernisses oder verbessert die Lage des Balls.

WASSERHINDERNIS BERÜHREN UM EINEN STURZ ZU VERMEIDEN

Der Spieler darf einen Schläger benutzen, um ein Hindernis zu betreten oder zu verlassen, vorausgesetzt er prüft damit nicht die Beschaffenheit des Hindernisses oder verbessert die Lage des Balls.

seinen nächsten *Schlag* einen Verstoß gegen Regel 13-2 darstellen würde. Ist der Ball nach einem im *Hindernis* gespielten *Schlag* außerhalb des Hindernisses, so darf der Spieler Sand oder Erdreich ohne Einschränkung in dem *Hindernis* einebnen.

3. Wenn der Spieler einen *Schlag* aus einem *Hindernis* macht und der Ball kommt in einem anderen *Hindernis* zur Ruhe, so ist Regel 13-4a für alle nachfolgenden Handlungen in dem *Hindernis*, aus dem der *Schlag* gemacht wurde, nicht anwendbar.

ANMERKUNG:
Jederzeit, einschließlich beim *Ansprechen* und beim Rückschwung zum *Schlag*, darf der Spieler jedes *Hemmnis*, jede von der *Spielleitung* zum Bestandteil des *Platzes* erklärte Anlage, jederlei Gras, Busch, Baum oder Sonstiges, das wächst, mit einem Schläger oder sonst wie berühren.

BALL IM BUNKER: VOR DEM SCHLAG HARKEN

Jederzeit, einschließlich vor dem Schlag darf ein Spieler Sand im Hindernis einebnen, vorausgesetzt, es geschieht dabei nichts, was die Lage des Ball, den Raum des beabsichtigten Schwungs oder die Spiellinie für den nächsten Schlag verbessert und es geschieht nur zum Zweck der Platzpflege.

**STRAFE
FÜR REGELVERSTOSS:**
Lochspiel – Lochverlust;
Zählspiel – Zwei Schläge
(Ball suchen – siehe Regel 12-1.)
(Erleichterungsverfahren für einen Ball im *Wasserhindernis* – siehe Regel 26.)

BALL IM BUNKER

Vor einem Schlag aus dem Bunker ist es dem Spieler verboten, ...

... den Grund mit dem Schläger zu berühren, ...

... lose hinderliche Naturstoffe zu berühren, ...

... oder zu entfernen, ...

... oder Sand einzuebnen.

SCHLÄGER AUF DER BRÜCKE IM WASSERHINDERNIS AUFSETZEN

In einem Hindernis darf ein Spieler jederzeit ein Hemmnis wie diese Brücke berühren (Siehe Anmerkung zu Regel 13-4).

BALL SPIELEN WIE ER LIEGT | **REGEL 13**

Regelfall

13

In der Schlussrunde der ersten Kia Classic 2010 zog sich Michelle Wie zwei Strafschläge zu, da sie Ihren Schläger in einem Wasserhindernis aufgesetzt hatte, nachdem Sie aus dem Hindernis geschlagen hatte. Dies führte einem Doppelbogey sieben auf diesem Loch. Nachdem sie beim ersten Mal vergeblich versucht hatte, den Ball aus dem Hindernis zu spielen, dachte sie über den erfolglosen Schlag nach und senkte ihren Schläger auf den Boden. Regel 13-4 untersagt es einem Spieler, den Boden oder das Wasser im Wasserhindernis zu berühren.

Die Ausnahme 1 zu Regel 13-4 nimmt den Spieler von einer Strafe aus, wenn der Schläger aufgesetzt wird, um in Hindernis einen Sturz zu vermeiden. Trotz der Beteuerungen von Wie, sie hätte sich etwas wackelig gefühlt, kam man zu der Überzeugung, dass das Aufsetzen des Schlägers keine Folge eines Sturzes und auch nicht zur Vermeidung eines Sturzes war. Tatsächlich war das Aufsetzen des Schlägers eine natürlich Reaktion auf den vergeblichen Versuch, aus dem Hindernis zu schlagen und dieses Aufsetzen des Schlägers brachte Wie zwei Strafschläge ein.

Ernie Els klettert den Hang hinauf, nachdem er einen Abschlag auf dem 10. Loch während der Schlussrunde der 110. US Open in Pebble Beach verschlagen hatte.

Brian Davis rechnete sich selbst einen Strafschlag für einen Verstoß gegen Regel 14-3 an, als er in einem Stechen mit Jim Furyk einen Losen hinderlichen Naturstoff in einem Hindernis berührte.

Ernie Els hatte Klärungsbedarf bei einem Referee nach, bevor er auf dem 10. Loch während der Schlussrunde US Open 2010 in Pebble Beach einen steilen Abhang hinaufkletterte um seinen Ball zu suchen. Wegen des starken Gefälles fragte er den Referee „Wenn ich dort ´runter gehe, darf ich den Boden berühren?" Der Referee dieser Spielergruppe bestätigte, dass es erlaubt sei, den Boden im Hindernis zu berühren, falls es zur Vermeidung eines Sturzes geschieht, wie in Ausnahme 1 zu Regel 13-4 aufgeführt. Els war in der Lage, weiter den Hang herunter zu klettern um seinen Ball zu suchen und stütze sich auf seinem Weg mit der Hand ab.

In einem lochweisen Stechen mit Jim Furyk um die VerizonHeritage 2010 in Hilton Head fand Brian Davis sich in Schwierigkeiten, nachdem er seinen zweiten Schlag auf den Strand schlug. Sein Ball kam zwischen ein paar Schilfhalmen zur Ruhe. Furyk war mit drei Schlägen auf dem Grün und hatte einen Putt zum Par und so entschied sich Davis seinen Ball zu spielen wie er lag und nicht mit einem Strafschlag außerhalb des Hindernisses zu droppen. Davis schaffte es, den Ball aus dem Hindernis auf das Grün zu chippen, aber das Stechen war in diesem Moment schon vorbei, da er in seinem Rückschwung einen losen Schilfhalm im Hindernis mit seinem Schläger berührt hatte. Regel 13-4 legt fest, dass ein Spieler vor dem Schlag keinen losen hinderlichen Naturstoff im Hindernis berühren darf. Die Erklärung „Schlag" in den Golfregeln besagt, dass der Schlag erst beginnt, wenn der Spieler die Vorwärtsbewegung des Schlägers beginnt, in der Absicht, den Ball zu schlagen und zu bewegen. Der Rückschwung ist nicht Teil des Schlags, so dass das Berühren des losen Halmes in seinem Rückschwung einen Regelverstoß von Davis darstellte. Er machte selbst auf seinen Regelverstoß aufmerksam, der ihm zwei Strafschläge einbrachte und seine Hoffnung auf den ersten Sieg in den USA beendete.

Im Anschluss wurde Davis sehr für seine Integrität gelobt und sein Fairplay gelobt, dass er selbst auf seinen Regelverstoß aufmerksam gemacht hatte. Er sagte „er hätte nicht damit leben können", wenn er den Verstoß nicht rechtzeitig der Spielleitung mitgeteilt hätte.

Graeme McDowell sah sich einer ähnlichen Situation ausgesetzt, als er sich während der Honda Classic 2010 in Palm Beach Garden in Florida eine Strafe selbst anrechnete. Auf dem 18. Loch schlug er seinen Ball in ein flaches Wasserhindernis. Da der Ball spielbar war, schlug er diesen auf das Fairway. Als er zu seinem Ball ging, machte er den Fernsehkommentator, der mit seiner Gruppe mitlief, darauf aufmerksam, dass er möglicherweise einen Regelverstoß begangen habe.

Die Spielleitung der US Tour schaute sich anschließend die Fernsehaufzeichnung an und besprach diese nach der Runde mit McDowell, bevor dieser seine Zählkarte einreichte. Der Videobeweis bestätigte, dass McDowells Sorgen berechtigt waren und dass er tatsächlich das Wasser im Rückschwung mit seinem Schläger berührt hatte, womit er gegen Regel 13-4 verstoßen hatte.

„Ich habe sofort gemerkt dass ich meinen Schläger im Rückschwung wohl etwas gedreht habe, und sobald dies geschah spürte ich, dass da etwas nicht in Ordnung war.", sagte McDowell. Er unterschrieb die Karte mit einer Doppelbogey 7 und fand sich auf Platz 5 wieder, drei Schläge hinter dem Führenden.

HÄUFIG GESTELLTE FRAGEN

Wenn mein Ball im Bunker landet, darf ich dann vor meinem Schlag harken?
Ja, vorausgesetzt es geschieht kein Verstoß gegen Regel 13-2 in Hinblick auf den Schlag und es geschieht ausschließlich zum Zweck der Platzpflege. Der Ball liegt zum Beispiel auf der rechten Seite eines großen Bunkers. Die Harke ist links im Bunker hingelegt worden, und in der Absicht, den Platz in einem ordentlichen Zustand zu hinterlassen, harkt der Spieler die Spuren links im Bunker bevor er zu seinem Ball geht. Da das Harken nicht die Lage des Balls, den Raum des beabsichtigten Stands oder Schwungs oder die Spiellinie verbessert und nur zu Platzpflegezwecken dient, liegt hier kein Verstoß vor (siehe Ausnahme 2 zu Regel 13-4).

Kann ich meine Schläger oder eine Harke in ein Hindernis legen, während ich meinen Schlag aus dem Hindernis spiele?
Ja. Das Hinlegen von Schlägern oder sogar einer Golftasche oder der Harke in ein Hindernis wird nicht als Prüfen der Beschaffenheit des Hindernisses angesehen. Der Spieler muss jedoch darauf achten, dass nichts geschieht, was ein Prüfen der Beschaffenheit des Hindernisses darstellen würde oder was die Lage des Balls verbessert - siehe Ausnahme 1 zu Regel 13-4.

REGEL 14

DER SCHLAG NACH DEM BALL

ERKLÄRUNGEN
Feststehende Begriffe sind kursiv geschrieben und alphabetisch im Abschnitt II „Erklärungen" aufgeführt (siehe Seiten 13-23).

14-1 EHRLICH NACH DEM BALL SCHLAGEN
Nach dem Ball muss ehrlich mit dem Schlägerkopf geschlagen und es darf nicht gestoßen, gekratzt oder gelöffelt werden.

14-2 UNTERSTÜTZUNG

a) **Körperliche Unterstützung oder Schutz gegen die Elemente**
Ein Spieler darf keinen *Schlag* machen während er körperliche Unterstützung oder Schutz gegen die Elemente annimmt.

MIT DEM SCHLÄGERKOPF EHRLICH NACH DEM BALL SCHLAGEN

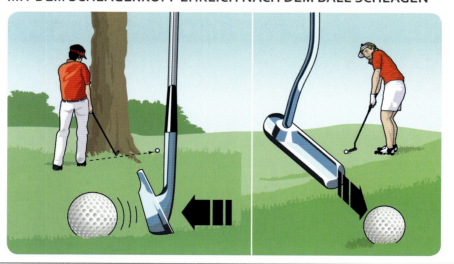

Der Spieler darf den Ball mit der Rückseite oder Spitze des Schlägerkopfes spielen.

Jim Furyk's Caddie „Fluff" hält einen Schirm über dessen Kopf, während er sich auf einen Putt beim Ryder Cup 2006 vorbereitet. Furyk hätte als Strafe nach Regel 14-2 das Loch verloren, wenn er seinem Caddie erlaubt hätte, während des Schlags in dieser Position zu bleiben.

b) **Position von *Caddie* oder *Partner* hinter dem Ball**
Ein Spieler darf keinen *Schlag* machen, wenn sein *Caddie*, sein *Partner* oder der *Caddie* des *Partners* auf oder dicht an der Verlängerung der *Spiellinie* oder *Puttlinie* hinter dem Ball Position bezogen hat.

Ausnahme:
Es ist straflos, wenn der *Caddie* des Spielers, sein Partner oder der *Caddie* des *Partners* sich versehentlich auf oder dicht an der Verlängerung der *Spiellinie* oder *Puttlinie* hinter dem Ball befinden.

**STRAFE
FÜR VERSTOSS GEGEN REGEL 14-1 oder 14-2:**
Lochspiel – Lochverlust;
Zählspiel – Zwei Schläge

14-3 KÜNSTLICHE HILFSMITTEL, UNGEBRÄUCHLICHE AUSRÜSTUNG UND UNGEBRÄUCHLICHE VERWENDUNG VON AUSRÜSTUNG

Der *R&A* behält sich vor, jederzeit die Regeln zu künstlichen Hilfsmitteln, ungebräuchlicher *Ausrüstung* und der ungebräuchlichen Verwendung von *Ausrüstung* zu ändern, sowie Auslegungen zu erlassen oder zu ändern, die diese Regeln betreffen.

Ein Spieler, der Zweifel hat, ob die Verwendung eines Gegenstands gegen Regel 14-3 verstößt, sollte den *R&A* zurate ziehen.

Ein Hersteller sollte dem *R&A* ein Muster von einem Gegenstand, der hergestellt werden soll, vorlegen, damit der *R&A* entscheiden kann, ob seine Verwendung während einer *festgesetzten Runde* dazu führen würde, dass ein Spieler gegen Regel 14-3 verstößt. Das Muster geht als Beleg in das Eigentum des *R&A* über. Versäumt der Hersteller, vor Herstellung und/oder Vermarktung ein Muster vorzulegen, oder, falls er ein Muster eingesandt hatte, hierzu eine Entscheidung abzuwarten, so läuft der Hersteller Gefahr, dass die Verwendung des Gegenstands gegen die *Regeln* verstoßen würde.

CADDIE AUF VERLÄNGERUNG DER SPIELLINIE POSITIONIERT

Ein Caddie darf einem Spieler bei der Ausrichtung vor dem Schlag helfen, aber der Spieler darf keinen Schlag machen, während der Caddie auf oder nahe einer Verlängerung der Puttlinie steht.

Sofern nicht in den *Regeln* vorgesehen, darf der Spieler während einer *festgesetzten Runde* keinerlei künstliche Hilfsmittel oder ungebräuchliche *Ausrüstung* (für ausführliche Anforderungen und Auslegungen, siehe Anhang IV) benutzen oder irgendeine *Ausrüstung* in ungebräuchlicher Art und Weise verwenden:

a) die ihm beim Spielen eines *Schlags* oder bei seinem Spiel von Nutzen sein könnten; oder
b) die den Zweck haben, Entfernungen oder Umstände abzuschätzen oder zu messen, die sein Spiel beeinflussen könnten; oder
c) die ihm beim Halten des Schlägers von Nutzen sein könnten, außer dass
  (I) einfache Handschuhe getragen werden dürfen;
  (II) Harz, Puder und Trocknungs- oder Befeuchtungsmittel benutzt werden dürfen; und
  (III) ein Hand- oder Taschentuch um den Griff gewickelt werden darf.

Ausnahmen:
1. Ein Spieler begeht keinen Verstoß gegen diese Regel, wenn (a) die *Ausrüstung* oder das Hilfsmittel dafür bestimmt ist oder den Einfluss hat, ein gesundheitliches Problem zu mildern, (b) der Spieler berechtigte gesundheitliche Gründe hat, diese *Ausrüstung* oder dieses Hilfsmittel zu benutzen und (c) die *Spielleitung* davon überzeugt ist, dass deren Benutzung dem Spieler keinen ungebührlichen Vorteil gegenüber anderen Spielern gibt.
2. Ein Spieler begeht keinen Verstoß gegen diese Regel, wenn er *Ausrüstung* in herkömmlich akzeptierter Art und Weise benutzt.

**STRAFE
FÜR VERSTOSS GEGEN REGEL 14-3:**
Disqualifikation

Anmerkung:
Die *Spielleitung* darf eine Platzregel erlassen, die Spielern die Benutzung von Geräten erlaubt, die ausschließlich die Entfernung messen oder abschätzen.

14-4 BALL ÖFTER ALS EINMAL TREFFEN

Trifft der Schläger eines Spielers im Verlauf eines *Schlags* den Ball öfter als einmal, so muss er den *Schlag* zählen und **einen Strafschlag hinzuzählen,** d. h. sich insgesamt zwei Schläge anrechnen.

14-5 SPIELEN EINES BALLS IN BEWEGUNG

Ein Spieler darf keinen *Schlag* nach seinem Ball machen, solange sich sein Ball *bewegt*.

Ausnahmen:
- Ball fällt vom *Tee* – Regel 11-3.
- Ball öfter als einmal getroffen – Regel 14-4.
- Ball *bewegt* sich im Wasser – Regel 14-6.

Beginnt sich der Ball erst zu *bewegen*, nachdem der Spieler den *Schlag* oder den Rückschwung seines Schlägers zum *Schlag* begonnen hat, so hat er sich nach dieser Regel keine Strafe für Spielen eines Balls in Bewegung zugezogen, ist aber nicht befreit von Strafe, die er sich zugezogen hat nach den *Regeln*:
- Ball in Ruhe durch Spieler *bewegt* – Regel 18-2a.
- Ball in Ruhe *bewegt* sich nach *Ansprechen* – Regel 18-2b.

(Ball absichtlich von Spieler, *Partner* oder *Caddie* abgelenkt oder aufgehalten – siehe Regel 1-2.)

14-6 BALL BEWEGT SICH IM WASSER

Bewegt sich ein Ball im Wasser in einem *Wasserhindernis*, so darf der Spieler straflos einen *Schlag* machen, aber seinen *Schlag* nicht verzögern, damit Wind oder Strömung den Ort der Lage des Balls verbessern könnten. Ein Ball, der sich im Wasser in einem *Wasserhindernis bewegt*, darf aufgenommen werden, wenn der Spieler sich entscheidet, nach Regel 26 zu verfahren.

STRAFE
FÜR VERSTOSS GEGEN REGEL 14-5 ODER 14-6:
Lochspiel – Lochverlust;
Zählspiel – Zwei Schläge

Regelfall

Julie Inkster wurde in der Safeway Classic 2010 disqualifiziert, da sie ein Gewicht am Schlägerkopf angebracht hatte und damit Übungsschwünge zum Aufwärmen auf dem Platz machte. Regel 14-3 untersagt die Verwendung von künstlichen Hilfsmitteln, die den Spieler bei seinem Spiel unterstützen. Der Gebrauch eines abnehmbaren Gewichtes am Schlägerkopfstellt die Verwendung eines künstlichen Hilfsmittels dar und die Strafe für die Verwendung eines solchen Hilfsmittels ist die Disqualifikation.

Inkster hatte das Gewicht als sie am 10. Loch (Par 5) in einem ziemlichen Rückstau warten musste, bis sie abschlagen konnte. „Ich hatte fast 30 Minuten auf dem Abschlag zu warten und musste Lockerungsübungen machen" sagte Inkster, „Ich bin sehr enttäuscht, aber es ist, was es ist."

Parker McLachlin verstieß gegen die Bestimmungen der US Tour, als er während der Schlussrunde der Frys.com Open 2009 einen Kommentar in Twitter einstellte. McLachlin und seine Mitbewerber Brad Faxon und Glen Day warteten auf dem 5. Abschlag und sahen sich Football-Ergebnisse auf einem Smartphone an, als ein Zuschauer McLachlin vorschlug, in Twitter über sein Spiel zu berichten. McLachlin dachte, dies wäre eine gute Idee und schrieb „Habe gerade einen Birdie auf der 4 gespielt. Warte auf dem 5. Abschlag. Erster Tweetwährend einer Wettspielrunde. Will mich nicht dran gewöhnen!".

Die Verwendung eines Mobiltelefons oder Smartphones an sich ist noch kein Verstoß gegen Regel 14-3, vorausgesetzt es wird zu Zwecken benutzt, die nichts mit Golf zu tun haben (z. B. ein Telefongespräch). Die US-Tourhat jedoch festgelegt, dass die Verwendung von Mobiltelefonen ein Verstoß gegen die Bestimmungen darstellt, wie sich Spieler der Tour zu verhalten haben. Obwohl für einen Verstoß gegen diese Bestimmungen keine Golfstrafe verhängt werden darf, verfällt der Spieler dennoch einer Disziplinarmaßnahme, wie z. B. einer Geldbuße, für einen Verstoß gegen die Bestimmungen der Tour. „Wir sind während der Übungsrunden und auf der Driving Range so sehr mit unseren Telefonen beschäftigt, dass ich gar nicht daran gedacht habe, dass das ein Fehler von uns war." ergänzte McLachlin, „Stewart Cink macht viel in Twitter, aber ich glaube, er macht das nach der Runde und nicht während der Runde. Mein Telefon bleibt jedenfalls in Zukunft ausgeschaltet im Bag!".

Der Schwede Peter Hanson, zog sich eine Strafe für einen Verstoß gegen Regel 14-4 zu, als er seinen Ball während der der Schlussrunde der Iberdrola Open 2010 in Mallorca zweimal traf. Er erholte sich aber davon und gewann nach einem Stechen gegen Alejandro Canizares am Ende sein drittes Wettspiel auf der European Tour.

Hanson spielte mit seiner Wedge aus dichtem gras am Grünrand einen Chip auf das 12. Grün du bemerkte nicht, dass er den Ball im Durchschwung ein zweites Mal traf. Sein Schlag wurde von einer Zeitlupenkamera aufgezeichnet und obwohl bei normaler Geschwindigkeit nichts zu sehen war, wurde in der Zeitlupenwiedergabe für die Fernsehzuschauer deutlich, dass der Ball tatsächlich zweimal getroffen wurde.

Der Fernsehkommentator machte den Turnierdirektor auf die Sache aufmerksam und Hanson wurde von einem Referee zwei Löcher später über die Strafe in Kenntnis gesetzt. Er fiel dadurch vier Löcher vor Schluss zwei Schläge hinter den Führenden zurück, aber mit Birdies auf den Löchern 15 und 17 lag er gleichauf mit Canizares und sicherte sich den Weg ins Stechen. Er gewann dann das erste Extraloch. „Das fühlt sich toll an nach allem, was vorher draußen passiert war." Sagte Hanson, nachdem er den Preis entgegengenommen hatte, „Manchmal ist es gut, diese Superkameras zu haben und manchmal ist es schlecht, aber es war fair. Es sieht komisch aus, aber natürlich war der Ball zweimal getroffen. Auch wenn das in diesem Moment nicht zu spüren war, ging der Ball erst ein Stück nach unten und als wieder nach oben kam, habe ich ihn nochmal getroffen."

HÄUFIG GESTELLTE FRAGEN

Darf ich ein Entfernungsmessgerät oder ein Smartphone mit einer „App" zum Messen von Entfernungen während der festgesetzten Runde verwenden?

Nein. Regel 14-3 besagt, dass „der Spieler während der festgesetzten Runde kein künstliches Hilfsmittel oder ungebräuchliche Ausrüstung… zum Abschätzen oder Messen von Entfernungen oder Umständen verwenden darf, die sein Spiel beeinflussen könnten." Die Spielleitung darf jedoch in einer Platzregel derartige Entfernungsmessgeräte zulassen – siehe Platzregel in Anhang 1, Teil B.9 .

In Wettspielen, in denen die Spielleitung in den Platzregeln den Gebrauch von Entfernungsmessern zulässt, darf ein Spieler ein Smartphone verwenden, um Entfernungen zu messen. Voraussetzung hierfür ist, dass die downgeloadete „Entfernungsmesser-App" ausschließlich Entfernungen misst. Alle anderen Apps auf dem Telefon wie z. B. ein Kompass, eine Wasserwaage oder ein Thermometer führen dazu, dass das Gerät als Entfernungsmesser nicht zugelassen ist, auch wenn die Apps oder sonstigen Möglichkeiten nicht benutzt werden.

Es ist bekannt, dass unzulässige Informationen online jederzeit zugänglich sind, da das Internet inzwischen auf den meisten Telefonen und Multifunktionsgeräten verfügbar ist und dass es möglich ist, unzulässige Informationen jederzeit damit zu erlangen. Falls das Internet nicht dazu verwendet wird, ist die Zugangsmöglichkeit zum Internet an sich im Sinne der Regeln noch nichts, was eine Entfernungs-App unzulässig macht.

REGEL 15

NEU EINGESETZTER BALL; FALSCHER BALL

ERKLÄRUNGEN
Feststehende Begriffe sind kursiv geschrieben und alphabetisch im Abschnitt II „Erklärungen" aufgeführt (siehe Seiten 13-23).

15-1 ALLGEMEINES

Ein Spieler muss den Ball *einlochen*, den er vom *Abschlag* gespielt hat, sofern der Ball nicht *verloren* oder im *Aus* ist oder der Spieler ihn durch einen anderen Ball ersetzt, gleich ob das Ersetzen zulässig ist oder nicht (siehe Regel 15-2). Spielt der Spieler einen *falschen Ball*, siehe Regel 15-3.

15-2 NEU EINGESETZTER BALL

Ein Spieler darf einen Ball ersetzen, wenn er nach einer *Regel* verfährt, die dem Spieler erlaubt, zum Beenden des Lochs einen anderen Ball zu spielen, fallen zu lassen oder hinzulegen. Der *neu eingesetzte Ball* wird zum *Ball im Spiel*.

Ersetzt ein Spieler einen Ball und ist ihm dies nach den *Regeln* nicht erlaubt, so ist der *neu eingesetzte Ball* kein *falscher Ball*; er wird zum *Ball im Spiel*. Wird der Fehler nicht wie in Regel 20-6 vorgesehen behoben und macht der Spieler einen *Schlag* nach dem fälschlicherweise *neu eingesetzten Ball*, **so verliert er im Lochspiel das Loch oder zieht sich im Zählspiel eine Strafe von zwei Schlägen nach der anwendbaren Regel zu** und muss im Zählspiel das *Loch* mit dem *neu eingesetzten Ball* zu Ende spielen.

Ausnahme:
Zieht sich ein Spieler eine Strafe für das Spielen eines Schlags vom falschen Ort zu, so fällt keine zusätzliche Strafe für das unerlaubte Ersetzen eines Balls an.
(Ball von falschem Ort gespielt – siehe Regel 20-7.)

15-3 FALSCHER BALL
a) Lochspiel

Macht ein Spieler einen *Schlag* nach einem *falschen Ball*, **so verliert er das Loch**.

Gehört der *falsche Ball* einem anderen Spieler, so muss sein Besitzer einen Ball an der Stelle hinlegen, von der der *falsche Ball* zum ersten Mal gespielt worden war.

Verwechseln der Spieler und der *Gegner* Bälle beim Spielen eines Lochs, **so erleidet Lochverlust**, wer zuerst einen *Schlag* nach einem *falschen Ball* gemacht hat; ist dies nicht aufzuklären, so muss das *Loch* mit den verwechselten Bällen zu Ende gespielt werden.

Ausnahme:
Es ist straflos, wenn ein Spieler einen Schlag nach einem falschen Ball macht, der sich im Wasser in einem *Wasserhindernis* bewegt. Alle *Schläge*, die nach einem sich im Wasser in einem *Wasserhindernis* bewegenden falschen Ball gemacht werden, zählen nicht zur Schlagzahl des Spielers. Der Spieler muss seinen Fehler beheben, indem er den richtigen Ball spielt oder nach den *Regeln* verfährt.
(Hinlegen und Zurücklegen – siehe Regel 20-3)

b) Zählspiel

Macht ein *Bewerber* einen *Schlag* oder Schläge nach einem *falschen Ball* **so zieht er sich die Strafe von zwei Schlägen zu.**

Der *Bewerber* muss seinen Fehler durch Spielen des richtigen Balls beheben oder nach den *Regeln* verfahren. Behebt er seinen Fehler nicht, bevor er einen *Schlag* auf dem nächsten *Abschlag* macht, bzw. versäumt er, sofern es sich um das letzte *Loch* der Runde handelt, die Absicht zur Behebung seines Fehlers anzukündigen, bevor er das *Grün* verlässt, **so ist er disqualifiziert**.

15 SPIELEN EINES FALSCHEN BALLS IM ZÄHLSPIEL

Schläge eines *Bewerbers* mit einem *falschen Ball* werden nicht zu seiner Schlagzahl hinzugerechnet. Gehört der *falsche Ball* einem anderen *Bewerber*, so muss sein Besitzer einen Ball an der Stelle hinlegen, an der der *falsche Ball* zum ersten Mal gespielt worden war.

Ausnahme:
Es ist straflos, wenn ein Bewerber einen *Schlag* nach einem falschen Ball macht, der sich im Wasser in einem *Wasserhindernis* bewegt. Alle Schläge, die nach einem sich im Wasser in einem *Wasserhindernis* bewegenden *falschen Ball* gemacht werden, zählen nicht zur Schlagzahl des *Bewerbers*.
(Hinlegen und Zurücklegen – siehe Regel 20-3)

Regelfall

In den Vierern am ersten Tag des Ryder Cup 2010 war Jim Furyk der Partner von Rookie Ricky Fowler gegen die Europäer. Als sie das 4. Loch in CelticManor spielten, schlug Furyk seinen Abschlag in eine Fläche, die von Zuschauern in den katastrophalen Wetterbedingungen am Tag zuvor ziemlich zertreten worden war. Erleichterung nach Regel 25-1b wegen ungewöhnlich beschaffenem Boden durch die von den Zuschauern verursachten Schäden war zulässig, und so ging Fowler daran, den nächstgelegenen Punkt der Erleichterung von dem Schaden festzustellen, der auf einem Cartweg lag.

Fowler droppte den Ball, der näher zum Loch rollte. Er droppte noch einmal und beobachtete, wie der Ball auf dem Cartwegaufsprang und wieder näher zum Loch rollte. Nach Regel 20-2c musste er nun den Ball an die Stelle auf den Cartweg legen, an der dieser beim zweiten Droppen zuerst auf den Boden getroffen war. Obwohl Fowler dann Erleichterung von dem Weg erhalten hätte, entschied er sich, den Ball vom Weg zu spielen.

Nachdem er gespielt hatte, tippte ein Marshal ihm auf die Schulter und fragte, ob er seinen ursprünglichen Ball zurück haben wollte, der noch in dem matschigen Boden lag. Fowler hatte einen anderen Ball als den ursprünglichen Ball, den er vom Abschlag gespielt hatte, zum Droppen auf dem Weg genommen.

Anmerkung 2 zu Regel 25-1b besagt „Wenn ein Ball, der nach dieser Regel fallenzulassen oder hinzulegen ist, nicht sofort wiederzuerlangen ist, so darf dieser durch einen anderen Ball ersetzt werden." Da der ursprüngliche Ball sofort wiederzuerlangen war, war es nicht zulässig, einen anderen Ball einzusetzen als Fowler Erleichterung aus dem ungewöhnlich beschaffenen Boden nahm. Ein Referee wurde gerufen und bestätigte, dass Fowler fälschlich einen Ball neu eingesetzt hatte, und, da er diesen Ball gespielt hatte, dass es keine Möglichkeit der Korrektur dieses Fehlers mehr gab. Im Lochspiel ist die Strafe für einen Verstoß gegen Regel 15-2 Lochverlust, was dazu führte, dass die Partie der Amerikaner nach vier Löchern zwei down gegen die Europäer Lee Westwood und Martin Kaymer war.

Bei der Honda Classic 2010 gelang es Nathan Green, einen versteckt liegenden Ball „auszugraben", als er seinen zweiten Schlag auf das 17. Loch (Par 3) spielte. Sein Abschlag war am Rand des Wassers in einem seitlichen Wasserhindernis zur Ruhe gekommen, aber er war spielbar, und so zog sich Green seinen Regenanzug an und ging ins Hindernis um seinen Ball zu spielen.

Nach zwei vergeblichen Versuchen, seinen Ball aus dem Hindernis zu spielen, sprang bei Green´s dritten Schlag zusammen mit seinem Schlag ein anderer Ball aus dem Boden. Green hatte bei seinem Schlag auch einen aufgegebenen Ball getroffen, der versteckt unter seinem Ball lag. Dies führte zu der Frage, ob er einen falschen ball gespielt habe.

Die Entscheidung 15/2 stellt klar, dass der Spieler einen Schlag nach seinem eigenen Ball gemacht hatte und nicht nach dem verborgenen Ball. Da er also den verborgenen Ball nicht geschlagen hatte, war Regel 15-3 nicht anwendbar und Green musste seinen eigenen Ball spielen, wie er lag.

Ricky Fowler diskutiert mit dem Referee die Umstände, die dazu geführt hatten, dass er einen Ball neu eingesetzt hatte, obwohl die Regeln dies nicht gestatteten.

16

HÄUFIG GESTELLTE FRAGEN

Muss ein Spieler seinem Gegner oder seinen Gegnern bzw. Mitbewerber oder Mitbewerbern ankündigen, dass er seinen Ball zwischen dem Spiel von zwei Löchern auswechseln will?

Obwohl eine solche Ankündigung höflich wäre und mit dabei helfen würde, mögliche Irritationen zu vermeiden, verlangen die Regeln dennoch nicht von einem Spieler, anderen mitzuteilen, was für einen Ball es auf einem Loch spielen will.

REGEL 16

ERKLÄRUNGEN
Feststehende Begriffe sind kursiv geschrieben und alphabetisch im Abschnitt II „Erklärungen" aufgeführt (siehe Seiten 13-23).

DAS GRÜN

16-1 ALLGEMEINES

a) Puttlinie berühren

Die *Puttlinie* darf nicht berührt werden, außer

(I) dass der Spieler *lose hinderliche Naturstoffe* fortbewegen darf, ohne dabei irgendetwas niederzudrücken;

(II) dass der Spieler beim *Ansprechen* des Balls den Schläger vor den Ball stellen darf, ohne dabei irgendetwas niederzudrücken;

(III) beim Nachmessen – Regel 18-6;

(IV) beim Aufnehmen oder Zurücklegen des Balls – Regel 16-1b;

(V) beim Eindrücken eines Ballmarkers;

(VI) beim Ausbessern von alten Lochpfropfen oder Einschlaglöchern von Bällen auf dem *Grün* – Regel 16-1c und

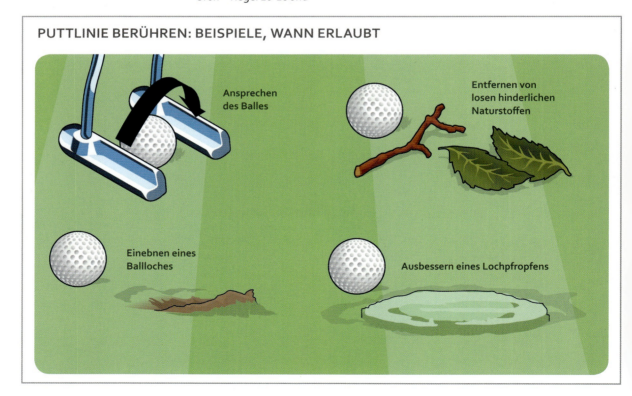

PUTTLINIE BERÜHREN: BEISPIELE, WANN ERLAUBT

Ansprechen des Balles

Entfernen von losen hinderlichen Naturstoffen

Einebnen eines Ballloches

Ausbessern eines Lochpfropfens

BESCHÄDIGUNGEN AUSBESSERN

Ein Spieler darf keine Spikemarken ausbessern, wenn ihm dies beim weiteren Spiel des Lochs von Nutzen ist.

(VII) beim Fortbewegen *beweglicher Hemmnisse* – Regel 24-1.
(*Puttlinie* auf dem *Grün* angeben – siehe Regel 8-2b.)

b) Ball aufnehmen und reinigen

Ein Ball auf dem *Grün* darf aufgenommen und auf Wunsch gereinigt werden. Die Lage des Balls muss markiert werden, bevor er aufgenommen wird, und der Ball muss zurückgelegt werden (siehe Regel 20-1). Ist ein anderer Ball in Bewegung, so darf ein Ball nicht aufgenommen werden, der die Bewegung dieses anderen Balls beeinflussen könnte.

c) Ausbessern von Lochpfropfen, Einschlaglöchern vor Bällen und sonstigen Schäden

Der Spieler darf einen alten Lochpfropfen oder Schäden auf dem *Grün*, die durch Einschlag eines Balls hervorgerufen wurden, ausbessern, gleich ob sein Ball auf dem *Grün* liegt oder nicht. Wird ein Ball oder ein Ballmarker versehentlich bei einer solchen Ausbesserung *bewegt*, so muss der Ball oder der Ballmarker zurückgelegt werden. Dies ist straflos, sofern das *Bewegen* des Balls oder des Ballmarkers unmittelbar auf die eigentliche Handlung des Ausbesserns eines alten Lochpfropfens oder Schadens auf dem *Grün* durch Einschlag eines Balls zurückzuführen ist. Anderenfalls gilt Regel 18.

Irgendein sonstiger Schaden auf dem *Grün* darf nicht ausgebessert werden, falls dies dem Spieler bei seinem nachfolgenden Spielen des Lochs von Nutzen sein könnte.

d) Prüfen der Oberfläche

Während der *festgesetzten Runde* darf ein Spieler die Oberfläche irgendeines *Grüns* nicht dadurch prüfen, dass er einen Ball rollt oder die Oberfläche aufraut oder aufkratzt.

Ausnahme:
Zwischen dem Spiel von zwei Löchern darf ein Spieler die Oberfläche jedes Übungsgrüns oder das *Grün* des zuletzt gespielten Lochs prüfen, es sei denn die *Spielleitung* hat dies untersagt (siehe Anmerkung 2 zu Regel 7-2).

LOSE HINDERLICHE NATURSTOFFE AUS DER PUTTLINIE ENTFERNEN

Lose hinderliche Naturstoffe dürfen beliebig von der Puttlinie entfernt werden, vorausgesetzt, es wird dabei nichts niedergedrückt.

ÜBER DER PUTTLINIE STEHEN

Es ist straflos, auf der eigenen Puttlinie zu stehen, falls dies versehentlich geschieht, oder um zu vermeiden, einem anderen Spieler auf die Puttlinie zu treten.

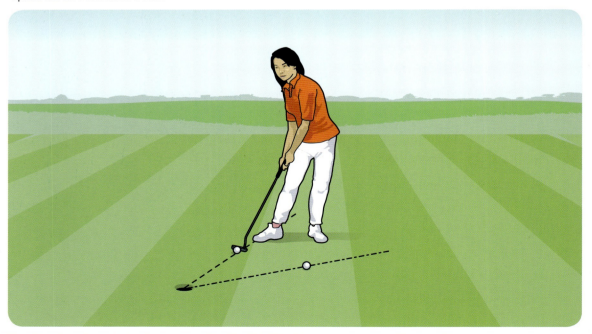

BALL RAGT ÜBER DEN LOCHRAND

Ein Spieler darf 10 Sekunden warten um zu sehen, ob sein Ball noch ins Loch fällt. Nach dieser Zeit gilt der Ball als zur Ruhe gekommen. Fällt er dann ins Loch, hat der Spieler zwar mit dem letzten Schlag eingelocht, aber ein Strafschlag ist hinzuzurechnen.

16

e) Über oder auf Puttlinie stehen

Der Spieler darf auf dem *Grün* keinen *Schlag* aus einer *Standposition* machen, bei der er beiderseits der *Puttlinie* einschließlich der Verlängerung dieser Linie hinter dem Ball steht oder diese Linie einschließlich dieser Verlängerung mit einem seiner Füße berührt.

Ausnahme:
Es ist straflos, wenn der Stand unabsichtlich auf oder über der *Puttlinie* (oder einer Verlängerung dieser Linie hinter dem Ball) eingenommen wird oder wenn er eingenommen wird, um nicht auf der *Puttlinie* oder der voraussichtlichen *Puttlinie* eines anderen Spielers zu stehen.

f) Schlag machen, solange anderer Ball in Bewegung

Der Spieler darf keinen *Schlag* machen, solange ein anderer Ball nach einem auf dem *Grün* gemachten *Schlag* in Bewegung ist, es sei denn, der betreffende Spieler hätte nach der Spielfolge zuerst spielen müssen, wodurch sein Handeln straflos bleibt.
(Ball aufnehmen, der Spiel unterstützt oder behindert, solange anderer Ball in Bewegung – siehe Regel 22.)

STRAFE
FÜR VERSTOSS GEGEN REGEL 16-1:
Lochspiel – Lochverlust;
Zählspiel – Zwei Schläge
(Position von *Caddie* oder *Partner* – siehe Regel 14-2.)
(*Falsches Grün* – siehe Regel 25-3.)

16-2 BALL RAGT ÜBER LOCHRAND HINAUS

Ragt irgendein Teil des Balls über den Lochrand hinaus, so steht dem Spieler ausreichend Zeit zu, das *Loch* ohne vermeidbare Verzögerung zu erreichen, sowie weitere zehn Sekunden, um festzustellen, ob sich der Ball in Ruhe befindet. Ist der Ball bis dahin nicht in das *Loch* gefallen, so gilt er als in Ruhe befindlich. Fällt der Ball anschließend in das *Loch*, so gilt er als vom Spieler mit dem letzten *Schlag eingelocht*, und **er muss seiner Schlagzahl für das Loch einen Strafschlag hinzurechnen**; anderenfalls gibt es keine Strafe nach dieser Regel.
(Unangemessene Verzögerung – siehe Regel 6-7.)

Regelfall

K.J. Choi sorgte bei der Open Championship 2010 in St. Andrews für einige hochgezogene Augenbrauen, als er begann, von knapp außerhalb des Grüns im Croquet-Stil zu putten. Choi war der Ansicht, dass es zwar ungewöhnlich wäre, aber der Blick Richtung Loch ihm dabei helfen würde, den richtigen Schlag für die schottische Linkslandschaft zu spielen.

Er hatte vor, auf dem Grün einen normalen Puttschwung zu spielen, aber bei Schlägen knapp außerhalb des Grüns bis zu 25 Meter Länge übte er den neuen Stil in der Hoffnung, ihn während der Meisterschaft gut nutzen zu können. Sein Freund und Mentor hatte ihm geholfen, einen neuen Putter passend zum neuen Schwung zu entwickeln, der „JuanPutt" genannt wurde.

Regel 16-1e untersagt es einem Spieler, einen Schlag auf dem Grün mit einem Stand über der Puttlinie der machen. Dieses Verbot gilt jedoch nur, wenn der Ball auf dem Grün liegt und gilt nicht auf anderen Teilen des Platzes. Vorausgesetzt, der Ball wird ehrlich geschlagen (Regel 14-1), darf ein Spieler einen Schlag mit einem Stand auf oder über der Verlängerung der Spiellinie hinter dem Ball machen.

„Zum Loch zu schauen macht einfach Sinn," behauptete Choi. „Es ist einfacher, sich auf die Spiellinie zu konzentrieren." Dennoch waren Choi´s Bemühungen bei der Open 2010 schnell beendet, als er mit Startrunden 76 und 74 den Cut verpasste.

K.J. Choi aus Südkorea übt seine neue Art zu schlagen während der 139. Open Championship auf dem Old Course indem er über der Spiellinie steht.

HÄUFIG GESTELLTE FRAGEN

Was gibt es für Regeln über die Lage des Lochs auf dem Grün?

Die Lage des Lochs auf dem Grün ist keine Angelegenheit, die die Regeln betrifft. Für das Setzen der Löcher sollten aber verschiedene Punkte berücksichtigt werden:

Es muss eine ausreichende Fläche zum Putten zwischen dem Loch und der Vorderkante des Grüns und der Seite des Grüns geben, um den erforderlichen Schlag zu ermöglichen. Wenn z. B. das Loch einen Schlag mit einem langen Eisen oder mit einem Holz zum Grün verlangt, so sollte das Loch weiter von der Seite und tiefer im Grün liegen, als wenn nur ein kurzer Annäherungsschlag erforderlich ist.

Es wird empfohlen, dass das Loch mindestens vier Schritte vom Grünrand entfernt gesetzt wird. Zusätzlich sollte eine Fläche im Radius von 60–90 Zentimetern um das Loch so eben wie möglich sein. Es sollte unbedingt beachtet werden, dass die Löcher nicht näher als drei Schritte an einem starken Gefälle, einer Welle oder einem alten Loch liegen. Im Allgemeinen sollte eine gleichmäßige Auswahl von Lochpositionen vorne, hinten, in der Mitte, rechts und links existieren. Sechs ziemlich schwierige, sechs mäßig schwierige und sechs relativ einfache Positionen werden empfohlen. Es sollte ein Gleichgewicht zwischen den Positionen rechts und links herrschen. So sollten z. B. auf den ersten 9 Löchern vier Positionen rechts, vier links und eine in der Mitte sein und auf den zweiten 9 Löchern sollte es ähnlich sein.

Um die Golfregeln einzuhalten, muss der Greenkeeper, der die Löcher setzt, sicherstellen, dass jeglicher Locheinsatz den Durchmesser von 108 mm nicht überschreitet, und dass der Locheinsatz – wenn irgendwie möglich – mindestens 25,4 mm tief unter die Grünoberfläche versenkt wurde.

Weitere Richtlinien zu den Lochpositionen sind in dem Buch „Guidance on Running an Competition" des R&A zu finden (zu beziehen über die Homepage des R&A www.randa.org).

Darf ein Spieler seinen Ball reinigen, indem er ihn am Grün reibt?

Ja, vorausgesetzt dies geschieht nicht in der Absicht, die Oberfläche des Grüns zu prüfen (Regel 16-1d). Es wird empfohlen, einen Ball auf andere Art und Weise zu reinigen, um jeden Zweifel an der Absicht des Spielers auszuräumen.

REGEL 17

17

DER FLAGGENSTOCK

17-1 FLAGGENSTOCK BEDIENT, ENTFERNT ODER HOCHGEHALTEN

Vor dem *Schlag* von irgendeiner Stelle auf dem *Platz* darf der Spieler den *Flaggenstock* bedienen, entfernen oder zum Anzeigen der Lage des *Lochs* hochhalten lassen.

Wurde der *Flaggenstock* nicht bedient, entfernt oder hochgehalten, bevor der Spieler einen *Schlag* macht, so darf er nicht während des *Schlags* oder wenn der Ball des Spielers in Bewegung ist, bedient, entfernt oder hochgehalten werden, falls dies die Bewegung des Balls beeinflussen könnte.

ANMERKUNG 1:
Befindet sich der *Flaggenstock* im *Loch* und jemand steht in seiner Nähe, während ein *Schlag* gemacht wird, so gilt dies als Bedienen des *Flaggenstocks*.

ANMERKUNG 2:
Wird der *Flaggenstock* vor dem *Schlag* von jemandem mit Kenntnis des Spielers und ohne dessen Einwand bedient, entfernt oder hochgehalten, so gilt dies als mit Ermächtigung des Spielers geschehen.

ERKLÄRUNGEN
Feststehende Begriffe sind kursiv geschrieben und alphabetisch im Abschnitt II „Erklärungen" aufgeführt (siehe Seiten 13-23).

AUSRICHTEN DES FLAGGENSTOCKS: BALL DES SPIELERS AUF DEM GRÜN

Der Flaggenstock darf nicht so ausgerichtet werden, dass er vom Loch weg oder in einem Winkel ins Loch gesteckt wird. Der Spieler darf den Flaggenstock jedoch zentrieren, entfernen oder bedienen lassen.

BALL TRIFFT FLAGGENSTOCK IM ZÄHLSPIEL

Ein Spieler zieht sich zwei Strafschläge zu, wenn er den bedienten Flaggenstock trifft (siehe Regel 17-3a).

ANMERKUNG 3:
Wenn jemand den *Flaggenstock* bedient oder hochhält, während ein *Schlag* gemacht wird, so gilt dies solange als Bedienen des *Flaggenstocks*, bis der Ball zur Ruhe gekommen ist.
(Bedienten, entfernten oder hochgehaltenen *Flaggenstock* bewegen, während Ball in Bewegung ist – siehe Regel 24-1.)

17-2 BEDIENEN OHNE ERMÄCHTIGUNG

Wenn ein *Gegner* oder dessen *Caddie* im Lochspiel oder ein *Mitbewerber* oder dessen *Caddie* im Zählspiel den *Flaggenstock* ohne Ermächtigung oder ohne vorherige Kenntnis des Spielers während des *Schlags* oder solange der Ball in Bewegung ist, bedient, entfernt oder hochhält, so zieht sich der *Gegner* oder *Mitbewerber* die anwendbare Strafe zu, falls diese Handlung die Bewegung des Balls beeinflussen könnte.

---

* STRAFE
FÜR VERSTOSS GEGEN REGEL 17-1 ODER 17-2:
Lochspiel – Lochverlust,
Zählspiel – Zwei Schläge
* Liegt im Zählspiel ein Verstoß gegen Regel 17-2 vor und trifft anschließend der Ball des *Bewerbers* den *Flaggenstock*, die Person, die diesen bedient oder hält oder etwas von dieser Person Getragenes, so zieht sich der *Bewerber* keine Strafe zu. Der Ball muss gespielt werden, wie er liegt; wurde der *Schlag* jedoch auf dem

17

BALL TRIFFT DEN AUF DEM GRÜN LIEGENDEN FLAGGENSTOCK
Wurde der Flaggenstock entfernt, darf der Ball des Spielers ihn nicht treffen.

Grün gemacht, so ist er annulliert und der Ball muss zurückgelegt und der *Schlag* wiederholt werden.

17-3 BALL TRIFFT FLAGGENSTOCK ODER BEDIENENDE PERSON

Der Ball des Spielers darf nicht treffen:
a) den *Flaggenstock*, wenn er bedient oder hochgehalten wird oder entfernt wurde, oder
b) die Person, die den Flaggenstock bedient oder hochhält, oder irgendetwas, was von ihr getragen wird, oder
c) den unbedienten *Flaggenstock* im *Loch*, sofern der *Schlag* auf dem *Grün* gemacht worden war.

Ausnahme:
Wird der *Flaggenstock* ohne Ermächtigung des Spielers bedient, entfernt oder hochgehalten siehe Regel 17-2.

**STRAFE
FÜR VERSTOSS GEGEN REGEL 17-3:**
Lochspiel – Lochverlust;
Zählspiel – Zwei Schläge,
und der Ball muss gespielt werden, wie er liegt.

17-4 BALL KOMMT AM FLAGGENSTOCK ZUR RUHE

Ruht der Ball eines Spielers an dem im *Loch* befindlichen *Flaggenstock* und er ist noch nicht eingelocht, so dürfen der Spieler oder eine andere Person, die er dazu ermächtigt hat, den *Flaggenstock* bewegen oder entfernen, und fällt dabei der Ball in das *Loch*, so gilt er als vom Spieler mit seinem letzten *Schlag* eingelocht; anderenfalls muss der Ball, wenn er *bewegt* wurde, straflos am Lochrand hingelegt werden.

Regelfall

Während der Open im Jahr 200 in St. Andrews schlug Jack Nicklaus seine Annäherung zum zweiten Grün weit nach links. Sein Ball blieb auf dem Teil dieses Doppelgrüns liegen, der das 16. Grün ist. Ein Bunker lag zwischen ihm und dem Loch.

Corey Pavin war auf der anderen Hälfte dieses Doppelgrüns und spielte das 16. Loch. Er gratulierte Fowler zu dem guten Schlag, aber erinnerte ihn: „Lass' das nächste Mal den Flaggenstock bedienen. Wenn Du ihn triffst, gibt das zwei Strafschläge." Die Tatsache, dass der Ball auf dem Grün lag und deshalb gegen Regel 17-3c hätte verstoßen werden können, war der Aufmerksamkeit aller anderen entgangen.

Der Fall wiederholte sich auf demselben Loch in der Open 2000, dieses Mal mit Jack Nicklaus. Nicklaus hatte seinen zweiten Schlag ziemlich nach links geschlagen, auf die zu Loch 16 gehörende Hälfte dieses Grüns und hatte einen Bunker zwischen sich und dem Loch. Er spielte einen perfekten Schlag mit der Wedge, der fast ins Loch gegangen wäre. Der Platzrichter, der diese Gruppe begleitete, konnte wegen des Bunkers nichts sehen und nahm an, dass Nicklaus den Schlag vom Fairway hinter dem Grün spielte.

Als sie zum nächsten Abschlag gingen, gab Nicklaus zu, dass er nicht sicher gewesen sei, ob der Ball auf dem Grün oder auf dem Fairway gelegen habe. Der Platzrichter erinnerte ihn daran, dass er den Flaggenstock hätte bedienen lassen sollen, wenn er vom Grün aus gespielt hätte.

„Ich hatte einen Pitch von rund 36 Metern über einen Bunker" erzählte Nicklaus nach der Runde, „da denkt man nicht viel darüber nach, den Flaggenstock bedienen zu lassen. Ich habe das nie zuvor gemacht, es kam mir nie in den Kopf."

Ein weiterer ungewöhnlicher Vorfall im Professional Golf geschah Philip Price in der Dubai Desert Classic 2004. Er hatte seinen zweiten Schlag auf dem dritten Loch (Par 5) gerade eben auf das Grün gespielt und sein Caddie machte sich daran, den Flaggenstock zu bedienen, als der Waliser putten wollte. Da bat Price ihn plötzlich, sich von hinter dem Ball die Puttlinie anzuschauen.

Nachdem sie sich über die Linie beraten hatten, vergaßen Price und sein Caddie, den Flaggenstock zu bedienen und der Spieler puttete mit einem nicht bedienten Flaggenstock im Loch, was allerdings kein Regelverstoß ist. Unglücklicherweise war der Putt von Price perfekt und der Ball rollte ins Loch. Regel 17-3c besagt, dass der Ball des Spielers den Flaggenstock nicht treffen darf, wenn der Ball vom Grün gespielt wird; die zwei Strafschläge machten aus dem Eagle ein Par.

In der Arnold Palmer Invitational 2007 fand sich Boo Weekley mit zwei Strafschlägen wieder, nachdem er versucht hatte, seinen Mitbewerber Tom Johnson davor zu bewahren.

Auf dem zweiten Loch, einem Par 3, spielte Johnson seinen Abschlag auf die rechte Seite des Grüns, etwa 30 Meter vom Loch entfernt. Wegen der starken Neigung des Grüns und weil das Loch hinten links gesteckt war, entschloss er sich, dass der beste Schlag wäre, einen Chip vom Grün zum Loch zu spielen – was erlaubt ist – und den Ball am hinteren Rand des Grüns landen zu lassen, von wo er durch die Neigung des Grüns ans Loch rollen würde. Wie Johnson jedoch später sagte: „Ich habe es versäumt, meinem Caddie zu sagen, dass er den Flaggenstock bedienen soll." Johnson spielte den perfekten Schlag und der Ball rollte langsam bergab zum Loch, als Weekley merkte, dass der Ball den Flaggenstock im Loch treffen könnte. Er rannte deshalb hin und zog den Flaggenstock aus dem Loch.

Einer der Zuschauer erzählte einem Platzrichter, was er gesehen hatte und die Angelegenheit wurde mit den Spielern bei der Rückgabe der Zählkarten besprochen. „Sie fragten mich, ob ich Boo ermächtigt hätte, den Flaggenstock zu entfernen" erzählte Johnson. „Das hatte ich nicht." Dies bedeutete, dass Weekley den Flaggenstock ohne Ermächtigung bedient hatte, während ein Ball in Bewegung war. Da dies Einfluss auf die Bewegung von Johnsons Ball hätte haben können, zog sich Weekley zwei Strafschläge nach Regel 17-2 zu.

Weekley, dessen 67 dadurch zu einer 69 wurde, soll angeblich zu den Platzrichtern gesagt haben: „Danke, ich habe etwas gelernt". Johnson erzählte: „Ich legte meinen Arm um ihn und sagte ihm, dass er solche Widrigkeiten besser aufnähme als alle anderen, mit denen ich bisher gespielt hätte."

HÄUFIG GESTELLTE FRAGEN

Darf ein Spieler den Flaggenstock bedienen lassen, auch wenn sein Ball nicht auf dem Grün liegt?
Ja. Regel 17-1 besagt, dass der Spieler den Flaggenstock vor einem Schlag von irgendeiner Stelle auf dem Platz bedienen, entfernen oder hochhalten lassen kann.

Darf ein Spieler mit einer Hand putten und mit der anderen Hand den Flaggenstock halten?
Ja, vorausgesetzt, der Flaggenstock wurde aus dem Loch entfernt und der Ball kann ihn deshalb nicht treffen. Trifft der Ball den Flaggenstock, so liegt ein Verstoß gegen Regel 17-3a vor. Der Spieler darf sich nicht auf den Flaggenstock stützen, um stabiler zu stehen, während er puttet, da dies ein Verstoß gegen Regel 14-3 wäre und eine Disqualifikation nach sich ziehen würde.

REGEL 18

BALL IN RUHE BEWEGT

ERKLÄRUNGEN
Feststehende Begriffe sind kursiv geschrieben und alphabetisch im Abschnitt II „Erklärungen" aufgeführt (siehe Seiten 13-23).

18-1 DURCH NICHT ZUM SPIEL GEHÖRIGES
Wird ein Ball in Ruhe durch etwas *bewegt*, was nicht zum Spiel gehört, so gibt es keine Strafe, und der Ball muss zurückgelegt werden.

ANMERKUNG:
Es ist eine Frage der Umstände, ob ein Ball durch etwas *Nicht zum Spiel Gehöriges* bewegt wurde. Um nach dieser Regel verfahren zu können, muss es bekannt oder so gut wie sicher sein, dass etwas *Nicht zum Spiel Gehöriges* den Ball *bewegt* hat. Fehlt es an dieser Kenntnis oder Gewissheit, muss der Spieler den Ball spielen, wie er liegt oder, wenn der Ball nicht gefunden wird, nach Regel 27-1 verfahren.
(Des Spielers Ball in Ruhe durch anderen Ball *bewegt* – siehe Regel 18-5.)

18-2 DURCH SPIELER, PARTNER, CADDIE ODER AUSRÜSTUNG

a) Allgemeines
Ist der Ball eines Spielers im Spiel und, ausgenommen es ist nach den Regeln erlaubt,
I) der Spieler, sein *Partner* oder einer ihrer *Caddies*
- nehmen den Ball auf oder *bewegen* ihn,
- berühren ihn absichtlich (außer mit einem Schläger beim *Ansprechendes* Balls), oder
- verursachen, dass der Ball sich *bewegt*, oder

II) die Ausrüstung des Spielers oder seines *Partners* verursacht, dass der Ball sich *bewegt*,
so zieht sich der Spieler einen Strafschlag zu.

Der Ball muss, wenn er *bewegt* wurde, zurückgelegt werden, es sei denn, die Bewegung des Balls tritt ein, nachdem der Spieler seinen *Schlag* oder den Rückschwung des Schlägers zum *Schlag* begonnen hat, und er den *Schlag* dann macht.

Keine Strafe zieht sich ein Spieler nach den *Regeln* zu, wenn er versehentlich verursacht, dass sein Ball sich *bewegt*, beim
- Suchen nach einem von Sand bedeckten Ball, Zurücklegen von *losen hinderlichen Naturstoffen*, die beim Suchen oder Identifizieren eines Balls im *Hindernis* bewegt wurden, Tasten nach einem Ball im Wasser eines *Wasserhindernisses*, oder Suchen nach einem Ball in einem *Hemmnis* oder *ungewöhnlich beschaffenen Boden* – Regel 12-1;

BALL IN RUHE BEWEGT

- Ausbessern von Lochpfropfen oder Balleinschlagloch – Regel 16-1c;
- Nachmessen – Regel 18-6;
- Aufnehmen des Balls in Übereinstimmung mit einer *Regel* – Regel 20-1;
- Hinlegen oder Zurücklegen des Balls in Übereinstimmung mit einer *Regel* – Regel 20-3a;
- Fortbewegen von *losem hinderlichen Naturstoff* auf dem *Grün* – Regel 23-1;
- Fortbewegen von *beweglichen Hemmnissen* – Regel 24-1.

b) Ball bewegt sich nach Ansprechen

Bewegt sich der *Ball im Spiel*, nachdem der Spieler ihn *angesprochen* hat (ausgenommen infolge eines *Schlags*), so gilt der Ball als vom Spieler *bewegt*, und er **zieht sich einen Strafschlag zu.**

Der Ball muss zurückgelegt werden, es sei denn, die Bewegung des Balls tritt ein, nachdem der Spieler seinen *Schlag* oder den Rückschwung des Schlägers zum *Schlag* begonnen hat und er den *Schlag* dann macht.

Ausnahme:
Ist es bekannt oder so gut wie sicher, dass der Spieler die Bewegung seines Balls nicht verursacht hat, so findet Regel 18-2b keine Anwendung.

18-3 DURCH GEGNER, CADDIE ODER AUSRÜSTUNG IM LOCHSPIEL

a) Beim Suchen

Wird eines Spielers Ball, während nach ihm gesucht wird, durch einen *Gegner*, dessen *Caddie* oder dessen *Ausrüstung bewegt*, berührt oder wird durch diese verursacht, dass er sich *bewegt*, so ist das straflos. Wenn der Ball dabei *bewegt* wurde, muss er zurückgelegt werden.

b) Außer beim Suchen

Wird eines Spielers Ball, außer während nach ihm gesucht wird, durch einen *Gegner*, dessen *Caddie* oder dessen *Ausrüstung*, anders als nach den *Regeln* vorgesehen, *bewegt*, absichtlich berührt oder wird durch diese verursacht, dass er sich *bewegt*, **so zieht sich der Gegner einen Strafschlag zu.** Wenn der Ball dabei *bewegt* wurde, muss er zurückgelegt werden.
(*Falschen Ball* spielen – siehe Regel 15-3.)
(Ball beim Nachmessen *bewegt* – siehe Regel 18-6.)

18-4 DURCH MITBEWERBER, CADDIE ODER AUSRÜSTUNG IM ZÄHLSPIEL

Wird des Spielers Ball durch einen *Mitbewerber*, dessen *Caddie* oder dessen *Ausrüstung bewegt*, berührt oder verursachen diese, dass er sich *bewegt*, so ist das straflos. Wird der Ball *bewegt*, muss er zurückgelegt werden.
(*Falschen Ball* spielen – siehe Regel 15-3.)

18-5 DURCH ANDEREN BALL

Wird ein in Ruhe befindlicher *Ball im Spiel* durch einen anderen Ball *bewegt*, der nach einem *Schlag* in Bewegung ist, so muss der *bewegte* Ball zurückgelegt werden.

18-6 BALL BEIM NACHMESSEN BEWEGT

Wird ein Ball oder Ballmarker beim Nachmessen *bewegt*, während nach einer *Regel* verfahren wird oder die Anwendung einer *Regel* ermittelt wird, so muss der Ball oder der Ballmarker zurückgelegt werden. Der Fall ist straflos, vorausgesetzt, die Bewegung des Balls oder des Ballmarkers ist unmittelbar auf die eigentliche Handlung des Nachmessens zurückzuführen. Anderenfalls gelten die Regeln 18-2a, 18-3b oder 18-4. 18 zu, aber keine weitere Strafe nach dieser Regel.

* STRAFE
FÜR REGELVERSTOSS:
Lochspiel – Lochverlust;
Zählspiel – Zwei Schläge

* Versäumt ein Spieler, einen Ball zurückzulegen, wenn er dazu verpflichtet ist, oder macht er einen *Schlag* nach einem gemäß Regel 18 *neu eingesetzten Ball* wenn dieses Einsetzen nicht erlaubt war, so zieht er sich die Grundstrafe für Verstoß gegen Regel

ANMERKUNG 1:
Ist ein Ball, der nach dieser Regel zurückgelegt werden muss, nicht sogleich wiederzuerlangen, so darf er durch einen anderen Ball ersetzt werden.

ANMERKUNG 2:
Wurde die ursprüngliche Lage eines hin- oder zurückzulegenden Balls verändert, siehe Regel 20-3b.

ANMERKUNG 3:
Ist es nicht möglich, die Stelle festzustellen, an die ein Ball hin- oder zurückzulegen ist, siehe Regel 20-3c.

Regelfall

Auf dem 71- Loch der Ballantine´s Championship 2008 in Korea schlug der potenzielle Zweitplatzierte Milkha Sing seinen Ball ins Rough, wo er von einem Golfcart überfahren wurde. Als der Spieler und ein Spielleiter am Ort des Geschehens ankamen, gab es dort Spuren eines Reifens auf dem Ball und es sah so aus, als ob der Ball in den Boden gedrückt worden sei.

Da das Golfcart in keiner Beziehung zu dem Spieler stand, hatte es nach den Regeln den Status von etwas „Nicht zum Spiel Gehörigen". Normalerweise wird ein Ball straflos zurückgelegt, wenn er von etwas Nicht zu Spiel Gehörigen bewegt wurde (Regel 18-1). In diesem Fall jedoch hatte niemand die Lage des Balls gesehen, bevor er bewegt wurde und die ursprüngliche Lage des Balls war auch verändert.

Jeev Milkha Sing bringt seinen Ball zurück ins Spiel, nachdem ein Golfcart darüber fuhr.

In einem solchen Fall könnten zwei Regeln anzuwenden sein. Da die genaue Stelle, an der der Ball im Rough gelegen hatte, nicht bekannt war, schreibt Regel 20-3c(I) vor, dass der Spieler einen Ball so nahe wie möglich der Stelle fallen lässt, an der er gelegen hatte. Jedoch bestimmt Regel 20-3b(I), dass ein Ball, dessen ursprüngliche Lage verändert wurde (außer er lag in einem Hindernis), so nahe wie möglich seiner ursprünglichen Stelle in eine möglichst ähnliche Lage hingelegt werden muss, die nicht weiter als eine Schlägerlänge von der ursprünglichen Lage entfernt ist, jedoch nicht in ein Hindernis. Glücklicherweise klärt die Entscheidung 20-3b/5 in den „Entscheidungen zu den Golfregeln" diesen potenziellen Konflikt, indem sie vorgibt, dass man nicht die nächstgelegene möglichst ähnliche Lage feststellen kann, wenn man die ursprüngliche Lage des Balls nicht kennt. Da weder Singh noch sonst jemand wusste, wie die Lage des Balls war, bevor das Golfcart darüber fuhr, konnte Regel 20-3b nicht angewandt werden und der Spieler musste den Ball an der geschätzten Stelle nach Regel 20-3c fallen lassen.

Louis Oosthuizen, der Open Champion 2010 zog sich in der Alfred Dunhill Championship 2010 in Leopard Creek eine Strafe zu, weil er verursacht hatte, dass sein Ball in Ruhe sich bewegte. Oosthuizens Ball kam auf einer Steigung zur Ruhe, die zum hochgelegenen 17. Grün hinauf führte. Oosthuizen machte einen Übungsschwung, bei dem er etwas 20 cm vom Ball entfernt den Boden berührte. Sobald er den Übungsschwung machte, bewegte sich der Ball ein paar Zentimeter bergab.

Oosthuizen rief sofort seinen Mitbewerber John Bickerton, der sich nicht im Klaren über das richtige Verfahren war. Mike Shea, der ehemalige Chief Referee der PGA Tour, wurde gerufen um eine Entscheidung zu treffen. Da der Ball bereits einige Zeit zur Ruhe gekommen war, bevor Oosthuizen den Übungsschwung machte, und da er den Schläger so nahe am Ball geschwungen hatte, erklärte Shea, wäre es wahrscheinlich, dass der Ball durch den Spieler bewegt wurde.

Regel 18-2a untersagt es einem Spieler, seinen Ball zu bewegen, wenn dieser zur Ruhe gekommen und „im Spiel" ist. Es ist eine Frage der Umstände, ob es der Spieler war, der die Bewegung seines Balls verursacht hatte. Entscheidung 18-2a/30 bestimmt, dass eine solche Entscheidung unter Abwägung aller wesentlichen Tatsachen getroffen werden muss. Obwohl Oosthuizen keine Absicht hatte, nach dem Ball zu schlagen um ihn zu bewegen, hatte seine Handlung doch zur Folge, dass der Ball in Ruhe sich bewegte. Er zog sich einen Strafschlag zu und legte den Ball zurück, bevor er seinen vierten Schlag auf das Grün spielte. Leider war dies ein sehr teurer Strafschlag, da seine 71 in der zweiten Runde dazu führte, dass er den Cut um einen Schlag verpasste.

Der frühere Open Champion Mark Calcavecchia zog sich während der Open Championship 2010 in St. Andrews eine Strafe nach Regel 18-2a zu. Als er das 5. Loch (Par 5) spielte, landete sein Abschlag in einem Bunker und er musste von dort seitlich auf das Fairway hinausspielen. Er nahm seinen Driver für den dritten Schlag und konnte beobachten, dass der Ball in einige Ginsterbüschen segelte. Er dachte, der Ball könne verloren sein und spielte einen provisorischen Ball nach Regel 27-2b, bevor er vorging um seinen ursprünglichen Ball zu suchen. Auf seinem Weg zur Suche des ursprünglichen Balls hörte Calcvecchia, sein Ball sei gefunden worden und nahm deshalb im Vorbeigehen den provisorischen Ball auf. Es stellte sich jedoch heraus, dass der gefundene Ball nicht sein Ball und dass dieser auch bei weiterer Suche nicht innerhalb der geforderten 5 Minuten zu finden war.

Dies bedeutete, dass sein provisorischer Ball nun mit einem Strafschlag zum „Ball im Spiel" geworden war (Regel 27-2b). Aber als Calcavecchia den provisorischen Ball aufgenommen hatte (der nun zum Ball im Spiel geworden war), hatte er sich auch noch eine Strafe nach Regel 18-2a zugezogen. Calcavecchia musste seinen Ball mit einem Strafschlag (Regel 18-2a) an die Stelle zurücklegen, von der er ihn aufgenommen hatte. Sein nächster Schlag war der siebte Schlag.

An einem stürmischen 3. Tag während der Masters 2009 sprach Padraig Harrington seinen Ball auf dem 15. Grün an, als eine Böe seine Konzentration störte. Er ging wieder vom Ball weg und daraufhin bewegte sich der Ball. Harrington zog sich einen Strafschlag nach Regel 18-2b zu und musste seinen Ball zurücklegen.

Zu dieser Zeit legte Regel 18-2b fest, dass eine Bewegung des Balls (außer durch den Schlag), nachdem dieser vom Spieler angesprochen worden war, als vom Spieler verursacht galt. Obwohl Harrington nichts getan hatte, was die Bewegung des Balls ausgelöst haben könnte, und obwohl es der Wind war, der den Ball bewegt hatte, galt der Ball als von ihm bewegt, da er ihn angesprochen hatte. Hätte Harrington den Ball markiert, als er vom Ball wegging, wäre damit die vorherige Handlung des Ansprechens aufgehoben worden, aber da er dies nicht gemacht hatte, rettete ihn nichts vor der Strafe nach dieser Regel.

Regel 18-2b wurde ab 2012 geändert um auf den Harrington-Fall und den scheinbar „unfairen" Strafschlag einzugehen, für den Fall, dass der Ball offensichtlich durch etwas anderes als den Spieler bewegt wurde. Die Ausnahme zu Regel 18-2b besagt nun „Ist es bekannt oder so gut wie sicher, dass nicht der Spieler die Bewegung des Balls verursacht hatte, so findet die Regel 18-2b keine Anwendung." Obwohl Harrington in diesem Fall den Ball angesprochen hatte, bevor er wieder davon wegging, hätte er sich keine Strafe nach Regel 18-2b zugezogen, da es unzweifelhaft die plötzliche Böe war, die seinen Ball bewegt hatte und dass der Spieler nichts mit der Bewegung des Balls zu tun hatte.

Louis Oosthuizen legt seinen Ball zurück, nachdem er sich dafür einen Strafschlag zugezogen hatte, den Ball in Ruhe bewegt zu haben.

HÄUFIG GESTELLTE FRAGEN

Ein Spieler legt seinen Ball auf dem Abschlag auf ein Tee und bewegt danach versehentlich mit einem Übungsschwung seinen Ball. Zieht er sich eine Strafe zu?

Der Ball war noch nicht im Spiel, da er noch keinen Schlag nach ihm gemacht hatte. Der Spieler hatte einfach seinen Ball mit einem Übungsschwung bewegt und muss seinen Ball wiederholen oder einen anderen Ball auf das Tee legen und sein Spiel fortsetzen.

Ein Ball ist auf einem Loch erst im Spiel, wenn der Spieler einen Schlag nach ihm gemacht hat und von einem Spieler wird erst angenommen, er habe einen Schlag gemacht, wenn er seinen Schläger in der Absicht nach dem Ball geschwungen hat (die Vorwärtsbewegung des Schlägers), diesen zu treffen. Da der Spieler einen Übungsschwung gemacht hatte, lag nicht die Absicht vor, den Ball zu treffen und er hatte damit keinen Schlag gemacht. Somit war der Ball nicht im Spiel. Siehe die Erklärungen „Ball im Spiel" und „Schlag".

Der Ball eines Spielers liegt auf dem Fairway und bei einem Übungsschwung bewegt er versehentlich den Ball. Zieht er sich einen Strafschlag zu?

Der Spieler hatte keinen Schlag gemacht, da er nicht die Absicht hatte, den Ball zu schlagen (siehe Erklärung „Schlag"), aber der Ball war im Spiel und der Spieler hatte den Ball bewegt (der zur Ruhe gekommen war). Der Spieler zieht sich einen Strafschlag zu und muss den Ball zurücklegen (Regel 18-2a).

REGEL 19

BALL IN BEWEGUNG ABGELENKT ODER AUFGEHALTEN

ERKLÄRUNGEN
Feststehende Begriffe sind kursiv geschrieben und alphabetisch im Abschnitt II „Erklärungen" aufgeführt (siehe Seiten 13-23).

19-1 DURCH NICHT ZUM SPIEL GEHÖRIGES

Wird eines Spielers Ball in Bewegung zufällig durch etwas *Nicht zum Spiel Gehöriges* abgelenkt oder aufgehalten, so gilt dies als *Spielzufall*, ist straflos, und der Ball muss gespielt werden, wie er liegt, ausgenommen:

a) Kommt eines Spielers Ball in Bewegung nach einem anderswo als auf dem *Grün* gespielten Schlag in oder auf *Nicht zum Spiel Gehörigem* zur Ruhe, das sich bewegt oder lebt, so muss der Ball so nahe wie möglich dem Punkt unmittelbar unterhalb der Stelle, an der er in oder auf dem *Nicht zum Spiel Gehörigen* zur Ruhe kam, jedoch nicht näher zum Loch, im *Gelände* oder in einem *Hindernis* fallen gelassen, auf dem *Grün* hingelegt werden.

b) Wird eines Spielers Ball in Bewegung nach einem auf dem *Grün* gespielten *Schlag* durch *Nicht zum Spiel Gehöriges* abgelenkt oder aufgehalten, das sich bewegt oder lebt, ausgenommen ein Wurm, Insekt oder Ähnliches, oder kommt darin oder darauf zur Ruhe, so ist der *Schlag* annulliert. Der Ball muss zurückgelegt und erneut gespielt werden.

Ist der Ball nicht sogleich wiederzuerlangen, so darf er durch einen anderen Ball ersetzt werden.

Ausnahme:
Trifft der Ball die Person, die den *Flaggenstock* bedient oder hochhält oder irgendetwas, was von ihr getragen wird – siehe Regel 17-3b.

> **ANMERKUNG:**
> Wurde ein Ball eines Spielers in Bewegung absichtlich durch *Nicht zum Spiel Gehöriges* abgelenkt oder aufgehalten:
> a) nach einem anderswo als auf dem *Grün* gespielten *Schlag*, so muss die Stelle geschätzt werden, an der der Ball zur Ruhe gekommen wäre. Ist diese Stelle:
>   I) im *Gelände* oder in einem *Hindernis*, so muss der Ball so nahe wie möglich dieser Stelle fallen gelassen werden;
>   II) im *Aus*, so muss der Spieler nach Regel 27-1 verfahren; oder
>   III) auf dem *Grün*, so muss der Ball auf diese Stelle hingelegt werden.
> b) nach einem *Schlag* auf dem *Grün*, ist der *Schlag* annulliert. Der Ball muss zurückgelegt und erneut gespielt werden.
>
> Ist das *Nicht zum Spiel Gehörige* ein *Mitbewerber* oder dessen *Caddie*, so gilt Regel 1-2 für den *Mitbewerber*.
>
> (Ball des Spielers durch anderen Ball abgelenkt oder aufgehalten – siehe Regel 19-5.)

19-2 DURCH SPIELER, PARTNER, CADDIE ODER AUSRÜSTUNG

Wird der Ball eines Spielers versehentlich durch ihn selbst, seinen *Partner* oder einen ihrer *Caddies* oder *Ausrüstung* abgelenkt oder aufgehalten, **so zieht sich der Spieler eine Strafe von einem Schlag zu**. Der Ball muss gespielt werden, wie er liegt, ausgenommen, er kommt in oder auf der Kleidung oder *Ausrüstung* des Spielers, seines *Partners* oder eines ihrer *Caddies* zur Ruhe. In diesem Fall muss der Ball so nahe wie möglich dem Punkt unmittelbar unterhalb der Stelle, an der er in oder auf dem Gegenstand zur Ruhe kam, jedoch nicht näher zum Loch, im *Gelände* oder in einem *Hindernis* fallen gelassen, auf dem *Grün* hingelegt werden.

BALL IN BEWEGUNG ABGELENKT ODER AUFGEHALTEN

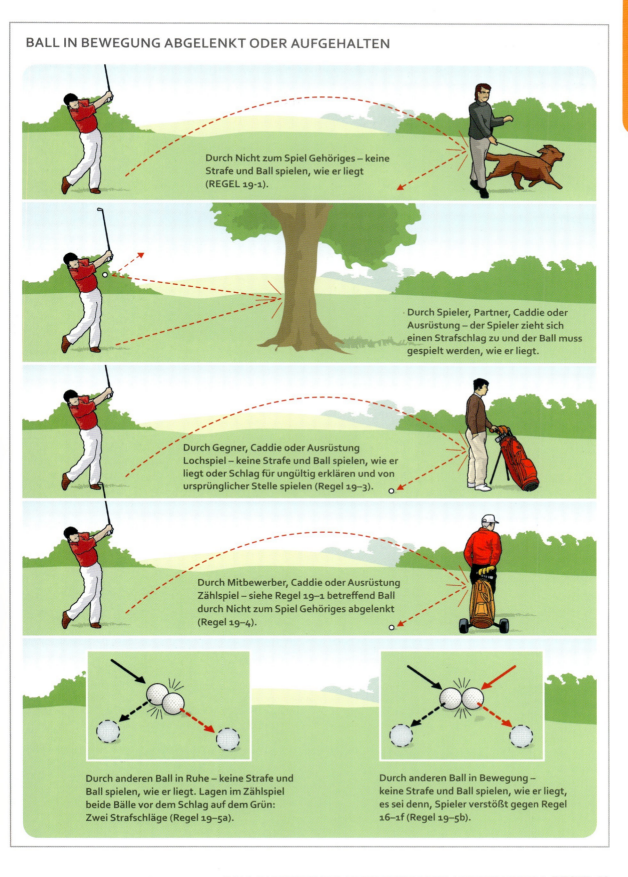

Um nach Regel 19-1 zu verfahren holt sich Ross Fisher seinen Ball zurück, nachdem sein Abschlag durch den Schirm eines Zuschauers aufgehalten worden war. Der Schirm und der Zuschauer sind beide „Nicht zum Spiel gehörig".

Ausnahme 1:
Trifft der Ball die Person, die den *Flaggenstock* bedient oder hochhält oder irgendetwas, was von ihr getragen wird – siehe Regel 17-3b.

Ausnahme 2:
Fallen gelassener Ball – siehe Regel 20-2a.
(Ball absichtlich abgelenkt oder aufgehalten durch Spieler, *Partner* oder *Caddie* – siehe Regel 1-2.)

19-3 DURCH GEGNER, CADDIE ODER AUSRÜSTUNG IM LOCHSPIEL

Wird der Ball eines Spielers durch einen *Gegner*, dessen *Caddie* oder dessen *Ausrüstung* versehentlich abgelenkt oder aufgehalten, so ist das straflos. Der Spieler darf, bevor ein anderer *Schlag* von einer *Partei* gemacht wurde, den *Schlag* annullieren und einen Ball straflos so nahe wie möglich der Stelle spielen, von der der ursprüngliche Ball zuletzt gespielt worden war (siehe Regel 20-5), oder er darf den Ball spielen, wie er liegt.

Will der Spieler den *Schlag* nicht annullieren und der Ball ist in oder auf Kleidung des *Gegners*, dessen *Caddie* oder auf seiner *Ausrüstung* zur Ruhe gekommen, so muss der Ball so nahe wie möglich dem Punkt unmittelbar unterhalb der Stelle, an der er in oder auf dem Gegenstand zur Ruhe kam, jedoch nicht näher zum Loch, im *Gelände* oder in einem *Hindernis* fallen gelassen, auf dem *Grün* hingelegt werden.

Ausnahme:
Trifft der Ball die Person, die den *Flaggenstock* bedient oder hochhält oder irgendetwas, was von ihr getragen wird – siehe Regel 17-3b.
(Ball absichtlich abgelenkt oder aufgehalten durch *Gegner* oder *Caddie* – siehe Regel 1-2.)

19-4 DURCH MITBEWERBER, CADDIE ODER AUSRÜSTUNG IM ZÄHLSPIEL

Siehe Regel 19-1, Ball durch *Nicht zum Spiel Gehöriges* abgelenkt.

Ausnahme:
Trifft der Ball die Person, die den *Flaggenstock* bedient oder hochhält oder irgendetwas, was von ihr getragen wird – siehe Regel 17-3b.

19-5 DURCH ANDEREN BALL

a) In Ruhe

Wird der nach einem *Schlag* in Bewegung befindliche Ball eines Spielers durch einen in Ruhe befindlichen *Ball im Spiel* abgelenkt oder aufgehalten, so muss der Spieler seinen Ball spielen, wie er liegt. Im Lochspiel ist der Fall straflos. Im Zählspiel ist dies straflos, sofern nicht beide Bälle vor dem *Schlag* auf dem *Grün* gelegen hatten. In diesem Fall zieht **sich der Spieler eine Strafe von zwei Schlägen zu.**

b) In Bewegung

Wird der nach einem anderswo als auf dem *Grün* gespielten *Schlag* in Bewegung befindliche Ball eines Spielers durch einen anderen nach einem *Schlag* in Bewegung befindlichen Ball abgelenkt oder aufgehalten, so muss der Spieler straflos seinen Ball spielen wie er liegt.

Wird der nach einem *Schlag* auf dem *Grün* in Bewegung befindliche Ball eines Spielers durch einen anderen nach einem *Schlag* in Bewegung befindlichen Ball abgelenkt oder aufgehalten, so ist der *Schlag* des Spielers annulliert. Der Ball muss zurückgelegt werden und straflos erneut gespielt werden.

ANMERKUNG:
Nichts in dieser Regel hebt die Bestimmungen der Regel 10-1 (Spielfolge im Lochspiel) oder Regel 16-1f (*Schlag* machen, solange anderer Ball in Bewegung) auf.

STRAFE FÜR REGELVERSTOSS:
Lochspiel – Lochverlust;
Zählspiel – Zwei Schläge

Regelfall

Ryolshikawa aus Japan musste die Regel 19-1 anwenden, als eine Zuschauerin, die erstmals ein Golfturnier besuchte, ein Souvenir von Japans neuestem Golfstar einsammelte.

Während der ersten Runde der Japan GolfTourBrigdestone Open 2009 hookte der Teen-Star, auch als „der schüchterne Prinz" bekannt, zwischen die Bäume, wo ein Zuschauer seine Chance nutzte und den Ball aufnahm, als dieser noch rollte.

„Ich bin ein Fan von Ryo und das ist das erste Mal, dass ich bei einem Golfturnier bin." wurde sie später zitiert, wie sie empört sagte „Ich wollte ihm nicht schaden. Ich wollte nur ein Souvenir."

Als andere Zuschauer sie auf ihren Fehler hinwiesen, wurde dies auch Ishikawa und einem Referee mitgeteilt. Wird ein Ball in Bewegung zufällig von etwas Nicht zum Spiel Gehörigen abgelenkt, so ist dies straflos und Regel 19-1 sieht vor, dass der Ball gespielt wird, wie er liegt. In diesem Fall jedoch hatte die Zuschauerin absichtlich den Ball aufgenommen, bevor dieser zur Ruhe gekommen war.

Die Anmerkung zu Regel 19-1 wurde für 2012 revidiert, um das Verfahren für Fälle klar zu stellen, wenn ein Ball in Bewegung absichtlich aufgehalten oder abgelenkt wird. Der Spieler muss die Stelle schätzen, an der der Ball zur Ruhe gekommen wäre und muss den Ball im Gelände so nahe wie möglich dieser Stelle fallen lassen, damit der Spieler sein Spiel fortsetzen kann.

Phil Mickelson zog sich einen Strafschlag nach Regel 19-2 zu, als er versuchte, seinen Ball aus einem seitlichen Wasserhindernis auf dem 10. Loch bei Houston Open 2010 zu schlagen. Als Mickelson den Schlag spielte, verfing sich sein Ball in dem Dünengras, kam im rechten Winkel daraus zurück und traf ihn am Schienenbein.

Lenkt ein Spieler, sein Partner, einer ihrer beiden Caddies oder ihre Ausrüstung versehentlich den Ball ab oder wird der Ball davon aufgehalten, so bestimmt Regel 19-2, dass der Spieler sich einen Strafschlag zuzieht und der Ball gespielt werden muss, wie er liegt. Unglücklicherweise wurde der Ball von Mickelsons Schienenbein wieder in das Hindernis abgelenkt!

20

HÄUFIG GESTELLTE FRAGEN

Was mache ich, wenn mein Ball eine Abschlagsmarkierung oder einen Richtungspfahl trifft?
Trifft ein Ball eine Abschlagsmarkierung, einen Wasserhindernispfahl, Richtungspfahl oder ähnliches, so ist dies einfach Spielzufall und der Ball muss straflos gespielt werden, wie er liegt (Regel 19-1).

Welche Strafe ziehe ich mir zu, wenn ich meinen Ball schlage und dieser als Folge davon mein Golfbag trifft?
Im Lochspiel oder Zählspiel zieht der Spieler sich einen Strafschlag zu und muss den Ball spielen, wie er liegt (Regel 19-2).

REGEL 20

AUFNEHMEN, FALLENLASSEN UND HINLEGEN; SPIELEN VON FALSCHEM ORT

ERKLÄRUNGEN
Feststehende Begriffe sind kursiv geschrieben und alphabetisch im Abschnitt II „Erklärungen" aufgeführt (siehe Seiten 13-23).

20-1 AUFNEHMEN UND KENNZEICHNEN

Ein Ball, der nach den *Regeln* aufzunehmen ist, darf vom Spieler, seinem *Partner* oder einer vom Spieler ermächtigten anderen Person aufgenommen werden. Für irgendeinen Regelverstoß ist dabei in jedem dieser Fälle der Spieler verantwortlich.

Ist der aufzunehmende Ball anschließend nach einer *Regel* zurückzulegen, so muss seine Lage vorher gekennzeichnet werden.
Wurde sie nicht gekennzeichnet, **so zieht sich der Spieler eine Strafe von einem Schlag zu**, und der Ball muss zurückgelegt werden. Wird er nicht zurückgelegt, **so zieht sich der Spieler die Grundstrafe für Verstoß gegen diese Regel**, jedoch keine zusätzliche Strafe nach Regel 20-1 **zu**.

Wird ein Ball oder ein Ballmarker beim Aufnehmen des Balls nach einer *Regel* oder beim Kennzeichnen seiner Lage versehentlich *bewegt*, so muss der Ball bzw. der Ballmarker zurückgelegt werden. Dies ist straflos, sofern das *Bewegen* von Ball oder Ballmarker unmittelbar auf die eigentliche Handlung von Kennzeichnen der Lage oder Aufnehmen des Balls zurückzuführen ist. Anderenfalls **zieht sich der Spieler einen** *Strafschlag* **nach dieser Regel oder Regel 18-2a zu**.

Ausnahme:
Zieht sich ein Spieler Strafe zu, weil er nicht in Übereinstimmung mit Regel 5-3 oder 12-2 verfahren ist, so kommt keine weitere Strafe nach Regel 20-1 hinzu.

ANMERKUNG:
Die Lage eines aufzunehmenden Balls sollte dadurch gekennzeichnet werden, dass ein Ballmarker, eine kleine Münze oder ein ähnlicher Gegenstand unmittelbar hinter den Ball gelegt wird. Behindert der Ballmarker Spiel, *Standposition* oder *Schlag* eines anderen Spielers, so sollte er um eine oder mehrere Schlägerkopflängen nach einer Seite verlegt werden.

VERFAHREN ZUM AUFNEHMEN DES BALLS

Wird ein Ball irgendwo auf dem Platz aufgenommen und soll dieser zurückgelegt werden - z. B. weil er das Spiel eines anderen Bewerbers stört-, so muss die Lage des Balls vor dem Aufnehmen gekennzeichnet werden.

20-2 FALLENLASSEN UND ERNEUTES FALLENLASSEN

a) Durch wen und wie

Ein Ball, der nach den *Regeln* fallen zu lassen ist, muss vom Spieler selbst fallen gelassen werden. Der Spieler muss aufrecht stehen, mit ausgestrecktem Arm den Ball in Schulterhöhe halten und ihn fallen lassen. Wird der Ball von einer anderen Person oder auf andere Weise fallen gelassen und dieser Fehler nicht, wie in Regel 20-6 vorgesehen, korrigiert, **so zieht sich der Spieler einen *Strafschlag* zu**.

Berührt der Ball, wenn er fallen gelassen wird, irgendeine Person oder die *Ausrüstung* irgendeines Spielers, bevor oder nachdem er auf einen Teil des *Platzes* auftrifft und bevor er zur Ruhe kommt, so muss der Ball straflos erneut fallen gelassen werden. Wie oft ein Ball unter den beschriebenen Umständen erneut fallen zu lassen ist, unterliegt keiner Beschränkung. (Beeinflussung von Lage oder Bewegung eines Balls – siehe Regel 1-2.)

b) Wo fallen lassen

Ist ein Ball so nahe wie möglich einer bestimmten Stelle fallen zu lassen, so darf er nicht näher zum *Loch* als die bestimmte Stelle fallen gelassen werden, wobei die Stelle geschätzt werden muss, falls sie dem Spieler nicht genau bekannt ist.

Ein Ball muss beim Fallenlassen zuerst dort auf einem Teil des *Platzes* auftreffen, wo er nach der anwendbaren Regel fallen zu lassen ist. Wird er nicht so fallen gelassen, gelten Regeln 20-6 und 20-7.

c) Wann erneut fallen lassen

Ein fallen gelassener Ball muss straflos erneut fallen gelassen werden, wenn er
(I) in ein *Hindernis* hineinrollt und im *Hindernis* zur Ruhe kommt;
(II) aus einem *Hindernis* hinausrollt und außerhalb zur Ruhe kommt;

(III) auf ein *Grün* rollt und auf dem *Grün* zur Ruhe kommt;
(IV) ins *Aus* rollt und im *Aus* zur Ruhe kommt;
(V) in eine Lage rollt und dort zur Ruhe kommt, wo Behinderung durch den Umstand gegeben ist, von dem nach Regel 24-2b (unbewegliches Hemmnis), Regel 25-1 (ungewöhnlich beschaffener Boden), Regel 25-3 (falsches Grün) oder nach einer Platzregel (Regel 33-8a) Erleichterung in Anspruch genommen wurde, oder in das Balleinschlagloch zurückrollt, aus dem er nach Regel 25-2 (eingebetteter Ball) aufgenommen wurde;
(VI) weiter als zwei Schlägerlängen von der Stelle wegrollt und zur Ruhe kommt, an der er zuerst auf einem Teil des *Platzes* auftraf oder
(VII) näher zum *Loch* rollt und zur Ruhe kommt als
  a) seine ursprüngliche oder geschätzte Lage (siehe Regel 20-2b), sofern dies nicht anderweitig nach den *Regeln* gestattet ist, oder
  b) der *nächstgelegene Punkt der Erleichterung* oder der größten erzielbaren Erleichterung (Regel 24-2, 25-1 oder 25-3), oder
  c) der Punkt, an dem der ursprüngliche Ball zuletzt die Grenze des *Wasserhindernisses* oder *seitlichen Wasserhindernisses* gekreuzt hat (Regel 26-1).

Rollt der erneut fallen gelassene Ball in eine Lage wie oben aufgezählt, so muss er so nahe wie möglich der Stelle hingelegt werden, an der er zuerst auf einem Teil des *Platzes* auftraf, als er erneut fallen gelassen wurde.

ANMERKUNG 1:
Kommt ein fallen gelassener oder erneut fallen gelassener Ball zur Ruhe und *bewegt* sich anschließend, so muss der Ball gespielt werden, wie er liegt, es sei denn, die Vorschriften einer anderen *Regel* finden Anwendung.

ANMERKUNG 2:
Ist ein Ball, der nach dieser Regel erneut fallen zu lassen oder hinzulegen ist, nicht sofort wiederzuerlangen, darf ein anderer Ball eingesetzt werden.
(Benutzung von Drop-Zonen – siehe Anhang I, Teil B, Abschnitt 8)

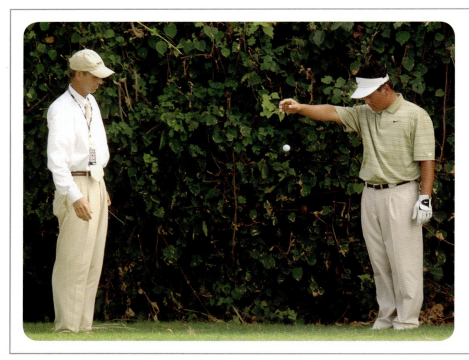

K. J. Choi lässt seinen Ball unter den aufmerksamen Blicken eines Referees fallen. Der Spieler muss aufrecht stehen, den Ball in Schulterhöhe halten und mit ausgestrecktem Arm fallen lassen.

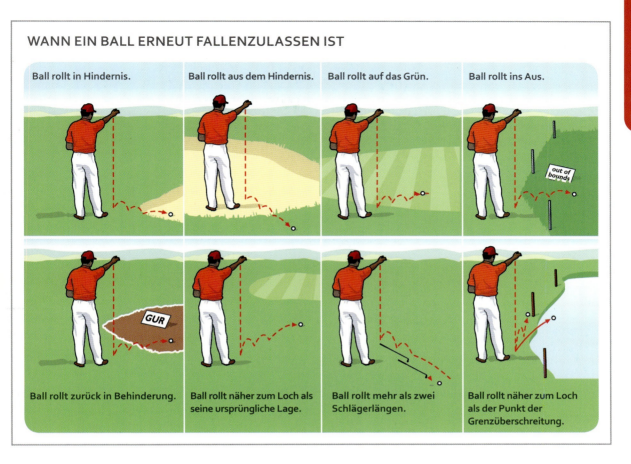

20-3 HINLEGEN UND ZURÜCKLEGEN
a) Durch wen und wohin

Ein Ball, der nach den Regeln hinzulegen ist, muss vom Spieler oder seinem *Partner* hingelegt werden.

Ein Ball, der nach den Regeln zurückzulegen ist, muss von einer der folgenden Personen zurückgelegt werden:

I) von der Person, die den Ball aufgenommen oder bewegt hatte,
II) von dem Spieler, oder
III) von dem *Partner* des Spielers.

Der Ball muss an die Stelle hingelegt werden, von der er aufgenommen oder *bewegt* worden war.

Wird der Ball durch eine andere Person hin- oder zurückgelegt und der Fehler nicht wie in Regel 20-6 vorgesehen, korrigiert, **zieht sich der Spieler einen Strafschlag zu**. In jedem dieser Fälle ist der Spieler dabei für jeden anderen Regelverstoß verantwortlich, der aufgrund des Hin- oder Zurücklegens des Balls geschieht.

Wird ein Ball oder ein Ballmarker beim Hin- oder Zurücklegen des Balls versehentlich *bewegt*, so muss der Ball bzw. der Ballmarker zurückgelegt werden. Dies ist straflos, sofern das *Bewegen* von Ball oder Ballmarker unmittelbar auf die eigentliche Handlung von Hin- oder Zurücklegen des Balls oder Fortbewegen des Ballmarkers zurückzuführen ist. Anderenfalls **zieht sich der Spieler einen *Strafschlag*** nach Regel 18-2a oder 20-1 **zu**.

Wird ein zurückzulegender Ball an eine andere Stelle gelegt als die, von der er aufgenommen oder *bewegt* worden war und wird der Fehler nicht wie in Regel 20-6 vorgesehen, korrigiert, **so zieht der Spieler sich die Grundstrafe von Lochverlust im Lochspiel oder zwei Schläge im Zählspiel, für einen Verstoß gegen die anwendbare Regel zu**.

b) Lage eines hin- oder zurückzulegenden Balls verändert

Wurde die ursprüngliche Lage eines hin- oder zurückzulegenden Balls verändert, so muss

(I) außer in einem *Hindernis*, der Ball in die nächste, der ursprünglichen möglichst ähnliche Lage, hingelegt werden, nicht weiter als eine Schlägerlänge von der ursprünglichen Lage entfernt, nicht näher zum *Loch* und nicht in einem *Hindernis*;

(II) in einem *Wasserhindernis* der Ball in Übereinstimmung mit obiger Ziffer (I) hingelegt werden, jedoch in dem *Wasserhindernis*;

(III) in einem *Bunker* die ursprüngliche Lage so gut wie möglich wieder hergestellt und der Ball in diese Lage hingelegt werden.

LAGE DES BALLS VERÄNDERT

Wenn die Lage eines Balls im Bunker geändert wird, so muss der Spieler die ursprüngliche Balllage so gut wie möglich wieder herstellen und der Ball muss in diese Lage gebracht werden. Dies ist üblich, wenn ein anderer Ball das Spiel behindert.

Da es in einem Wasserhindernis nicht möglich ist, die Lage des Balls wieder herzustellen, so muss der Spieler den Ball an den nächstgelegenen Punkt innerhalb einer Schlägerlänge legen, der der ursprünglichen Balllage so ähnlich wie möglich ist und sich nicht näher zur Fahne befindet.

ANMERKUNG:
Wurde die ursprüngliche Lage eines Balls, der hin- oder zurückzulegen ist, verändert, und es ist nicht möglich, die Stelle festzustellen, an die der Ball hin- oder zurückzulegen ist, so gilt
- Regel 20-3b, wenn die ursprüngliche Lage bekannt ist, und
- Regel 20-3c, wenn die ursprüngliche Lage nicht bekannt ist.

Ausnahme:
Sucht oder identifiziert der Spieler einen von Sand bedeckten Ball – siehe Regel 12-1a.

c) Stelle nicht feststellbar

Ist es nicht möglich, die Stelle festzustellen, an die der Ball hinzulegen oder zurückzulegen ist, so muss
(I) im *Gelände* der Ball so nahe wie möglich dem Ort, an dem er gelegen hatte, fallen gelassen werden, aber nicht in einem *Hindernis* oder auf einem *Grün*;
(II) in einem *Hindernis* der Ball so nahe wie möglich dem Ort, an dem er gelegen hatte, in dem *Hindernis* fallen gelassen werden;
(III) auf dem *Grün* der Ball so nahe wie möglich dem Ort, an dem er gelegen hatte, hingelegt werden, aber nicht in einem *Hindernis*.

Ausnahme:
Wenn das Spiel wieder aufgenommen wird (Regel 6-8d) und die Stelle nicht bestimmt werden kann, an die der Ball hingelegt werden muss, so muss diese Stelle geschätzt werden, und der Ball muss an die geschätzte Stelle hingelegt werden.

d) Ball kommt nicht an Stelle zur Ruhe

Kommt ein Ball, der hingelegt wurde, nicht an der Stelle zur Ruhe, an der er hingelegt wurde, so ist das straflos, und der Ball muss zurückgelegt werden.
Bleibt er abermals an jener Stelle nicht liegen, so muss er
(I) außer in einem *Hindernis*, an der nächsten Stelle hingelegt werden, an der er beim Hinlegen in Ruhe bleibt, nicht näher zum *Loch* und nicht in einem *Hindernis*;
(II) in einem *Hindernis* an der nächsten Stelle in dem *Hindernis* hingelegt werden, an der er beim Hinlegen in Ruhe bleibt, nicht näher zum *Loch*.

Kommt ein hingelegter Ball an der Stelle zur Ruhe, an der er hingelegt wurde, und *bewegt* sich anschließend, so ist dies straflos, und der Ball muss gespielt werden, wie er liegt, es sei denn, die Vorschriften einer anderen *Regel* finden Anwendung.

* STRAFE
FÜR VERSTOSS GEGEN REGEL 20-1, 20-2 oder 20-3:
Lochspiel – Lochverlust;
Zählspiel – Zwei Schläge
* Macht ein Spieler einen *Schlag* nach einem nach einer dieser Regeln neu eingesetzten Ball, wenn das Ersetzen nicht erlaubt ist, so zieht er sich die Grundstrafe für einen Verstoß gegen diese Regel zu, aber keine weitere Strafe nach dieser Regel. Lässt ein Spieler einen Ball auf eine nicht korrekte Art und Weise fallen, und spielt von falscher Stelle, oder wurde der Ball von einer Person ins Spiel gebracht, die dies nach den Regeln nicht durfte, und dann von falscher Stelle gespielt, siehe Anmerkung 3 zu Regel 20-7c.

20-4 FALLEN GELASSENER ODER HINGELEGTER BALL IM SPIEL

War des Spielers *Ball im Spiel* aufgenommen worden, so ist er wieder im Spiel, sobald er fallen gelassen oder hingelegt wurde.
Ein Ball, der einen anderen Ball ersetzt, wird *Ball im Spiel*, sobald er fallen gelassen oder hingelegt wurde.
(Nicht korrektes Ersetzen eines Balls – siehe Regel 15-2.)
(Nicht korrekt *neu eingesetzten*, fallen gelassenen oder hingelegten Ball aufnehmen – siehe Regel 20-6.)

20-5 NÄCHSTEN SCHLAG VON DER STELLE DES VORHERGEGANGENEN SCHLAGS MACHEN

Will oder muss ein Spieler seinen nächsten *Schlag* von dort machen, wo ein vorhergegangener *Schlag* gemacht worden war, so muss er folgendermaßen verfahren:

a) Auf dem *Abschlag*: Der zu spielende Ball muss von innerhalb des *Abschlags* gespielt werden. Er darf von überall innerhalb des *Abschlags* gespielt werden und darf aufgesetzt werden.

b) Im *Gelände*: Der zu spielende Ball muss fallen gelassen werden und muss beim Fallenlassen zuerst auf einem Teil des Platzes im Gelände auftreffen.

c) Im *Hindernis*: Der zu spielende Ball muss fallen gelassen werden und muss beim Fallenlassen zuerst auf einem Teil des Platzes in dem Hindernis auftreffen.

d) Auf dem *Grün*: Der zu spielende Ball muss auf dem Grün hingelegt werden.

**STRAFE
FÜR VERSTOSS GEGEN REGEL 20-5:
Lochspiel – Lochverlust;
Zählspiel – Zwei Schläge**

20-6 NICHT KORREKT NEU EINGESETZTEN, FALLEN GELASSENEN ODER HINGELEGTEN BALL AUFNEHMEN

Ein nicht korrekt *neu eingesetzter* sowie ein an falschem Ort oder sonst wie nicht in Übereinstimmung mit den *Regeln* fallen gelassener oder hingelegter, aber nicht gespielter Ball darf straflos aufgenommen werden, und der Spieler muss anschließend korrekt verfahren.

20-7 VON FALSCHEM ORT SPIELEN

a) Allgemeines

Ein Spieler hat von einem falschen Ort gespielt, wenn er einen *Schlag* nach seinem *Ball im Spiel* macht:

(I) von einem Teil des Platzes, von dem die *Regeln* es untersagen, einen *Schlag* zu machen, oder an dem ein Ball nicht fallen gelassen oder hingelegt werden darf, oder

(II) wenn die *Regeln* verlangen, einen fallen gelassenen Ball erneut fallen zu lassen bzw. einen *bewegten* Ball zurückzulegen.

Anmerkung: Ball von außerhalb des *Abschlags* oder von falschem *Abschlag* abgespielt – siehe Regel 11-4.

b) Lochspiel

Macht ein Spieler einen *Schlag* von einem falschen Ort, **so verliert er das Loch.**

c) Zählspiel

Macht ein *Bewerber* einen *Schlag* von einem falschen Ort, **so zieht er sich die Strafe von zwei Schlägen nach der anwendbaren *Regel* zu.** Er muss das Loch mit dem vom falschen Ort gespielten Ball zu Ende spielen, ohne seinen Fehler zu beheben, vorausgesetzt, er hat keinen schwerwiegenden Verstoß begangen (siehe Anmerkung 1).

Wird sich ein *Bewerber* nach dem Spielen vom falschen Ort dieser Tatsache bewusst und nimmt an, es könne sich um einen schwerwiegenden Verstoß handeln, so muss er, bevor er einen *Schlag* auf dem nächsten *Abschlag* macht, das Loch mit einem zweiten Ball zu Ende spielen, der in Übereinstimmung mit den Regeln gespielt wurde. Wenn das gespielte Loch das letzte Loch der Runde ist, muss er vor dem Verlassen des *Grüns* seine Absicht erklären, das Loch mit einem zweiten Ball zu Ende zu spielen, der in Übereinstimmung mit den *Regeln* gespielt wurde.

Hat der *Bewerber* einen zweiten Ball gespielt, so muss er den Sachverhalt der *Spielleitung* melden, bevor er seine Zählkarte einreicht; versäumt er dies, **so ist er disqualifiziert.** Die *Spielleitung* muss feststellen, ob der *Bewerber* einen schwerwiegenden Verstoß gegen die anwendbare *Regel* begangen hat. Ist dies der Fall, so gilt die Schlagzahl mit dem zweiten Ball und **der *Bewerber* muss seiner Schlagzahl mit dem zweiten Ball** zwei *Strafschläge* hinzurechnen. Wenn der *Bewerber* einen schwerwiegenden Verstoß begangen hatte und ihn nicht wie oben angegeben behoben hat, **so ist er disqualifiziert**.

ANMERKUNG 1:
Ein *Bewerber* hat einen schwerwiegenden Verstoß gegen die anwendbare *Regel* begangen, wenn die *Spielleitung* der Meinung ist, dass er sich durch das Spielen vom falschen Ort einen bedeutenden Vorteil verschafft hat.

ANMERKUNG 2:
Spielt ein *Bewerber* einen zweiten Ball nach Regel 20-7c und es wird entschieden, dass dieser nicht zählt, so bleiben *Schläge* mit diesem Ball und *Strafschläge*, die nur beim Spielen dieses Balls anfielen, außer Betracht. Wird entschieden, dass der zweite Ball zählt, so bleiben der *Schlag* vom falschen Ort sowie darauf folgende *Schläge* mit dem ursprünglichen Ball einschließlich *Strafschläge*, die nur beim Spielen des ursprünglichen Balls anfielen, außer Betracht.

ANMERKUNG 3:
Zieht sich ein Spieler eine Strafe für das Spielen eines Schlags vom falschen Ort zu, so fällt keine zusätzliche Strafe an für:
a) das unerlaubte Ersetzen eines Balls;
b) das Fallenlassen eines Balls, der nach den *Regeln* hinzulegen ist, oder das Hinlegen eines Ball, der nach den Regeln fallen zu lassen ist;
c) das nicht korrekte Fallenlassen eines Balls; oder
d) einen Ball, der von einer Person ins Spiel gebracht wurde, die dies nach den Regeln nicht durfte.

SPIELEN VON FALSCHEM ORT

Wenn ein Spieler seine Markierung um einen Putterkopf versetzt, muss er dies vor dem Spielen seines Balles rückgängig machen. Ansonsten zieht er sich eine Strafe wegen Spielens vom falschen Ort zu.

Regelfall

Mit gleichem Ergebnis nach 72 Löchern lieferten sich Ian Poulter und Robert Karlsson ein Kopf-an-Kopf-Rennen in der Dubai World Championship 2010. Die Beiden halbierten das erste Zusatzloch im Stechen mit Birdies und beide erreichten auf dem zweiten Loch im Stechen das Grün mit derselben Schlagzahl. Poulter hatte noch einen Birdie-Put von knapp zehn Metern zu spielen, markierte seinen Ball auf dem Grün und nahm ihn auf. Nach dem Lesen der Puttlinie beugte er sich mit der Absicht herab, seinen Ball wieder zurückzulegen. Dabei rutschte ihm der Ball aus der Hand und bewegte den Ballmarker.

Regel 20-3a bestimmt, dass es straffrei ist, falls ein Ballmarker versehentlich beim Zurücklegen des Balls bewegt wird, vorausgesetzt, die Bewegung des Ballmarkers ist direkt auf den Prozess des Zurücklegens des Balls zurückzuführen. Sollte die Bewegung des Ballmarkers jedoch nicht durch das Zurücklegen selbst verursacht werden, so zieht sich der Spieler einen Strafschlag zu und muss den Ballmarker zurücklegen.

Um die Bewegung des Ballmarkers dem Zurücklegen des Balls zuschreiben zu können, bestimmt Decision 20-1/15, dass die Bewegung eintreten muss, wenn der Ball vor den Ballmarker gelegt wird und dabei die Hand des Spielers oder das Zurücklegen des Balls die Bewegung verursacht. Die Decison verdeutlicht außerdem, dass jede versehentliche Bewegung des Ballmarkers, die vor der Handlung des Zurücklegens passiert, so wie das Fallenlassen des Balls, unabhängig von der Höhe, aus der er fallengelassen worden ist, nicht als direkter Prozess des Zurücklegens angesehen wird.

Demzufolge hatte sich Ian Poulter, dem der Ball vor dem eigentlichen Prozess des Zurücklegens heruntergefallen war, einen Strafschlag für das versehentliche Bewegen des Ballmarkers zugezogen. Er legte den Ball dann an die ursprüngliche Stelle, von der aufgenommen worden war, zurück sammelte sich und versuchte den Birdieputt. Es sollte jedoch nicht sein. Aufgrund seines Versehens verpasste Poulter Titel, Weltranglistenpunkte und über € 300.000 Gewinn.

Nach der Veranstaltung kommentierte Poulter, der Ballmarker (eine Platinmünze) sei Anfang 2010 extra für ihn angefertigt worden. „Die Namen meiner Kinder stehen darauf. Es ist meine Glücksmünze." sagte er. „Es ist immer noch meine Glücksmünze."

Ian Poulter erhält eine Regelentscheidung von Andy McFee, Senior Referee auf der European Tour. Poulter zog sich nach Regel 20-1 einen Strafschlag während des Stechens in den Dubai World Championship 2010 zu.

HÄUFIG GESTELLTE FRAGEN

Muss ein Spieler eine kleine Münze oder einen anderen Gegenstand verwenden, um die Lage seines Balls zu kennzeichnen?

Die Anmerkung zu Regel 20-1 besagt u. a., dass die Lage des Balls gekennzeichnet werden sollte, indem ein Ballmarker, eine Münze oder ein ähnlicher kleiner Gegenstand unmittelbar hinter den Ball gelegt werden sollte. Das Wort „sollte" in den Golfregeln bedeutet nur eine Empfehlung und ein Versäumnis, dieser Empfehlung zu folgen, führt nicht zu einer Strafe – siehe das Kapitel „Wie benutze ich das Regelbuch" auf Seite 6. Es soll hervorgehoben werden, dass die Verwendung eines kleinen Gegenstands (wie einer Münze) als der beste Weg angesehen wird, die Lage eines Balls zu kennzeichnen.

Ist die Person, die den Ball des Spielers aufgenommen hatte, die einzige Person, die ihn auch wieder zurücklegen darf?

Nein. Bis zu drei verschiedene Personen dürfen unter bestimmten Umständen den Ball des Spielers zurücklegen. Es sind der Spieler, sein Partner oder die Person, die ihn aufgenommen hat. Wenn in einem Vierball-Lochspiel z. B. der Spieler seinen Caddie ermächtigt hatte, den Ball aufzunehmen, so darf der Caddie, der Spieler oder sein Partner den Ball zurücklegen. Wenn jedoch der Spieler seinen Ball selbst aufgenommen hatte, dürfen nur er oder sein Partner den Ball zurücklegen – siehe Regel 20-3a.

REGEL 21

BALL REINIGEN

ERKLÄRUNGEN
Feststehende Begriffe sind kursiv geschrieben und alphabetisch im Abschnitt II „Erklärungen" aufgeführt (siehe Seiten 13-23).

Ein auf dem *Grün* nach Regel 16-1b aufgenommener Ball darf gereinigt werden. Anderswo darf ein Ball gereinigt werden, wenn er aufgenommen wurde, außer er wurde aufgenommen

a) um zu entscheiden, ob er spielunbrauchbar ist (Regel 5-3);
b) zur Identifizierung (Regel 12-2), wobei er jedoch nur in dem zur Identifizierung erforderlichen Ausmaß gereinigt werden darf;
c) wegen Unterstützung oder Behinderung des Spiels (Regel 22).

Reinigt ein Spieler seinen Ball beim Spielen eines Lochs unter anderen als nach dieser Regel vorgesehenen Umständen, **so zieht er sich eine Strafe von einem Schlag zu**, und der Ball muss, falls er aufgenommen worden war, zurückgelegt werden.

Unterlässt es ein Spieler, einen Ball zurückzulegen, der zurückzulegen ist, **so zieht er sich die Grundstrafe nach der anwendbaren Regel zu**, jedoch keine zusätzliche Strafe nach Regel 21.

Ausnahme:
Zieht sich ein Spieler eine Strafe zu, weil er nicht in Übereinstimmung mit Regel 5-3, 12-2 oder 22 verfahren ist, so kommt keine zusätzliche Strafe nach Regel 21 hinzu.

HÄUFIG GESTELLTE FRAGEN

Ein Spieler wird gebeten, seinen Ball aufzunehmen, da er das Spiel eines Mitbewerbers stört (Regel 22-2) und steckt diesen in die Tasche. Wird dies als Reinigen des Balls angesehen?

Es ist eine Frage der Umstände, ob der Ball gereinigt wurde. Die Handlung, einen Ball in die Tasche zu stecken, kann dazu führen, dass dieser dabei gereinigt wird und jeglicher Zweifel daran sollte gegen den Spieler ausgelegt werden. Sowohl im Lochspiel wie auch im Zählspiel hätte sich der Spieler einen Strafschlag zugezogen, wenn angenommen wird, dass der Ball gereinigt wurde.

REGEL 22

BALL UNTERSTÜTZT ODER BEHINDERT SPIEL

22-1 BALL UNTERSTÜTZT SPIEL

Außer wenn ein Ball in Bewegung ist, darf ein Spieler, wenn er glaubt, ein Ball könnte irgendeinen anderen Spieler unterstützen,
a) den Ball aufnehmen, wenn es seiner ist, oder
b) jeden anderen Ball aufnehmen lassen.

Ein nach dieser Regel aufgenommener Ball muss zurückgelegt werden (siehe Regel 20-3). Der Ball darf nicht gereinigt werden, außer er hat auf dem *Grün* gelegen (siehe Regel 21).

Im Zählspiel darf ein Spieler, der zum Aufnehmen seines Balls aufgefordert wird, stattdessen zuerst spielen.

Wird im Zählspiel von der *Spielleitung* festgestellt, dass *Bewerber* übereingekommen sind, einen Ball nicht aufzunehmen, der irgendeinen anderen *Bewerber* unterstützen könnte, **so sind sie disqualifiziert**.

ANMERKUNG:
Ist ein anderer Ball in Bewegung, so darf ein Ball nicht aufgenommen werden, der die Bewegung dieses anderen Balls beeinflussen könnte.

22-2 BALL BEHINDERT SPIEL

Außer wenn ein Ball in Bewegung ist, darf ein Spieler einen anderen Ball aufnehmen lassen, wenn er glaubt, dass dieser Ball sein Spiel behindern könnte.

ERKLÄRUNGEN
Feststehende Begriffe sind kursiv geschrieben und alphabetisch im Abschnitt II „Erklärungen" aufgeführt (siehe Seiten 13-23).

BALL UNTERSTÜTZT ODER BEHINDERT SPIEL
Wenn ein Spieler annimmt, sein Ball würde einen anderen Spieler unterstützen, so darf er seinen Ball markieren und aufheben.

Ein nach dieser Regel aufgenommener Ball muss zurückgelegt werden (siehe Regel 20-3). Der Ball darf nicht gereinigt werden, außer er hat auf dem *Grün* gelegen (siehe Regel 21). Im Zählspiel darf ein Spieler, der zum Aufnehmen seines Balls aufgefordert wird, stattdessen zuerst spielen.

ANMERKUNG 1:
Außer auf dem *Grün* darf ein Spieler seinen Ball nicht aufnehmen, nur weil er der Ansicht ist, sein Ball könnte das Spiel eines anderen Spielers behindern. Nimmt ein Spieler unaufgefordert seinen Ball auf, so zieht er sich eine Strafe von einem Schlag für Verstoß gegen Regel 18-2a zu, jedoch keine weitere Strafe nach Regel 22.

ANMERKUNG 2:
Ist ein anderer Ball in Bewegung, so darf ein Ball nicht aufgenommen werden, der die Bewegung dieses anderen Balls beeinflussen könnte.

STRAFE
FÜR REGELVERSTOSS:
Lochspiel – Lochverlust;
Zählspiel – Zwei Schläge

Regelfall

Der Spanier Pablo Larrazábal und der Australier Adam Scott benötigten während der Open Championship 2008 in Royal Birkdale auf dem 13. Loch, einem Par 4, die Hilfe des Referees. Beide hatten in den linken Grünbunker gespielt und ihre Bälle lagen nah beieinander. Scotts Ball lag weiter vom Loch entfernt und gut spielbar, während Larrazábal eine leicht eingegrabene Lage nur wenige Zentimeter vor Scotts Ball hatte.

Regel 22 erlaubt es jedem Spieler seinen Ball aufzuheben oder jeden anderen Ball aufheben zu lassen, wenn er glaubt, dieser würde einen anderen Spieler unterstützen. Wird ein Spieler durch einen anderen Ball behindert, so darf er auch diesen aufnehmen lassen. Der Ball darf nicht gereinigt werden, es sei denn, er wurde vom Grün aufgenommen. Scott bat Larrazábal seinen Ball zu entfernen, da er ihn in seinem Schwung behindert hätte.

Unter aufmerksamer Beobachtung des Referees markierte Larrazábal den Ball mit einem Tee und hob ihn auf. Er wurde informiert, dass er den Ball nicht reinigen dürfe und so legte er ihn außerhalb des Bunkers ab. Jetzt störte jedoch das Tee Scotts Schwung, also wurde Larrazábal gebeten, es zu versetzen. Seinen Schläger in der Luft über dem Sand haltend, versetzte er das Tee um zwei Schlägerkopflängen zur Seite.

Hier muss darauf hingewiesen werden, dass sich Larrazábal für das Berühren des Sands während des Ausmessens der zwei Schlägerkopflängen keine Strafe zugezogen hätte.

Da es schwierig ist, den Schläger zum Messen über den Sand zu halten, erlaubt Ausnahme 1 der Regel 13-4 es dem Spieler, den Boden im Hindernis straflos mit dem Schläger oder der Hand zu berühren, wenn es aus dem Messen oder Markieren der Balllage resultiert. Scott konnte dann den Schlag aus dem Bunker spielen, wobei er die ursprüngliche Lage von Larrazábals Ball gravierend veränderte. Regel 20-3b deckt die Situationen ab, bei denen die Balllage eines zurückzulegenden Balls verändert wird. In einem Bunker muss die ursprüngliche Lage so gut wie möglich wieder hergestellt und der Ball dort hingelegt werden.

Mit Hilfe der Bunkerharke wurde der Bunker wieder in den ursprünglichen Zustand versetzt und der Referee leitete Larrazábal zunächst beim Zurückstecken des Tees und dann beim Zurücklegen des Balls an. Da der Ball leicht eingegraben gewesen ist, musste Larrazábal den Ball leicht in den Sand drücken um die ursprüngliche Lage wieder herzustellen. Nach Decision 30-3b/1 muss die Lage so gut wie mögliche wieder hergestellt werden, was auch etwaige Unebenheiten, wie Mulden oder Fußabdrücke in denen der Ball gelegen hatte, einschließt. Larrazábal spielte dann seinen Bunkerschlag, wie zuvor Soctt, auf das Grün.

REGEL 23

LOSE HINDERLICHE NATURSTOFFE

23-1 ERLEICHTERUNG

Ausgenommen sowohl der *lose hinderliche Naturstoff* als auch der Ball liegen im selben *Hindernis* oder berühren es, darf *loser hinderlicher Naturstoff* straflos fortbewegt werden.

Liegt der Ball an anderer Stelle als auf dem *Grün* und das Entfernen eines *losen hinderlichen Naturstoffs* durch den Spieler verursacht, dass der Ball sich *bewegt*, **gilt Regel 18-2a.**

Wird beim Entfernen eines *losen hinderlichen Naturstoffs* auf dem *Grün* durch den Spieler der Ball oder der Ballmarker versehentlich *bewegt*, so muss der Ball oder der Ballmarker zurückgelegt werden. Dies ist straflos, sofern das *Bewegen* des Balls oder Ballmarkers unmittelbar auf die eigentliche Handlung des Entfernens des *losen hinderlichen Naturstoffs* zurückzuführen ist. Anderenfalls zieht sich der Spieler **einen Strafschlag** nach Regel 18-2a zu, wenn er das *Bewegen* des Balls verursacht hat.

Solange ein Ball in Bewegung ist, darf *loser hinderlicher Naturstoff*, der die Bewegung des Balls beeinflussen könnte, nicht fortbewegt werden.

ANMERKUNG:
Liegt der Ball in einem *Hindernis*, darf der Spieler keinen *losen hinderlichen Naturstoff* berühren oder bewegen, der im selben *Hindernis* liegt oder es berührt – siehe Regel 13-4c.

**STRAFE
FÜR REGELVERSTOSS:**
Lochspiel – Lochverlust;
Zählspiel – Zwei Schläge
(Suchen nach Ball im *Hindernis* – siehe Regel 12-1.)
(*Puttlinie* berühren – siehe Regel 16-1a.)

ERKLÄRUNGEN
Feststehende Begriffe sind kursiv geschrieben und alphabetisch im Abschnitt II „Erklärungen" aufgeführt (siehe Seiten 13-23).

Regelfall

Beim Saisonstart der Hyundai Tournament of Champions 2011 wurde Camilo Villegas für das Unterschreiben eines falschen Scores disqualifiziert. Dies war das Ergebnis einer nicht notierten Strafe, die er sich aufgrund von Regel 23-1 zugezogen, jedoch bis zum Unterschreiben der Scorekarte für die erste Runde nicht notiert hatte.

Die Situation, die diese Strafe nach sich zog, ereignete sich an Loch 15 auf dem Plantation Course in Kapalua. Sein Chip auf das erhöht liegende Grün des Par-5-Lochs erreichte das Hangende nicht und begann zurück in Richtung seiner Füße zu rollen. Als Villegas den Ball den Hang herabrollen sah, benutzte er seinen Schläger um die Reste seines Divots zur Seite zu fegen. Kleine Rasenstücke waren durch seinen Schlag gelöst worden. Sie waren nicht mehr angewachsen, lagen jedoch noch auf der Fläche, von der er gespielt hatte. Der Ball kam schließlich genau dort zur Ruhe.

Regel 23-1 legt fest: „Solange ein Ball in Bewegung ist, darf loser hinderlicher Naturstoff, der die Bewegung des Balls beeinflussen könnte, nicht fortbewegt werden." Da der Ball sich deutlich in Bewegung befand und möglicherweise zu der Stelle zurückkehren konnte, an der er die losen hinderlichen Naturstoffe entfernt hatte, brach Villegas Regel 23-1, wofür der Spieler sich im Zählspiel zwei Strafschläge zuzieht.

Villegas war sich dieses Regelverstoßes jedoch nicht bewusst und unterschrieb so die Sieben für das 15. Loch, obwohl es einschließlich der zwei Strafschläge eine Neun gewesen wäre. Der Regelverstoß blieb zunächst unbemerkt, bis er zu einem späteren Zeitpunkt an dem Tag durch einen Fernsehzuschauer bemerkt wurde, der die US PGA Tour kontaktierte. Es war jedoch zu spät, um die Strafe zum Score hinzuzurechnen, da Villegas seine Zählkarte bereits unterschrieben und eingereicht hatte. Als Villegas am Freitag zu seiner zweiten Runde auf dem

Platz eintraf, wurde er über seine Disqualifikation für das Unterschreiben eines falschen Scores informiert. Villegas war sich der Regel bewusst, dass es in der Verantwortung des Spielers liegt, die Regeln zu kennen. „Obwohl es ein enttäuschender Start in die Saison ist, bleiben Regeln schließlich Regeln und wenn so etwas passiert ist es wichtig für mich, das Spiel und die beteiligten Personen zu respektieren."

Ein Fall von bewegten losen hinderlichen Naturstoffen, an den man sich immer erinnern wird, ist der mit Tiger Woods bei den Phoenix Open 1999. Während der letzten Runde landete Woods´ Abschlag in 320 Metern Entfernung in der Wüste. Der Ball kam etwa einen halben Meter hinter einem Felsbrocken zur Ruhe, der etwa fast einen Meter hoch und anderthalb Meter breit war. Der Fels war zu schwer für Woods, um ihn allein zu bewegen und sein Ball lag so nah daran, dass es nicht möglich gewesen wäre, darüber oder um den Felsblock herum zu spielen. Die einzige Möglichkeit war, seitlich auf das Fairway zu spielen. Woods entschied sich, einen Referee nach seinen Möglichkeiten bezüglich des Felsbrockens zu fragen. Die Definition „Lose hinderliche Naturstoffe" in den Golfregeln besagt, dass lose hinderliche Naturstoffe natürliche Gegenstände sind, die weder befestigt noch wachsend, nicht fest eingebettet und nicht am Ball haftend sind. Bezüglich Größe oder Gewicht bestehen keine Angaben. Decision 23-1/2 erklärt, dass Steine jeder Größe lose hinderliche Naturstoffe sind und bewegt werden dürfen, solange sie nicht fest eingebettet sind und ihr Entfernen nicht das Spiel verzögert.

Der Referee erklärte, das der Felsblock entfernt werden dürfe, wenn Woods Leute dafür hätte, die ihn ohne Spielverzögerung bewegen könnten. Eine Überprüfung des Felsbrockens durch den Referee ergab, dass er lose auf dem Wüstenboden lag und nicht fest eingebettet war. Er wusste außerdem, dass Decision 23-1/3 es dem Spieler erlaubt, Hilfe von Zuschauern, Caddies und Mitspielern anzunehmen, um große lose hinderliche Naturstoffe zu entfernen. Abgesichert durch dieses Wissen nahm Woods die Hilfe mehrerer Zuschauer in Anspruch, die den Felsblock zur großen Freude der Umstehenden aus seiner Spiellinie rollten. Woods schüttelte jedem Helfer die Hand und spielte den nächsten Schlag direkt in Richtung Grün, wo er im rechten Grünbunker zur Ruhe kam.

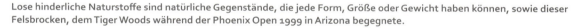

Lose hinderliche Naturstoffe sind natürliche Gegenstände, die jede Form, Größe oder Gewicht haben können, sowie dieser Felsbrocken, dem Tiger Woods während der Phoenix Open 1999 in Arizona begegnete.

HÄUFIG GESTELLTE FRAGEN

Darf ich meinen Putter, meine Hand, Mütze oder Handtuch nehmen, um lose hinderliche Naturstoffe zu erntfernen?

Ja. Lose hinderliche Naturstoffe dürfen auf jede Art und Weise entfernt werden. Beim Entfernen loser hinderlicher Naturstoffe auf der Puttlinie darf der Spieler nichts niederdrücken.

Darf ich Steine im Bunker entfernen?

Steine sind als lose hinderliche Naturstoffe definiert. Im Allgemeinen ist es nicht erlaubt, einen losen hinderlichen Naturstoff zu etnfernen, der im gleichen Hindernis liegt wie der Ball (Regel 13-4c). Eine Spielleitung kann jedoch eine Platzregel erlassen, die Steine in Bunkern zu beweglichen Hemmnissen erklärt (Anhang I, Teil B,5)

Darf ich Sand auf dem Grün entfernen, auch wenn mein Ball nicht auf dem Grün liegt?

Ausgenommen der Ball liegt in einem Hindernis darf der Spieler nach Regel 23-1 lose hinderliche Naturstoffe straflos entfernen, unabhängig davon, wo der Ball liegt.

Sand und lose Erde sind jedoch nur lose hinderliche Naturstoffe, wenn sie auf dem Grün liegen. Somit ist die Lage des Sandes oder der losen Erde der Schlüssel zur Antwort. Vorausgesetzt, der Sand oder die lose Erde liegen auf dem Grün, dürfen sie entfernt werden.

REGEL 24

ERKLÄRUNGEN
Feststehende Begriffe sind kursiv geschrieben und alphabetisch im Abschnitt II „Erklärungen" aufgeführt (siehe Seiten 13-23).

HEMMNISSE

24-1 BEWEGLICHES HEMMNIS

Von einem beweglichen *Hemmnis* darf ein Spieler straflos folgendermaßen Erleichterung in Anspruch nehmen:

a) Liegt der Ball nicht in oder auf dem *Hemmnis*, so darf das *Hemmnis* fortbewegt werden. *Bewegt* sich der Ball, so muss er zurückgelegt werden, und dies ist straflos,

BALL AUF UNBEWEGLICHEM HEMMNIS

Es wird empfohlen, die Balllage zu markieren, bevor ein Hemmnis entfernt wird. Wenn ein Ball sich durch das Entfernen des Hemmnisses bewegt, so kann er an dieselbe Stelle zurückgelegt werden (Regel 24-1a).

BALL, DER AN HARKE LIEGT, ROLLT BEI DEREN ENTFERNUNG IN BUNKER

Der Ball muss zurückgelegt werden, wenn er sich beim Entfernen der Harke bewegt. Wenn der Ball an der ursprünglichen Stelle auch beim zweiten Zurücklegen nicht zur Ruhe kommt, so muss der Spieler ihn an den nächstgelegenen Punkt legen, nicht näher zum Loch und nicht im Bunker, an der liegen bleibt.

sofern das *Bewegen* des Balls unmittelbar auf das Fortbewegen des *Hemmnisses* zurückzuführen ist. Anderenfalls gilt Regel 18-2a.

b) Liegt der Ball in oder auf dem *Hemmnis*, so darf der Ball aufgenommen und das *Hemmnis* fortbewegt werden. Der Ball muss so nahe wie möglich dem Punkt unmittelbar unterhalb der Stelle, an der er in oder auf dem *Hemmnis* lag, nicht näher zum *Loch*, im *Gelände* oder im *Hindernis* fallen gelassen, auf dem *Grün* hingelegt werden.

Der Ball darf gereinigt werden, wenn er nach dieser Regel aufgenommen wurde.

Solange ein Ball in Bewegung ist, darf ein *Hemmnis*, das die Bewegung des Balls beeinflussen könnte, nicht fortbewegt werden, ausgenommen die *Ausrüstung* irgendeines Spielers oder der bediente, entfernte oder hochgehaltene *Flaggenstock*.
(Beeinflussung des Balls – siehe Regel 1-2.)

ANMERKUNG:
Ist ein Ball, der nach dieser Regel fallen zu lassen oder hinzulegen ist, nicht sofort wiederzuerlangen, darf ein anderer Ball eingesetzt werden.

24-2 UNBEWEGLICHES HEMMNIS
a) Behinderung
Behinderung durch ein unbewegliches *Hemmnis* ist gegeben, wenn ein Ball darin oder darauf liegt, oder wenn die *Standposition* des Spielers oder der Raum seines beabsichtigten Schwungs durch das *Hemmnis* betroffen sind. Liegt der Ball des Spielers auf dem *Grün*, so ist Behinderung auch dann gegeben, wenn sich ein unbewegliches *Hemmnis* auf dem *Grün* auf seiner *Puttlinie* befindet. Anderenfalls ist, wenn es sich lediglich auf der *Spiellinie* befindet, keine Behinderung nach dieser Regel gegeben.

b) Erleichterung
Ausgenommen der Ball ist in einem *Wasserhindernis* oder *seitlichen Wasserhindernis*, darf ein Spieler von Behinderung durch ein unbewegliches *Hemmnis* folgendermaßen Erleichterung in Anspruch nehmen:

HERAUSGENOMMENER FLAGGENSTOCK BEI BALL IN BEWEGUNG

Wenn ein Ball in Bewegung ist, darf ein herausgenommener Flaggenstock entfernt werden, der die Bewegung des Balls beeinflussen könnte.

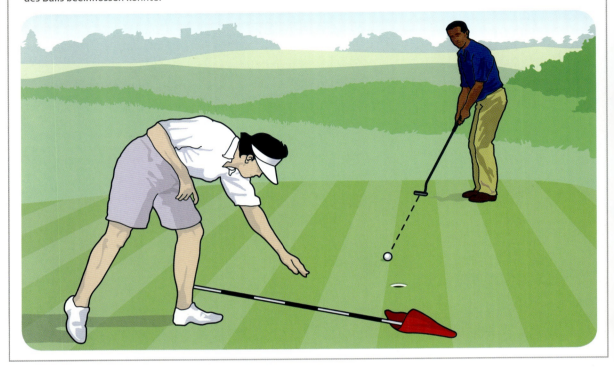

I) **Im Gelände:** Liegt der Ball im *Gelände*, so muss der Spieler den Ball aufnehmen und ihn straflos innerhalb einer Schlägerlänge von dem *nächstgelegenen Punkt der Erleichterung* – nicht näher zum *Loch* als dieser Punkt – fallen lassen. Der *nächstgelegene Punkt der Erleichterung* darf nicht in einem *Hindernis* oder auf einem *Grün* sein. Wird der Ball innerhalb einer Schlägerlänge vom *nächstgelegenen Punkt der Erleichterung* fallen gelassen, muss er zuerst an einer Stelle auf einem Teil des *Platzes* auftreffen, der die umschriebene Behinderung durch das unbewegliche *Hemmnis* ausschließt und sich nicht in einem *Hindernis* oder auf einem *Grün* befindet.

II) **Im Bunker:** Ist der Ball in einem *Bunker*, so muss der Spieler den Ball aufnehmen und fallen lassen entweder
   a) straflos in Übereinstimmung mit obiger Ziffer (I), doch muss der *nächstgelegene Punkt der Erleichterung* im *Bunker* sein, und der Ball muss in dem *Bunker* fallen gelassen werden, oder
   b) **mit einem Strafschlag** außerhalb des *Bunkers*, wobei der Punkt, an dem der Ball lag, auf einer geraden Linie zwischen dem *Loch* und der Stelle liegen muss, an der der Ball fallen gelassen wird, und zwar ohne Beschränkung, wie weit hinter dem *Bunker* der Ball fallen gelassen werden darf.

III) **Auf dem Grün:** Liegt der Ball auf dem *Grün*, so muss der Spieler den Ball aufnehmen und ihn straflos am *nächstgelegenen Punkt der Erleichterung*, der sich nicht in einem *Hindernis* befindet, hinlegen. Der *nächstgelegene Punkt der Erleichterung* kann außerhalb des *Grüns* sein.

IV) **Auf dem Abschlag:** Liegt der Ball auf dem *Abschlag*, muss der Spieler den Ball aufnehmen und straflos in Übereinstimmung mit obiger Ziffer (I) fallen lassen.

Der Ball darf gereinigt werden, wenn er nach dieser Regel aufgenommen wurde.
(Ball rollt in eine Lage, in der Behinderung durch den Umstand gegeben ist, von dem Erleichterung in Anspruch genommen wurde –
siehe Regel 20-2c (V).)

BALL HINTER UNBEWEGLICHEM HEMMNIS

Es gibt keine Erleichterung von einem unbeweglichen Hemmnis in der Spiellinie. Die Schutzhütte müsste den Stand oder Schwung des Spielers oder die Lage des Balls behindern, um Regel 24-2 anwenden zu können.

Ausnahme:
Ein Spieler darf Erleichterung nach dieser Regel dann nicht in Anspruch nehmen, wenn
a) der *Schlag* wegen Behinderung durch irgendetwas anderes als ein unbewegliches *Hemmnis* eindeutig undurchführbar ist, oder
b) die Behinderung durch ein unbewegliches *Hemmnis* ausschließlich infolge eines eindeutig unvernünftigen *Schlags* oder einer unnötig abnormen Art von *Standposition*, Schwung oder Spielrichtung eintreten würde.

ANMERKUNG 1:
Ist ein Ball in einem *Wasserhindernis* (*seitliches Wasserhindernis* eingeschlossen), so darf der Spieler Erleichterung wegen Behinderung durch ein unbewegliches *Hemmnis* nicht in Anspruch nehmen. Er muss den Ball spielen, wie er liegt oder nach Regel 26-1 verfahren.

ANMERKUNG 2:
Ist ein Ball, der nach dieser Regel fallen zu lassen oder hinzulegen ist, nicht sofort wiederzuerlangen, darf ein anderer Ball eingesetzt werden.

ANMERKUNG 3:
Die *Spielleitung* darf durch Platzregel bestimmen, dass der Spieler den *nächstgelegenen Punkt der Erleichterung* nicht durch Kreuzen unter dem *Hemmnis* hindurch oder darüber hinweg oder durch das *Hemmnis* hindurch feststellen darf.

24-3 BALL IM HEMMNIS NICHT GEFUNDEN
Es ist eine Frage der Umstände, ob ein in Richtung auf ein *Hemmnis* geschlagener, nicht gefundener Ball, tatsächlich in dem *Hemmnis* ist. Um diese Regel anwenden zu können, muss es bekannt oder so gut wie sicher sein, dass der Ball in dem *Hemmnis* ist. Fehlt es an dieser Kenntnis oder Gewissheit, so muss der Spieler nach Regel 27-1 verfahren.

STRASSEN UND WEGE

Von einem Hemmnis gibt es straflose Erleichterung. Der nächstgelegene Punkt der Erleichterung liegt hier in den Büschen. Erleichterung zu nehmen ist hier jedoch eine Option, so dass der Spieler seinen Ball natürlich auch spielen kann, wie er liegt.

UNBEWEGLICHES HEMMNIS IM BUNKER

Ein Spieler erhält Erleichterung von einem unbeweglichen Hemmnis im Bunker. Der nächstgelegene Punkt der Erleichterung muss im Bunker sein und der Ball muss im Bunker fallengelassen werden. Mit einem Strafschlag kann der Ball alternativ auch außerhalb des Bunkers fallengelassen werden.

ERLEICHTERUNG FÜR EINEN SCHLAG SEITWÄRTS

Ein Spieler hat Anspruch auf Erleichterung von einem unbeweglichen Hemmnis für einen seitlichen Schlag, wenn dieser sinnvoll ist. Ein Schlag seitwärts zur Vermeidung eines Zauns rund um eine Baumschule würde unter den Umständen als sinnvoll erachtet.

a) Ball in beweglichem Hemmnis nicht gefunden

Ist es bekannt oder so gut wie sicher, dass ein Ball, der nicht gefunden wurde, in einem beweglichen *Hemmnis* ist, so darf der Spieler einen anderen Ball einsetzen und straflose Erleichterung nach dieser Regel in Anspruch nehmen. Wenn er so verfahren möchte, muss er das *Hemmnis* entfernen und einen Ball so nahe wie möglich der Stelle unmittelbar unter dem Punkt, an dem der Ball zuletzt die äußerste Begrenzung des beweglichen *Hemmnisses* gekreuzt hat – jedoch nicht näher zum *Loch* –, im *Gelände* oder im *Hindernis* fallen lassen oder auf dem *Grün* hinlegen.

b) Ball in unbeweglichem Hemmnis nicht gefunden

Ist es bekannt oder so gut wie sicher, dass ein Ball, der nicht gefunden wurde, in einem unbeweglichen *Hemmnis* ist, so darf der Spieler Erleichterung nach dieser Regel in Anspruch nehmen. Wenn er so verfahren möchte, muss die Stelle, an der der Ball zuletzt die äußerste Begrenzung des *Hemmnisses* gekreuzt hat, festgestellt werden, und, um diese Regel anwenden zu können, gilt der Ball als an dieser Stelle liegend. Der Spieler muss dann wie folgt verfahren:

(I) **Im Gelände:** Hat der Ball zuletzt die äußerste Begrenzung des unbeweglichen *Hemmnisses* an einer Stelle im *Gelände* gekreuzt, so darf der Spieler straflos einen anderen Ball *einsetzen* und die in Regel 24-2b (I) vorgeschriebene Erleichterung in Anspruch nehmen.

(II) **In einem Bunker:** Hat der Ball zuletzt die äußerste Begrenzung des unbeweglichen *Hemmnisses* an einer Stelle in einem *Bunker* gekreuzt, so darf der Spieler straflos einen anderen Ball *einsetzen* und die in Regel 24-2b (II) vorgeschriebene Erleichterung in Anspruch nehmen.

ERLEICHTERUNG VON HEMMNIS ERGIBT VERBESSERUNG DER SPIELLINIE

Nachdem der Spieler Erleichterung von einem unbeweglichen Hemmnis genommen hat, darf er nach den Regeln in jede Richtung spielen. Es ist Glück für den Spieler, wenn der Busch nicht länger den Schlag auf das Grün behindert.

Nachdem David Frost keine Erleichterung von der Straße auf der linken Seite auf dem zweiten Loch in Carnoustie erhielt, spielte er seinen Ball auf die Straße und nahm dann Erleichterung nach Regel 24-2 in Anspruch – siehe Regelfall Seite 124-125.

(III) **In einem Wasserhindernis (einschließlich einem seitlichen Wasserhindernis):** Hat der Ball zuletzt die äußerste Begrenzung des unbeweglichen *Hemmnisses* an einer Stelle in einem *Wasserhindernis* gekreuzt, so darf der Spieler straflose Erleichterung nicht in Anspruch nehmen, er muss nach Regel 26-1 verfahren.

(IV) **Auf dem Grün:** Hat der Ball zuletzt die äußerste Begrenzung des unbeweglichen *Hemmnisses* an einer Stelle auf dem *Grün* gekreuzt, so darf der Spieler straflos einen anderen Ball *einsetzen* und die in Regel 24-2b (III) vorgeschriebene Erleichterung in Anspruch nehmen.

STRAFE
STRAFE FÜR REGELVERSTOSS:
Lochspiel – Lochverlust;
Zählspiel – Zwei Schläge

KEINE STRAFFREIE ERLEICHTERUNG IM WASSERHINDERNIS

In einem Wasserhindernis erhält ein Spieler keine straflose Erleichterung von einem unbeweglichen Hemmnis, selbst wenn der Ball spielbar ist. Der Spieler muss den Ball spielen, wie er liegt, oder nach der Wasserhindernisregel verfahren (siehe Regel 26).

Ball auf Brücke über Hindernis
Der Ball ist im Wasserhindernis, denn die Grenzen des Wasserhindernisses erstrecken sich vertikal nach oben. Die Brücke ist ein unbewegliches Hemmnis aber es gibt keine straflose Erleichterung von einem unbeweglichen Hemmnis wenn der Ball im Wasserhindernis liegt oder ein Wasserhindernis berührt. Wenn der Ball von der Brücke gespielt wird, so darf der Schläger aufgesetzt werden.

ZAUNÜBERTRITT AN AUSZAUN

Der Auszaun ist zwar kein unbewegliches Hemmnis, der Zaunübertritt jedoch sehr wohl. Der Spieler darf nach Regel 24-2 von dem Zaunübertritt Erleichterung nehmen.

Regelfall

Seit 1744 ist es eine Grundlage der Golfregeln, den Platz so zu spielen, wie man ihn vorfindet und, wenn man unsicher über das richtige Verfahren ist, das zu tun, was fair ist. Harry Bradshaw hielt während der Open 1949 an dieser Einstellung fest.

Nach einer enormen ersten Runde von 68 Schlägen lag er gleich mit Roberto de Vinzenco und einen Schlag hinter Jimmy Adams. Als er auf der zweiten Runde das fünfte Loch spielte, rollte sein Ball in eine weggeworfene Bierflasche, deren Hals abgebrochen war.

Statt eine Regelentscheidung wegen der ihm zustehenden straflosen Erleichterung zu erbitten, entschied Bradshaw alleine, den Ball zu spielen, wie er lag. Er nahm seine Sandwedge und machte einen Schlag, der die Flasche zertrümmerte und den Ball etwas vorwärts brachte. Ein Doppelbogey 6 wurde daraus.

Das Ergebnis aus seinem Spiel aus dem beweglichen Hemmnis führte dazu, dass er am Ende mit Bobby Locke aus Südafrika mit 283 Schlägen gleich lag. In dem anschließenden Stechen über 36 Löcher spielte Locke eine 136 gegenüber Bradshaws 147 und gewann damit die erste seiner vier Open Championships.

Da Bradshaws Ball in einem beweglichen Hemmnis lag, hätte der Ball straflos aufgenommen und gereinigt werden dürfen. Die Flasche wäre dann zu entfernen gewesen und der Ball an der Stelle fallenzulassen, die sich so nahe wie möglich unter der Stelle befand, an der der Ball in der Flasche lag.

Wenn Erleichterung von einem unbeweglichen Hemmnis genommen wird, muss der Ball an einer Stelle fallengelassen werden, die Behinderung durch das unbewegliche Hemmnis ausschließt. Es muss vollständige Erleichterung genommen werden. Payne Stewart lernte dies bei einem der jährlichen Wettspiele der PGA Tour in San Diego.

Als er Erleichterung von einem Weg nahm, ließ Stewart seinen Ball an einer Stelle fallen, an der nach Einnahme seines Standes der Absatz seines rechten Schuhs noch auf dem Weg stand, von der er Erleichterung in Anspruch nahm. Die Fernsehaufzeichnung zeigte den Regelverstoß deutlich und Stewart zog sich zwei Strafschläge zu, da er die Erleichterung von einem unbeweglichen Hemmnis nicht vollständig genommen hatte.

Die Ausnahme zu Regel 24-2 besagt, dass ein Spieler keine Erleichterung in Anspruch nehmen darf, wenn die Behinderung nur durch einen abnormalen Stand, Schwung oder eine Spiellinie bestehen würde. Dies ist eine Stelle in den Regeln, in der das Urteil des Platzrichters gefragt ist, wie David Frost bei der Open Championship 1999 in Carnoustie erfuhr.

Harry Bradschaw schaut ungläubig auf seinen Ball, der bei der Open Championship 1949 in eine zerbrochene Flasche gerollt war.

Er spielte mit Justin Leonard in der vorletzten Gruppe und hookte seinen Abschlag auf dem zweiten Loch flach links in hohes Rough. Nahe der Stelle, an der er zum Schlag stehen müsste, befand sich eine Straße. Frost behauptete gegenüber dem eintreffenden Platzrichter, dass er, um den etwas tiefer als seine Füße liegenden Ball spielen zu können, seinen Stand so breit einnehmen müsse, dass er auf der Straße stehen würde. Deshalb wäre er zu strafloser Erleichterung von dem unbeweglichen Hemmnis berechtigt.

Der Platzrichter akzeptierte die Gründe nicht und teilte Frost mit, dass ein solcher Stand unbegründet sei. Es war die Meinung des Platzrichters, dass Frost ohne die Straße nicht einen Stand eingenommen hätte, der seinen linken Fuß auf die Straße gebracht hätte. Die letzte Spielergruppe wartete bereits auf dem Abschlag und die Zeit verstrich, während auf eine Bestätigung der Entscheidung des Platzrichters über Funk gewartet wurde. Die Entscheidung wurde als endgültig bestätigt und Frost spielte den Ball, wie er lag. Nach seinem Schlag aus dieser unangenehmen Lage blieb der Ball auf der Straße liegen, von der Frost dann Erleichterung nach Regel 24-2 erhielt.

In einer solchen Situation muss ein Platzrichter berücksichtigen, wie der Spieler den Schlag spielen würde, wenn das betreffende Hemmnis nicht vorläge. Im Zählspiel sind in einer Situation wie dieser die Regeln dazu da, die Teilnehmer zu schützen, und um zu verhindern, dass ein Spieler einen unbilligen Vorteil gegenüber den anderen erhält.

Wenn die Spielleitung ein Hemmnis zum Bestandteil des Platzes erklärt, setzt sie alle Diskussion außer Kraft, da es dann keine straflose Erleichterung gibt. Das bekannteste Beispiel ist das „Road Hole" auf dem Old Course in St. Andrews. Wenn ein Ball auf dieser Straße unmittelbar rechts neben dem Grün zur Ruhe kommt, muss er gespielt werden, wie er liegt. Wie der Name des Loches nahe legt, war die Straße schon immer das wichtigste Merkmal des 17. Loches. Erleichterung hiervon zu gewähren, würde eines seiner wesentlichen Hindernisse aus dem Spiel nehmen, und deshalb ist die Straße ein Bestandteil des Platzes.

Ein Hemmnis ist ein bewegliches Hemmnis, wenn es ohne übermäßige Anstrengung bewegt werden kann. Da Carts leicht ohne übermäßige Anstrengung bewegt werden können, werden sie normalerweise wie bewegliche Hemmnisse behandelt. Dies war zweifellos auch der Fall, als Tiger Woods während der zweiten Runde der Open Championship 2010 seinen Ball weit vom Fairway schlug und dieser unter dem Golfcart mit TV-Kamera landete.

Bevor der Fahrer das Cart entfernte, markierte Woods zunächst die Lage seines Balls. Der Kameramann entfernte das Cart und der Ball blieb in seiner ursprünglichen Lage. Hätte der Ball sich unmittelbar durch das Entfernen des Carts bewegt, so hätte der Spieler ihn straflos zurücklegen müssen.

Obwohl Regel 24-1 es nicht vom Spieler verlangt, die Balllage vor dem Entfernen des Hemmnisses zu markieren, ist es ein allgemein anerkanntes Verfahren. Durch das Markieren

Der Koreaner Noh Seung-Yul nimmt unter Anleitung von John Paramor, Chief Referee der European Tour, Erleichterung vom Cart-Weg an Loch 18 und erlangt kurz darauf den Sieg bei der Malaysian Open 2010.

der Balllage wäre Woods auch dann in der Lage gewesen, die ursprüngliche Balllage wieder herzustellen, wenn das Cart diese verändert hatte.

Während der Maybank Malaysian Open 2010 sicherte sich der koreanische Teenager Noh Seung-Yul einen dramatischen Sieg um einen Schlag gegen K. J. Choi nach einem unwahrscheinlichen Birdie auf dem 18. Loch, einem Par 5. Noh spielte seinen Abschlag mit einem Hook auf das benachbarte zehnte Fairway, wonach er das Grün mit einem dreier Holz erreichen musste.

Seinen zweiten Schlag feuerte er auf der linken Seite des Grüns über den Gästepavillon. Der Ball kam im Kuala Lumpur Golf & Country Club ungefähr fünfzig Meter vom Grün entfernt zur Ruhe. Der Referee erklärte Noh, er müsse zunächst Erleichterung von dem asphaltierten Weg nehmen. Sobald das abgeschlossen sei, würden sie die Situation in Bezug auf zeitweilige Hemmnisse um ihn herum und auf seiner Spiellinie betrachten. Der Referee erklärte außerdem, dass es nicht möglich sei, einen Schritt zu überspringen und direkt Erleichterung von allen Hemmnissen auf einmal zu nehmen.

Noh ermittelte unter den wachsamen Augen des Referees den nächstgelegenen Punkt der Erleichterung vom Cartweg und ließ seinen Ball innerhalb einer Schlägerlänge von dieser Stelle aus fallen. Als er den Ball jedoch nach Regel 24-2 fallengelassen hatte, bestand deutliche Behinderung durch einen weißen Lattenzaun, der normalerweise nicht zum Platz gehörte, sondern nur vorübergehend für diese Veranstaltung aufgestellt worden war. Nach den Platzregeln des Wettspiels erhielten Spieler straflose Erleichterung von allen zeitweilig errichteten unbeweglichen Hemmnissen. Noh erhielt straflose Erleichterung von dem zeitweiligen unbeweglichen Hemmnis und chipte seinen Ball wenige Zentimeter ans Loch. Er versenkte seinen Putt und brachte seinen ersten European-Tour-Sieg vor seinem Landsmann K. J. Choi unter Dach und Fach.

HÄUFIG GESTELLTE FRAGEN

Sollten Harken innerhalb oder außerhalb des Bunkers hingelegt werden?

Es wird empfohlen, dass Harken außerhalb des Bunkers hingelegt werden, da es wahrscheinlicher ist, dass sie dort den Spielern weniger Vor- oder Nachteile bringen. Üblicherweise legen Spieler die Harken in den Bunkern meist an den Rand, was den Ball davon abhält, in den flachen Teil des Bunkers zu rollen und zu einem viel schwierigerem Schlag als sonst führt. Dies trifft besonders auf kleine Bunker zu.

Kommt ein Ball an einer Harke im Bunker zur Ruhe, so kann der Spieler nach Regel 24-1 verfahren (bewegliches Hemmnis). Es mag jedoch nicht möglich sein, den Ball an die gleiche Stelle zurückzulegen oder eine Stelle zu finden, die nicht näher zum Loch liegt. Wird eine Harke in der Bunkermitte zurückgelassen, ist der einzige Weg, sie dort hin zu bekommen, sie zu werfen, was die Sandoberfläche beschädigen könnte. Liegt eine Harke zudem mitten im Bunker, wird sie von einem Spieler evtl. nicht benutzt, oder der Spieler muss einen großen Teil des Bunkers harken, was zu einer unnötigen Verzögerung führt. Deshalb wird nach Abwägung aller dieser Punkte empfohlen, dass Harken außerhalb der Bunker gelassen werden, und zwar an Stellen, an denen sie das Spiel möglichst wenig stören.

Dürfen Pfähle entfernt werden, die ein Wasserhindernis oder ein seitliches Wasserhindernis kennzeichnen?

Ein Wasserhindernis-Pfahl ist ein Hemmnis – siehe Erklärung „Hemmnis". Deshalb darf ein solcher Pfahl nach Regel 24-1 straflos entfernt werden, wenn er beweglich ist. Ein Spieler darf ein bewegliches Hemmnis überall auf dem Platz entfernen, unabhängig davon, ob sein Ball im Wasserhindernis liegt oder nicht.

REGEL 25

UNGEWÖHNLICH BESCHAFFENER BODEN, EINGEBETTETER BALL UND FALSCHES GRÜN

ERKLÄRUNGEN
Feststehende Begriffe sind kursiv geschrieben und alphabetisch im Abschnitt II „Erklärungen" aufgeführt (siehe Seiten 13-23).

25-1 UNGEWÖHNLICH BESCHAFFENER BODEN

a) Behinderung

Behinderung durch einen *ungewöhnlich beschaffenen Boden* ist gegeben, wenn ein Ball in einem solchen Umstand liegt oder ihn berührt oder wenn durch diesen Umstand die *Standposition* des Spielers oder der Raum seines beabsichtigten Schwungs betroffen ist. Liegt der Ball des Spielers auf dem *Grün*, so ist Behinderung auch dann gegeben, wenn sich ein *ungewöhnlich beschaffener Boden* auf dem *Grün* auf seiner *Puttlinie* befindet. Anderenfalls ist, wenn sich ein solcher Umstand lediglich auf der *Spiellinie* befindet, keine Behinderung nach dieser Regel gegeben.

> **ANMERKUNG:**
> Die *Spielleitung* darf eine Platzregel erlassen, die besagt, dass Behinderung nach dieser Regel durch einen *ungewöhnlich beschaffenen Boden* nicht gegeben ist, wenn nur die *Standposition* des Spielers betroffen ist.

b) Erleichterung

Ausgenommen der Ball ist in einem *Wasserhindernis* oder *seitlichem Wasserhindernis*, darf ein Spieler von Behinderung durch einen *ungewöhnlich beschaffenen Boden* folgendermaßen Erleichterung in Anspruch nehmen:

(I) Im Gelände: Liegt der Ball im *Gelände*, so muss der Spieler den Ball aufnehmen

Ein umgefallener Baum, der noch an Wurzeln hängt, ist nicht Boden in Ausbesserung, kann aber durch die Spielleitung dazu erklärt werden.

Eine Fahrspur eines Traktors ist nicht Boden in Ausbesserung, aber die Spielleitung kann diese dazu erklären.

SCHONFLÄCHEN

Wenn ein Bereich des Platzes besonderen Schutz benötigt, wie die Neuanpflanzung junger Bäume, so sollte die Spielleitung hier „Boden in Ausbesserung" einrichten und das Spielen daraus verbieten.

und ihn straflos innerhalb einer Schlägerlänge von dem *nächstgelegenen Punkt der Erleichterung*, nicht näher zum *Loch* als dieser Punkt, fallen lassen. Der *nächstgelegene Punkt der Erleichterung* darf sich nicht in einem *Hindernis* oder auf einem *Grün* befinden. Wird der Ball innerhalb einer Schlägerlänge vom *nächstgelegenen Punkt der Erleichterung* fallen gelassen, muss er zuerst an einer Stelle auf einem Teil des *Platzes* auftreffen, der die umschriebene Behinderung durch den Umstand ausschließt und sich nicht in einem *Hindernis* oder auf einem *Grün* befindet.

(II) **In einem Bunker:** Ist der Ball in einem *Bunker*, so muss der Spieler den Ball aufnehmen und ihn fallen lassen entweder

   a) straflos in Übereinstimmung mit obiger Ziffer (I), doch muss der *nächstgelegene Punkt der Erleichterung* in dem *Bunker* sein und der Ball muss in dem *Bunker* fallen gelassen werden, oder, wenn vollständige Erleichterung nicht möglich ist, so nahe wie möglich der Stelle, an der der Ball lag, jedoch nicht näher zum *Loch*, auf einem Teil des *Platzes* im *Bunker*, der größte erzielbare Erleichterung von dem Umstand bietet; oder

   b) **mit einem *Strafschlag*** außerhalb des *Bunkers*. Dabei muss der Punkt, an dem der Ball lag, auf gerader Linie zwischen dem *Loch* und der Stelle liegen, an der der Ball fallen gelassen wird; und zwar ohne Beschränkung, wie weit hinter dem *Bunker* der Ball fallen gelassen werden darf.

(III) **Auf dem Grün:** Liegt der Ball auf dem *Grün*, so muss der Spieler den Ball aufnehmen und ihn straflos *am nächstgelegenen Punkt der Erleichterung*, der sich nicht in einem *Hindernis* befindet, hinlegen, oder wenn vollständige Erleichterung nicht möglich ist, an die Stelle, die der vorherigen am nächsten gelegen ist und größte erzielbare Erleichterung von dem Umstand bietet, jedoch nicht näher zum *Loch* und nicht in einem *Hindernis*. Der *nächstgelegene Punkt der Erleichterung* oder der größten erzielbaren Erleichterung kann außerhalb des *Grüns* sein.

(IV) **Auf dem Abschlag:** Liegt der Ball auf dem *Abschlag*, muss der Spieler den Ball aufnehmen und straflos in Übereinstimmung mit obiger Ziffer (I) fallen lassen.

Der Ball darf gereinigt werden, wenn er nach Regel 25-1b aufgenommen wurde.
(Ball rollt in eine Lage, bei der Behinderung durch den Umstand gegeben ist, von dem Erleichterung in Anspruch genommen wurde – siehe Regel 20-2c (V).)

ZEITWEILIGES WASSER AUF DEM GRÜN

Auf beiden Abbildungen liegt der Ball des Spielers auf dem Grün am Punkt 1. Auf Abbildung A ist sein Ball im zeitweiligen Wasser, während auf Abbildung B sich das zeitweilige Wasser auf die Puttlinie erstreckt. Für das Erleichterungsverfahren gilt: Der Spieler muss den Ball am Punkt 3 hinlegen. In beiden Fällen ist dies der Punkt, der größtmögliche erzielbare Erleichterung verspricht, auch wenn er sich nicht auf dem Grün befindet.

BALL NAH AN ZEITWEILIGEM WASSER: LINKSHÄNDIG AUSGEFÜHRTER SCHLAG NICHT ANGEMESSEN

Ein rechtshändiger Spieler darf einen Schlag nicht nur deshalb linkshändig spielen, um Erleichterung von dem dann störenden zeitweiligen Wasser zu erhalten. Wenn es keine weiteren Gründe für den linkshändig gespielten Schlag gibt ist es unter diesen Bedingungen nicht angemessen.

BALL NAHE AM ZEITWEILIGEN WASSER – LINKSHÄNDIGER SCHLAG BERECHTIGT

1. Eine Spielerin, die wegen eines Baumes keinen rechtshändigen Schlag spielen kann, spielt linkshändig. Dabei steht sie in zeitweiligem Wasser.

SPIELRICHTUNG →

3. Wegen des linkshändig geplanten Schlages kann sie Erleichterung wegen zeitweiligen Wassers in Anspruch nehmen. Danach mag sie rechtshändig oder linkshändig weiterspielen.

BALL IM BUNKER IN ZEITWEILIGEM WASSER

Da es dem Spieler möglich ist, vollständige Erleichterung von dem zeitweiligen Wasser zu nehmen, kann er straflose Erleichterung in Anspruch nehmen, wenn er den Ball innerhalb einer Schlägerlänge vom nächstgelegenen Punkt der Erleichterung im Bunker fallen lässt. Wenn vollständige Erleichterung nicht möglich ist, so muss der Ball an der Stelle im Bunker fallengelassen werden, die dem Spieler innerhalb des Bunkers die größtmögliche Erleichterung gibt (siehe Regel 25-1b (ii).

STAND BEHINDERT DURCH LOCH EINES ERDGÄNGE GRABENDEN TIERS: BALL AUS ANDEREN GRÜNDEN UNSPIELBAR

Da der Ball eindeutig wegen des Baumes unspielbar liegt, erhält der Spieler keine straflose Erleichterung von dem Kaninchenbau, da es in dieser Situation nicht möglich wäre, den Schlag nach dem Ball auszuführen. Siehe Regel 25-1b.

Ausnahme:
Ein Spieler darf Erleichterung nach dieser Regel dann nicht in Anspruch nehmen, wenn a) der Schlag wegen einer Behinderung durch irgendetwas anderes als einen *ungewöhnlich beschaffenen Boden* eindeutig undurchführbar ist oder b) die Behinderung durch einen *ungewöhnlich beschaffenen Boden* ausschließlich infolge eines eindeutig unvernünftigen *Schlags* oder einer unnötig abnormen Art von *Standposition*, Schwung oder Spielrichtung eintreten würde.

ANMERKUNG 1:
Ist ein Ball in einem *Wasserhindernis (seitliches Wasserhindernis* eingeschlossen), so darf der Spieler straflose Erleichterung wegen Behinderung durch einen *ungewöhnlich beschaffenen Boden* nicht in Anspruch nehmen. Er muss den Ball spielen, wie er liegt (es sei denn, eine Platzregel verbietet dies) oder nach Regel 26-1 verfahren.

ANMERKUNG 2:
Ist ein Ball, der nach dieser Regel fallen zu lassen oder hinzulegen ist, nicht sofort wiederzuerlangen, darf ein anderer Ball eingesetzt werden.

c) Ball in ungewöhnlich beschaffenem Boden nicht gefunden

Es ist eine Frage der Umstände, ob ein in Richtung auf einen *ungewöhnlich beschaffenen Boden* geschlagener, nicht gefundener Ball, tatsächlich in dem *ungewöhnlich beschaffenen Boden* ist. Um diese Regel anwenden zu können, muss es bekannt oder so gut wie sicher sein, dass der Ball in dem *ungewöhnlich beschaffenen Boden* ist. Fehlt es an dieser Kenntnis oder Gewissheit, so muss der Spieler nach Regel 27-1 verfahren.
Ist es bekannt oder so gut wie sicher, dass ein Ball, der nicht gefunden wurde, in einem *ungewöhnlich beschaffenen Boden* ist, so darf der Spieler Erleichterung nach dieser Regel in Anspruch nehmen. Möchte er so verfahren, muss die Stelle, an der der Ball zuletzt die

äußerste Begrenzung des *ungewöhnlich beschaffenen Bodens* gekreuzt hat, festgestellt werden, und, um diese Regel anwenden zu können, gilt der Ball als an dieser Stelle liegend. Der Spieler muss dann wie folgt verfahren:

(I) **Im Gelände:** Hat der Ball zuletzt die äußerste Begrenzung des *ungewöhnlich beschaffenen Bodens* an einer Stelle im *Gelände* gekreuzt, so darf der Spieler straflos einen anderen Ball *einsetzen* und die in Regel 25-1b (I) vorgeschriebene Erleichterung in Anspruch nehmen.

(II) **In einem Bunker:** Hat der Ball zuletzt die äußerste Begrenzung des *ungewöhnlich beschaffenen Bodens* an einer Stelle in einem *Bunker* gekreuzt, so darf der Spieler straflos einen anderen Ball *einsetzen* und die in Regel 25-1b (II) vorgeschriebene Erleichterung in Anspruch nehmen.

(III) **In einem Wasserhindernis (einschließlich einem seitlichen Wasserhindernis):** Hat der Ball zuletzt die äußerste Begrenzung des *ungewöhnlich beschaffenen Bodens* an einer Stelle in einem *Wasserhindernis* gekreuzt, so darf der Spieler straflose Erleichterung nicht in Anspruch nehmen, er muss nach Regel 26-1 verfahren.

(IV) **Auf dem Grün:** Hat der Ball zuletzt die äußerste Begrenzung des *ungewöhnlich beschaffenen Bodens* an einer Stelle auf dem *Grün* gekreuzt, so darf der Spieler straflos einen anderen Ball *einsetzen* und die in Regel 25-1b (III) vorgeschriebene Erleichterung in Anspruch nehmen.

25-2 EINGEBETTETER BALL

Ein im *Gelände* auf irgendeiner kurz gemähten Fläche in sein eigenes Einschlagloch im Boden eingebetteter Ball darf aufgenommen, gereinigt und straflos so nahe wie möglich der Stelle, an der er lag, jedoch nicht näher zum *Loch*, fallen gelassen werden. Der Ball muss beim Fallenlassen zuerst auf einem Teil des *Platzes* im *Gelände* auftreffen. Unter „kurz gemähter Fläche" wird jede Fläche auf dem *Platz* verstanden, die auf Fairway-Höhe oder kürzer geschnitten ist, Wege durch das Rough eingeschlossen.

25-3 FALSCHES GRÜN
a)   **Behinderung**

Behinderung durch ein *falsches Grün* ist gegeben, wenn ein Ball auf dem *falschen Grün* ist.
       Behinderung nach dieser Regel ist nicht gegeben, wenn nur die *Standposition* oder der Raum des beabsichtigen Schwungs eines Spielers betroffen ist.

EINGEBETTETER BALL

Grasbewachsene Bunkerwände sind nicht Teil des Bunkers. Da das Gras nicht „kurz gemäht" ist, gibt es hier keine Erleichterung für einen eingebetteten Ball. Der Ball muss gespielt werden, wie er liegt, oder für unspielbar erklärt werden.

ERLEICHTERUNG VON FALSCHEM GRÜN

Erleichterung von einem falschen Grün erhält ein Spieler nur, wenn der Ball auf dem falschen Grün liegt. Für Behinderung der Standposition gibt es keine Erleichterung. Der Spieler darf den Ball auf einem falschen Grün nicht spielen, wie er liegt.

b) Erleichterung

Liegt der Ball eines Spielers auf einem *falschen Grün*, darf er den Ball nicht spielen, wie er liegt. Er muss straflos folgendermaßen Erleichterung in Anspruch nehmen:
Der Spieler muss den Ball aufnehmen und ihn innerhalb einer Schlägerlänge vom *nächstgelegenen Punkt der Erleichterung* und nicht näher zum *Loch* als dieser Punkt fallen lassen. Der *nächstgelegene Punkt der Erleichterung* darf sich nicht in einem *Hindernis* oder auf einem *Grün* befinden. Beim Fallenlassen innerhalb einer Schlägerlänge vom *nächstgelegenen Punkt der Erleichterung* muss der Ball zuerst auf einem Teil des *Platzes* an einer Stelle auftreffen, die die Behinderung durch das falsche *Grün* ausschließt und sich nicht in einem *Hindernis* und nicht auf einem *Grün* befindet. Der nach dieser Regel aufgenommene Ball darf gereinigt werden.

STRAFE
FÜR REGELVERSTOSS:
Lochspiel – Lochverlust;
Zählspiel – Zwei Schläge

Regelfall

Ernie Els spielte in der vorletzten Gruppe am dritten Tag der Masters 2004 und verzog seinen Abschlag auf dem 11. Loch (Par 4) in die Bäume. Zwar fand der Südafrikaner seinen Ball, doch er lag schlecht zwischen einigen losen großen Ästen. Es sah so aus, als ob es die einzige Wahl des Spielers wäre, den Ball für unspielbar zu halten, aber Els fragte die Platzrichter auf diesem Loch, ob die Äste vielleicht zum Abtransport dort aufgeschichtet worden seien, wodurch sie „Boden in Ausbesserung" wären und er straflose Erleichterung erhalten würde. Auf den ersten Blick waren die Platzrichter der Ansicht, dass die Äste dort nicht zum Abtransport aufgeschichtet waren, sondern eher dort liegen bleiben sollten, womit dann keine straflose Erleichterung gegeben wäre. Sie stimmten jedoch zu, eine zweite Meinung vom Vorsitzenden des Masters-Regelausschusses einzuholen.

Als sein Abschlag zwischen einige Äste fiel, die von einem Sturm in Augusta National abgebrochen waren, erhielt Ernie Els straflose Erleichterung.

Als der Vorsitzende am Ort des Geschehens eintraf, informierte er den Spieler, dass die Äste bei einem Unwetter abgebrochen waren und dort zum Abtransport aufgeschichtet waren. Man zeigte Els den nächstgelegenen Punkt der Erleichterung und er ließ den Ball dort innerhalb einer Schlägerlänge fallen. Els hatte immer noch einen sehr schwierigen Schlag durch die Bäume auf das Fairway, aber er spielte einen hervorragenden Schlag und rettete das Bogey. Diese glückliche Wendung ermöglichte es Els, auf Mickelson weiter Duck auszuüben, der aber nach einem historischen Kampf am Sonntag einen Schlag vor Els gewann.

Robert Rock erhielt Erleichterung während der Open de Portugal 2010 für seinen im weichen Fairway eingebetteten Ball. Rocks Abschlag schlug auf dem Fairway ein, sprang einen halben Meter vorwärts und rollte dann zurück in seine eigene Pitchmarke. Damit ein Ball als eingebettet gilt, muss er in einem eigenen Einschlagloch liegen und sich teilweise unterhalb der Fairwayoberfläche befinden.

Decision 25-2/1 erklärt außerdem, dass ein Ball, der zurück in sein eigenes Einschlagloch rollt, als im eigenen Einschlagloch eingebettet gilt.

Rock und sein Mitspieler konnten den Ball vom Abschlag aus jedoch nicht landen sehen und waren so nicht sicher, ob er in sein eigenes Einschlagloch zurückgerollt ist oder in das eines andern Spielers. Rock rief einen Referee zu Hilfe. Der Referee, Mats Lanner, war nicht anwesend, als der Ball landete und so fragte er die Zuschauer der Spielergruppe, ob irgendjemand gesehen hat, wie der Ball zur Ruhe gekommen ist. Der Fernsehkommentator Wayne Riley war Rocks Gruppe vorausgegangen um ihre zweiten Schläge auf das Grün kommentieren zu können. Riley hatte gesehen, dass der Ball aufkam und zurück in die eigene Pitchmarke rollte und konnte dies Rock und dem Referee bestätigen.

Mit dieser Gewissheit konnte Rock Regel 25-2 anwenden. Er hob den Ball straflos auf und ließ ihn so nah wie möglich seiner ursprünglichen Lage jedoch nicht näher zum Loch fallen. Hätte sich der Ball beim Fallenlassen erneut in das weiche Fairway eingebettet, so hätte er ein zweites Mal nach Regel 25-2 verfahren dürfen (siehe Decision 25-2/2).

HÄUFIG GESTELLTE FRAGEN

Erhalte ich straflose Erleichterung aus einem Bunker, der vollständig mit Wasser gefüllt ist?

Nein. Der Spieler darf den Ball spielen, wie er liegt, oder
- in Übereinstimmung mit Regel 25-1b(II)(a) Erleichterung nehmen, oder
- den Ball hinter dem Bunker mit einem Strafschlag fallenlassen wie in Regel 25-1b(II)(b) beschrieben, oder
- den Ball unspielbar halten und in Übereinstimmung mit Regel 28 verfahren (siehe Entscheidung 25-1b/8)

Eine Spielleitung kann jedoch vor einem Wettspiel bestimmte überflutete Bunker durch eine Platzregel (Entscheidung 33-8/27) als Boden in Ausbesserung und „Gelände" erklären. Dies erlaubt Erleichterung ohne Strafschlag außerhalb dieser bestimmten Bunker nach Regel 25-1b(I).

REGEL 26

WASSERHINDERNISSE (EINSCHLIESSLICH SEITLICHER WASSERHINDERNISSE)

ERKLÄRUNGEN
Feststehende Begriffe sind kursiv geschrieben und alphabetisch im Abschnitt II „Erklärungen" aufgeführt (siehe Seiten 13-23).

26-1 ERLEICHTERUNG FÜR BALL IM WASSERHINDERNIS

Es ist eine Frage der Umstände, ob ein in Richtung auf ein *Wasserhindernis* geschlagener, nicht gefundener Ball, tatsächlich in dem *Wasserhindernis* ist. Fehlt es an Kenntnis oder an Sicherheit grenzender Gewissheit, dass ein Ball, der in Richtung auf ein *Wasserhindernis* geschlagen aber nicht gefunden wurde, in dem *Hindernis* ist, muss der Spieler nach Regel 27-1 verfahren.

Wird ein Ball in einem *Wasserhindernis* gefunden oder ist es bekannt oder so gut wie sicher, dass ein Ball, der nicht in dem *Wasserhindernis* gefunden wurde, in dem *Wasserhindernis* ist (egal, ob der Ball im Wasser liegt oder nicht), so darf der Spieler **mit einem Strafschlag**

a) nach Regel 27-1 unter Schlag und Distanzverlust verfahren, indem er einen Ball so nahe wie möglich der Stelle spielt, von der der ursprüngliche Ball zuletzt gespielt wurde (siehe Regel 20-5); oder

b) einen Ball in beliebiger Entfernung hinter dem *Wasserhindernis* fallen lassen, wobei der Punkt, an dem der ursprüngliche Ball zuletzt die Grenze des *Wasserhindernisses* gekreuzt hat, auf gerader Linie zwischen dem *Loch* und der Stelle, an der der Ball fallen gelassen wird, liegen muss; oder

c) als zusätzliche Wahlmöglichkeiten nur dann, wenn der Ball zuletzt die Grenze eines *seitlichen Wasserhindernisses* gekreuzt hat, außerhalb des *Wasserhindernisses* einen Ball fallen lassen innerhalb zweier Schlägerlängen von dem Punkt und nicht näher

Padraig Harrington und ein Referee diskutieren seine Möglichkeiten der Erleichterung, nachdem sein Ball auf dem ersten Loch des Old Course während der Open Championship 2010 im Swilcan Burn gelandet ist. Die Stelle, an der der Ball zuletzt die Grenze des Hindernisses überquert hat, ist der Schlüssel zur Anwendung von Regel 26-1b oder 26-1c.

zum *Loch* als (I) der Punkt, an dem der ursprüngliche Ball zuletzt die Grenze des *Wasserhindernisses* gekreuzt hat, oder (II) ein Punkt an der gegenüberliegenden Grenze des *Wasserhindernisses*, gleich weit vom *Loch* entfernt.

Der Spieler darf, wenn er nach dieser Regel verfährt, seinen Ball aufnehmen und reinigen oder einen anderen Ball einsetzen.

(Unzulässige Handlungen, wenn ein Ball im *Hindernis* ist – siehe Regel 13-4.)
(Ball *bewegt* sich im Wasser in einem *Wasserhindernis* – siehe Regel 14-6.)

26-2 BALL IM WASSERHINDERNIS GESPIELT

a) Ball kommt in demselben oder einem anderen Wasserhindernis zur Ruhe

Kommt ein innerhalb eines *Wasserhindernisses* gespielter Ball nach einem *Schlag* in demselben oder einem anderen *Wasserhindernis* zur Ruhe, so darf der Spieler

(I) nach Regel 26-1a verfahren. Entscheidet sich der Spieler nach dem Fallenlassen im *Hindernis* dazu, den fallen gelassenen Ball nicht zu spielen, so darf er:

(a) **unter Hinzurechnung des nach der Regel vorgeschriebenen zusätzlichen *Strafschlags*** gemäß Regel 26-1b oder, wenn anwendbar, Regel 26-1c, verfahren und als Bezugspunkt die Stelle benutzen, an der der ursprüngliche Ball zuletzt die Grenze dieses *Hindernisses* gekreuzt hatte, bevor er in diesem *Hindernis* zur Ruhe kam; oder

(b) **einen zusätzlichen *Strafschlag* hinzurechnen** und einen Ball so nahe wie möglich der Stelle spielen, an der der letzte *Schlag* von außerhalb eines *Wasserhindernisses* gespielt wurde (siehe Regel 20-5); oder

(II) nach Regel 26-1b oder, wenn anwendbar, Regel 26-1c verfahren; oder

(III) **mit einem *Strafschlag*** einen Ball so nahe wie möglich der Stelle spielen, an der der letzte Schlag außerhalb des *Wasserhindernisses* gespielt wurde (siehe Regel 20-5).

BEKANNT ODER SO GUT WIE SICHER, DASS DER BALL IN DEM WASSERHINDERNIS IST
Der Spieler kann nicht annehmen, dass sein Ball im Hindernis ist. Es darf fast kein Zweifel daran bestehen, dass er im Hindernis ist. Wenn es nicht bekannt ist oder Zweifel bestehen, so muss der Spieler nach der Regel „verlorener Ball" (siehe Regel 27-1) verfahren.

BALL KREUZT GRENZE DES WASSERHINDERNISSES: MÖGLICHKEITEN FÜR ERLEICHTERUNG

Mit einem Strafschlag dürfen Sie einen Ball von der Stelle des letzten Schlags spielen oder einen Ball hinter dem Hindernis auf der Verlängerung der Linie vom Loch zu dem Punkt, an dem der Ball zuletzt die Grenze des Wasserhindernisses überquert hat fallen lassen (Punkt B). Der Punkt an dem der Ball die Grenze des Wasserhindernisses zuerst gekreuzt hat (Punkt A) ist irrelevant.

b) Ball außerhalb des Hindernisses verloren oder unspielbar oder Ball im Aus

Ist ein innerhalb eines *Wasserhindernisses* gespielter Ball außerhalb des *Hindernisses verloren* oder wird für unspielbar gehalten oder ist er im *Aus*, so darf der Spieler, nachdem er die **Strafe von einem Schlag** nach Regel 27-1 oder 28a auf sich genommen hat,

(I) einen Ball so nahe wie möglich der Stelle in dem *Hindernis* spielen, an der der ursprüngliche Ball zuletzt gespielt wurde (siehe Regel 20-5); oder

(II) nach Regel 26-1b oder, sofern anwendbar, Regel 26-1c verfahren, wobei er den darin vorgeschriebenen **Strafschlag zusätzlich hinzurechnen** und als Bezugspunkt denjenigen Punkt nehmen muss, an dem der ursprüngliche Ball zuletzt die Grenze des *Hindernisses* gekreuzt hatte, bevor er darin zur Ruhe kam; oder

(III) einen zusätzlichen *Strafschlag* hinzurechnen und einen Ball so nahe wie möglich der Stelle spielen, an der der letzte *Schlag* außerhalb eines *Wasserhindernisses* gespielt wurde (siehe Regel 20-5).

ERLEICHTERUNG VON SEITLICHEM WASSERHINDERNIS

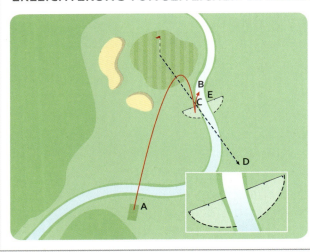

Der Spieler hat seinen Ball vom Abschlag (Punkt A) in seitliches Wasser am Punkt B gespielt. Der Ball hat die Grenze zuletzt an Punkt C überquert. Der gegenüberliegende, gleich weit vom Loch gelegene Punkt ist E. Der Spieler mag den Ball spielen, wie er liegt, oder mit einem Strafschlag:

(I) einen anderen Ball vom Abschlag spielen – Regel 26–1a.; (II) einen Ball fallenlassen jenseits des Hindernisses auf der gestrichelten Linie, die durch das Loch und Punkt C bestimmt wird, beispielsweise bei Punkt D – Regel 26–1b.; (III) einen Ball fallenlassen innerhalb zwei Schlägerlängen nicht näher zum Loch von Punkt C – Regel 26–1c. (I); (IV) einen Ball fallenlassen an der gegenüberliegenden Seite des Hindernisses innerhalb zwei Schlägerlängen von Punkt E – Regel 26–1c. (II).

BALL INNERHALB WASSERHINDERNIS GESPIELT

Der Abschlag des Spielers an diesem Par 3 landet im Wasserhindernis. Er spielt aus dem Hindernis, der Ball rollt jedoch zurück. Der Spieler kann den Ball nun spielen, wie er liegt, oder mit einem Strafschlag:
(I) einen Ball an der Stelle fallenlassen, von der er seinen zweiten Schlag gespielt hat und erneut von dort spielen; (II) einen Ball hinter dem Hindernis fallenlassen, irgendwo auf der gestrichelten Linie und von dort weiterspielen; oder (III) noch einmal einen Ball vom Abschlag spielen.

ANMERKUNG 1:
Beim Verfahren nach Regel 26-2b ist der Spieler nicht verpflichtet, einen Ball nach Regel 27-1 oder 28a fallen zu lassen. Lässt er einen Ball fallen, so ist er nicht verpflichtet, ihn zu spielen. Er darf wahlweise nach Regel 26-2b(II) oder (III) verfahren.

ANMERKUNG 2:
Wird ein von innerhalb eines *Wasserhindernisses* gespielter Ball außerhalb des *Hindernisses* für unspielbar gehalten, so hindert Regel 26-2b den Spieler nicht, nach Regel 28b oder c zu verfahren.

**STRAFE
FÜR REGELVERSTOSS:**
Lochspiel – Lochverlust;
Zählspiel – Zwei Schläge

Oliver Fisher spielt seinen Ball, der kurz vor dem Wasserhindernis angehalten hatte. Pfosten und Linien, die seitliche Wasserhindernisse kennzeichnen, müssen rot sein.

Regelfall

Beim Spielen des 17. Lochs, einem Par 5, in der letzten Runde der Scandinavian Masters, verzog Pelle Edberg seinen Abschlag in ein relativ kurz gemähtes Stück Rough neben einem seitlichen Wasserhindernis. Vom Abschlag aus konnten Edberg und sein Mitspieler nicht sehen, ob der Ball im Wasserhindernis zur Ruhe gekommen ist, sie wussten jedoch, dass er in die Richtung geflogen war.

Wegen des seitlichen Wasserhindernisses konnten auf der linken Seite des Fairways keine Zuschauer stehen. Ein in der Nähe positionierter Marshall hat den Ball nicht gesehen und konnte wegen ihn wegen eines überfliegenden Flugzeugs auch nicht landen hören. Die Suche nach dem Ball begann daher sobald Edberg an der Stelle eintraf.

Um Regel 26-1 anwenden zu können, muss es bekannt oder so gut wie sicher sein, das der Ball sich im Hindernis befindet. Dies verdeutlicht, wie gesichert es sein muss, damit der Spieler nach Regel 26-1 verfahren darf. Ein Spieler darf nicht einfach annehmen, dass der Ball im Hindernis liegt, nur weil die Möglichkeit besteht, dass er darin liegen könnte. Es darf nahezu keine Zweifel daran bestehen, dass der Ball wirklich im Hindernis liegt.

Nach einer ersten Suche im Rough stellte der Referee vor Ort fest, dass es nicht möglich sei, einen Ball in dem Rough zu verlieren, da es nicht hoch oder dicht war. Das wahrscheinlichste Resultat war, dass der Ball im seitlichen Wasserhindernis lag, es gab jedoch keinen Hinweis, der dies bekräftigt hätte.

Der Referee bereitete sich darauf vor, Edberg zu erklären, dass er mit Strafschlag und Distanzverlust erneut einen Ball vom Abschlag spielen müsse (Regel 27-1) da es keinen Hinweis darauf gäbe, dass der ursprüngliche Ball im Wasserhindernis liegt.

Nach etwa vier Minuten Ballsuche meldete sich jedoch ein Zuschauer von der anderen Seite des Fairways (etwa 30 Meter entfernt) und sagte, er habe den Ball ins Wasser platschen sehen. Der Zuschauer war außerdem in der Lage, dem Referee die ungefähre Stelle zu zeigen, an der der Ball ins Wasserhindernis geflogen war.

Decision 26-1/1 verdeutlicht, dass jeder verfügbare Anhaltspunkt mit einbezogen werden darf um zu ermitteln, ob das Wissen oder die Gewissheit zur Lage des Balls besteht, einschließlich möglicher Zeugen sowie physischer Bedingungen im Bereich rund um das Wasserhindernis. Da es außerhalb des Wasserhindernisses keinen Bereich gab, an der der Ball verloren gegangen sein könnte und die Aussage des Zeugen bestand, war der Referee überzeugt und erlaubte Edberg nach Regel 26-1 zu verfahren.

Edberg entschied sich, den Ball nach Regel 26-1c fallen zu lassen und beendete das Wettspiel auf heimischem Boden auf Platz zwei.

Pelle Edberg aus Schweden konnte während der letzten Runde der Scandinavian Masters 2008 Erleichterung von einem seitlichen Wasserhindernis nehmen, nachdem sichergestellt worden war, dass sein Ball darin zur Ruhe gekommen war.

HÄUFIG GESTELLTE FRAGEN

Was unterscheidet ein Wasserhindernis von einem seitlichen Wasserhindernis?

Ein Wasserhindernis ist jedes Meer, jeder See, Teich, Fluss, Graben, Oberflächendrainage oder sonstige offene Wasserlauf auf dem Platz (Wasser enthaltend oder nicht) und alles von ähnlicher Beschaffenheit – siehe die Erklärung „Wasserhindernis". Liegt der Ball eines Spielers in einem Wasserhindernis, so kann er den Ball spielen oder nach Regel 26-1a oder b verfahren.

Ein seitliches Wasserhindernis ist ein Wasserhindernis oder der Teil eines Wasserhindernisses, der so gelegen ist, dass es nicht möglich ist, oder von der Spielleitung als undurchführbar angesehen wird, einen Ball in Übereinstimmung mit Regel 26-1b fallen zu lassen – siehe Erklärung „Seitliches Wasserhindernis". Liegt der Ball eines Spielers in einem seitlichen Wasserhindernis, so darf er zusätzlich zu den Möglichkeiten bei einem Wasserhindernis nach Regel 26-1c verfahren.

Pfosten und Linien, die ein seitliches Wasserhindernis kennzeichnen, müssen rot sein.

REGEL 27

BALL VERLOREN ODER IM AUS; PROVISORISCHER BALL

27-1 SCHLAG UND DISTANZVERLUST; BALL IM AUS, BALL NICHT INNERHALB VON FÜNF MINUTEN GEFUNDEN

a) Verfahren unter Schlag und Distanzverlust

Ein Spieler darf jederzeit **mit einem *Strafschlag*** einen Ball so nahe wie möglich von der Stelle spielen, von der der ursprüngliche Ball zuletzt gespielt wurde (siehe Regel 20-5), d. h., unter Strafe von *Schlag* und Distanzverlust verfahren.

Macht ein Spieler einen *Schlag* nach einem Ball von der Stelle, an der der ursprüngliche Ball zuletzt gespielt wurde, **so gilt, dass er unter Strafe von *Schlag* und Distanzverlust verfahren ist,** außer die Regeln gestatten anderes.

b) Ball im Aus

Ist ein Ball im *Aus*, so muss der Spieler **mit einem *Strafschlag*** einen Ball so nahe wie möglich der Stelle spielen, von der der ursprüngliche Ball zuletzt gespielt wurde (siehe Regel 20-5).

c) Ball nicht innerhalb von fünf Minuten gefunden

Ist ein *Ball* verloren, weil er nicht innerhalb von fünf Minuten gefunden oder durch den Spieler als seiner identifiziert wurde, nachdem die *Partei* des Spielers oder einer ihrer *Caddies* die Suche danach begonnen haben, so muss der Spieler **mit einem *Strafschlag*** einen Ball so nahe wie möglich der Stelle spielen, von der der ursprüngliche Ball zuletzt gespielt wurde (siehe Regel 20-5).

ERKLÄRUNGEN
Feststehende Begriffe sind kursiv geschrieben und alphabetisch im Abschnitt II „Erklärungen" aufgeführt (siehe Seiten 13-23).

SPIELER KÖNNEN IHRE BÄLLE NICHT IDENTIFIZIEREN

Wenn zwei Spieler ihre Bälle nicht von einander unterscheiden können, sind beide Bälle verloren (siehe Erklärung „Ball verloren", Seite 17).

Ausnahme:
Ist es bekannt oder so gut wie sicher, dass der ursprüngliche Ball, der nicht gefunden wurde, durch etwas *Nicht zum Spiel Gehöriges* bewegt wurde (Regel 18-1), in einem *Hemmnis* (Regel 24-3), in einem *ungewöhnlich beschaffenen Boden* (Regel 25-1) oder einem *Wasserhindernis* (Regel 26-1) ist, so darf der Spieler nach der anwendbaren Regel verfahren.

**STRAFE
FÜR VERSTOSS GEGEN REGEL 27-1:**
Lochspiel – Lochverlust;
Zählspiel – Zwei Schläge

27-2 PROVISORISCHER BALL

a) Verfahren

Kann ein Ball außerhalb eines *Wasserhindernisses verloren* oder kann er im *Aus* sein, so darf der Spieler zur Zeitersparnis in Übereinstimmung mit Regel 27-1 provisorisch einen anderen Ball spielen. Der Spieler muss seinen *Gegner* im Lochspiel bzw. seinen *Zähler* oder einen *Mitbewerber* im Zählspiel unterrichten, dass er einen *provisorischen Ball* zu spielen beabsichtigt, und muss ihn spielen, bevor er oder sein *Partner* nach vorne gehen, um den ursprünglichen Ball zu suchen.

Versäumt er dies und spielt einen anderen Ball, so ist dieser Ball kein *provisorischer Ball* und wird **unter Strafe von Schlag und Distanzverlust** (Regel 27-1) zum *Ball im Spiel*, wohingegen der ursprüngliche *Ball verloren* ist.
(Spielfolge vom *Abschlag* – siehe Regel 10-3.)

ANMERKUNG:
Kann ein nach Regel 27-2a gespielter *provisorischer Ball* außerhalb eines *Wasserhindernisses verloren* oder im *Aus* sein, so darf der Spieler einen weiteren *provisorischen Ball* spielen. Ist ein weiterer *provisorischer Ball* gespielt, so steht dieser zum vorigen *provisorischen Ball* im selben Verhältnis wie der erste *provisorische Ball* zum ursprünglichen Ball.

BALL INNERHALB FÜNF MINUTEN GEFUNDEN
Ein Ball ist nicht nur deshalb "verloren" weil ein Spieler dabei ist, zum Abschlag zurückzugehen um einen neuen Ball zu spielen, bevor die fünfminütige Suchzeit vorbei ist. Spielt der Spieler einen zweiten Ball bevor der ursprüngliche Ball gefunden wird, so wird der zweite Ball zum Ball im Spiel und der ursprüngliche Ball muss aufgegeben werden.

PROVISORISCHER BALL WIRD BALL IM SPIEL

Der vom Abschlag gespielte Ball des Spielers kann bei Punkt A verloren sein. Der Spieler spielt einen provisorischen Ball zu Punkt B und dann von B zu C. Er entscheidet sich, seinen ursprünglichen Ball an Punkt A nicht zu suchen und spielt den provisorischen Ball von C auf das Grün. Konsequenz: Der provisorische Ball wird (mit Strafschlag und Distanzverlust) Ball im Spiel und der ursprüngliche Ball ist verloren. Dies deshalb, weil der Spieler einen Schlag mit dem provisorischen Ball von einem Punkt gespielt hat, der näher zum Loch liegt als der Punkt, an dem der ursprüngliche Ball zu vermuten ist.

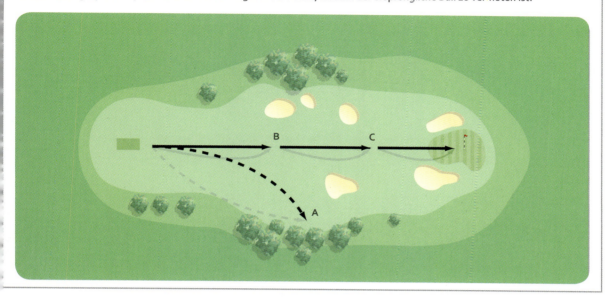

b) Provisorischer Ball wird Ball im Spiel

Der Spieler darf einen *provisorischen Ball* spielen, bis er den Ort erreicht, an dem sich der ursprüngliche Ball mutmaßlich befindet. Macht er mit dem *provisorischen Ball* einen *Schlag* von dem Ort, an dem sich der ursprüngliche Ball mutmaßlich befindet, oder von einem Punkt, der näher zum *Loch* liegt als dieser Ort, so ist der ursprüngliche *Ball verloren* und der *provisorische Ball* wird **unter Strafe von *Schlag* und *Distanzverlust*** (Regel 27-1) zum *Ball im Spiel*.

Ist der ursprüngliche Ball außerhalb eines *Wasserhindernisses* verloren oder ist er im *Aus*, so wird der *provisorische Ball* **unter Strafe von Schlag und Distanzverlust** (Regel 27-1) zum *Ball im Spiel*.

Ausnahme:
Ist es bekannt oder so gut wie sicher, dass der ursprüngliche Ball, der nicht gefunden wurde, durch etwas *Nicht zum Spiel Gehöriges* bewegt wurde (Regel 18-1), oder in einem *Hemmnis* (Regel 24-3) oder in einem *ungewöhnlich beschaffenen Boden* (Regel 25-1c) ist, so darf der Spieler nach der anwendbaren Regel verfahren.

c) Provisorischen Ball aufgeben

Ist der ursprüngliche Ball weder verloren noch im *Aus*, so muss der Spieler den *provisorischen Ball* aufgeben und das Spiel mit dem ursprünglichen Ball fortsetzen. Ist es bekannt oder so gut wie sicher, dass der ursprüngliche Ball in einem *Wasserhindernis* ist, so darf der Spieler in Übereinstimmung mit Regel 26-1 verfahren.

Macht der Spieler in einem der beiden Fälle weitere *Schläge* nach dem *provisorischen Ball*, so spielt er *einen falschen Ball*, und es ist nach Regel 15-3 zu verfahren.

ANMERKUNG:
Spielt ein Spieler einen *provisorischen Ball* nach Regel 27-2a, so werden *Schläge*, die nach Anwenden dieser Regel mit dem *provisorischen Ball* gemacht wurden, der anschließend nach Regel 27-2c aufgegeben wird, nicht gezählt und Strafen, die nur beim Spielen dieses Balls anfielen, bleiben außer Betracht.

PROVISORISCHER BALL GESPIELT: URSPRÜNGLICHER BALL FÜR UNSPIELBAR ERKLÄRT

Ein Spieler spielt einen provisorischen Ball, da sein Ball verloren sein könnte. Der ursprüngliche Ball wird innerhalb von fünf Minuten gefunden und ist somit weiterhin der Ball im Spiel. Erklärt der Spieler den ursprünglichen Ball für unspielbar, so muss er trotzdem mit dem ursprünglichen Ball weiter verfahren und darf nicht den provisorischen Ball spielen.

Regelfall

Dustin Johnson verlor auf dem dritten Loch, einem Par-4, während der US Open 2010 in Pebble Beach einen Ball. Bei dem Versuch, mit dem Driver eine Ecke abzukürzen, flog sein Ball in Richtung eines dicht bewaldeten seitlichen Wasserhindernisses. Obwohl Zuschauer und freiwillige Helfer in dem Gebiet gehört haben, dass der Ball Bäume berührt hat, konnten sie ihn nicht im Hindernis landen sehen. Es folgte eine Ballsuche im umgebenden Rough. Während Johnson und sein Caddie nach dem Ball suchten, fragte ein Referee den Chief Referee ob eine Fernsehaufnahme den Beweis für die Landung des Balls im seitlichen Wasserhindernis liefern könnte. Das Filmmaterial konnte in diesem Fall jedoch auch nicht helfen, da die Kameras den Ball während des Fluges verloren hatten.

Johnson fragte den Platzrichter ob er Erleichterung vom seitlichen Wasserhindernis erhalten würde. Nach Regel 26-1 ist der Spieler jedoch nur dann zur Anwendung der Regel 26-1 berechtigt, wenn es „bekannt oder so gut wie sicher ist" dass der Ball im Hindernis ist. In Johnsons Fall war es nicht bekannt oder so gut wie sicher. Obwohl der Ball hörbar die Bäume berührt hatte gab es keinen weiteren Hinweis darauf, dass er tatsächlich im Hindernis gelandet ist.

Nach Regel 27-1 hatte Johnson fünf Minuten Zeit, seinen Ball zu finden. Da der Ball innerhalb dieser Zeit nicht gefunden wurde galt er als verloren, obwohl er deutlich nach Ablauf der fünf Minuten im Hindernis gefunden wurde. Johnsons einzige Möglichkeit bestand darin, das Spiel mit Strafschlag und Distanzverlust (Regel 27-1) fortzusetzen. Er ging zum Abschlag zurück und spielte von dort seinen dritten Schlag.

Während der dritten Runde der Open Championship 1998 in Royal Birkdale driftete Mark O'Mearas zweiter Schlag auf dem 430 Meter langen sechsten Loch nach rechts in kniehohes Gras und Gebüsch, wodurch eine Reihe von Ereignissen ausgelöst wurde, die zu einer klärenden

„Decision" führte.

Als O'Meara und sein Caddie die Stelle erreichten, an der sie ihren Ball vermuteten, waren bereits einige Zuschauer auf der Suche danach. Der Platzrichter der Spielergruppe startete seine Uhr, um die Suchzeit von fünf Minuten zu messen, als O'Meara und sein Caddie eintrafen.

Einige Bälle wurden gefunden, aber keiner war der Ball von O'Meara. Für jeden in seiner unmittelbaren Nähe kündigte er die Marke und Art des Balles an, den er spielte, und dass dieser mit seinem Logo markiert war. Nach einer Suche von etwa fünf Minuten nahm O'Meara an, dass der Ball verloren sei. Er verließ den Bereich, in dem gesucht wurde, nahm einen anderen Ball und begann, entlang dem Fairway zurückzugehen, um nochmals von der Stelle zu spielen, an der er seinen ursprünglichen Ball gespielt hatte.

Etwa 30 Sekunden später rief ein Zuschauer: „Hier ist er, ich habe ihn!" Jemand rief nach O'Meara, der anscheinend nichts hörte und seinen Weg fortsetzte. Ein Platzrichter lief dorthin, wo der Zuschauer den Ball gefunden hatte und sah, dass es die Marke war, die O'Meara benutzte, und dass er auch das Logo trug.

Inzwischen näherte sich die nach den Regeln zugelassene fünf Minuten Suchzeit dem Ende und es war klar, dass O'Meara nicht mehr in der Lage wäre, zu seinem Ball zurückzukehren, um diesen innerhalb der Suchzeit zu identifizieren. Die Erklärung „Ball verloren" sagt, dass ein Ball verloren ist, wenn er nicht innerhalb von fünf Minuten „gefunden oder identifiziert" wird. Wenn die Regeln „gefunden und identifiziert" sagen würden, wäre der Fall klar gewesen. So wurde ein Platzrichter über Funk zu Hilfe gerufen.

Der Platzrichter erschien und brachte O'Meara in einem Golfcart entlang des Fairways zurück an die Stelle, wo dann eine Diskussion begann. Ein weiterer Platzrichter traf ein und es wurde entschieden, dass der Ball innerhalb der fünf Minuten gefunden worden sei, und dass O'Meara berechtigt sei, ihn nun außerhalb der festgesetzten Suchzeit zu identifizieren. Wenn es sein Ball wäre, so wäre er berechtigt, ihn zu spielen, und so kehrten alle zu der Stelle zurück, an der der Ball gefunden worden war. Während der Suche war dieser Bereich jedoch zertrampelt worden und ein falsch informierter Zuschauer, der dachte, der Ball sei ein verlorener Ball, hatte diesen aufgehoben. Als O'Meara und der Platzrichter zu der Stelle kamen, war der Ball nicht mehr da. Der Zuschauer war aber in der Nähe und gab den Ball O'Meara zurück, der ihn dann als seinen identifizierte. Obwohl der Zuschauer sagte, er wisse „genau", wo der Ball gelegen habe, als er ihn aufnahm, stellte sich dies nur als ungefähre Angabe heraus.

Nach den Regeln 18-1 und 20-3c musste O'Meara nun den Ball so nahe wie möglich der Stelle fallenlassen, an der dieser vor dem Aufnehmen gelegen hatte. Als O'Meara den Ball fallenließ, rollte dieser weiter als zwei Schlägerlängen von der Stelle weg, an der er auf dem Platz auftraf. Beim erneuten Fallenlassen rollte der Ball näher zum Loch und O'Meara musste den Ball dort hinlegen, wo er beim erneuten Fallenlassen erstmals auf dem Platz auftraf. Er spielte dann den Schlag und setzte seine Runde fort. Am nächsten Tag gewann er die Meisterschaft. Die Doppeldeutigkeit der Definition

Mark O'Meara kehrt zur Identifizierung seines Balls zurück, der innerhalb der Suchzeit von fünf Minuten während der Open Championship 1998 gefunden wurde.

„Verlorener Ball" in dieser bestimmten Situation führte zur Erstellung der Decision 25/5-f. Diese Decision erläutert dass einem Spieler, dessen Ball innerhalb von fünf Minuten gefunden worden ist, genug Zeit zusteht, um in dessen Nähe zu gehen. Der Ball darf danach noch identifiziert werden, selbst wenn die fünf Minuten bis dahin verstrichen sind.

27

HÄUFIG GESTELLTE FRAGEN

Darf ein Spieler, nachdem er vorgegangen ist, um seinen Ball zu suchen, wieder zur Stelle des letzten Schlags zurückkehren, um einen provisorischen Ball zu spielen?

Nein. Hat ein Spieler so verfahren, so wird sein zweiter Ball zum Ball im Spiel und der ursprüngliche Ball wäre verloren (siehe Regel 27-2a und Definition „Verlorener Ball"). Er muss den provisorischen Ball spielen „bevor er nach vorne geht, um den ursprünglichen Ball zu suchen" da der Hintergrund der Regel zum provisorischen Ball der ist, eine Zeitersparnis zu erzielen.

Ein Spieler schlägt seinen Ball in hohes Gras und kann ihn dort nicht finden. Darf er einen Ball in der Gegend fallen lassen, wo er seinen ursprünglichen Ball verloren gegangen glaubt?

Nein. Der Spieler muss zur Stelle des letzten Schlags zurückgehen und einen neuen Ball mit Strafschlag und Distanzverlust ins Spiel bringen – siehe Regel 27-1.

Nach fünfminütiger Suche hat ein Spieler seinen Ball nicht gefunden. Er setzt seine Suche fort, findet den Ball dann und spielt ihn. Ist das erlaubt?

Nein. Der Ball war verloren und daher nicht mehr im Spiel als die zulässige Suchzeit von fünf Minuten abgelaufen war. Durch das Spielen des Balls hat der Spieler einen falschen Ball gespielt – siehe Regel 15-3.

David Toms sucht im Gestrüpp des Country Club in Mirasol, Florida, nach seinem Ball. Wenn ein Ball nach der zulässigen Suchzeit von fünf Minuten gefunden wird, so gilt er als verloren und ist nicht mehr im Spiel.

REGEL 28

BALL UNSPIELBAR

Der Spieler darf seinen Ball überall auf dem *Platz* für unspielbar halten, ausgenommen, der Ball ist in einem *Wasserhindernis*. Ob sein Ball unspielbar ist, unterliegt einzig und allein der Entscheidung des Spielers.

Hält der Spieler seinen Ball für unspielbar, so muss er **mit einem Strafschlag:**

a) nach Regel 27-1 unter *Schlag* und Distanzverlust verfahren, indem er einen Ball so nahe wie möglich der Stelle spielt, von der der ursprüngliche Ball zuletzt gespielt wurde (siehe Regel 20-5); oder

b) einen Ball in beliebiger Entfernung hinter dem Punkt, an dem der Ball lag, fallen lassen, wobei dieser Punkt auf gerader Linie zwischen dem *Loch* und der Stelle liegen muss, an der der Ball fallen gelassen wird; oder

c) einen Ball nicht näher zum *Loch* innerhalb zweier Schlägerlängen von der Stelle, an der er lag, fallen lassen.

Ist der unspielbare Ball in einem *Bunker*, so darf der Spieler nach a, b oder c dieser Regel verfahren. Verfährt er nach b oder c, so muss ein Ball in dem *Bunker* fallen gelassen werden.

Der Spieler darf, wenn er nach dieser Regel verfährt, seinen Ball aufnehmen und reinigen oder einen anderen Ball einsetzen.

STRAFE FÜR REGELVERSTOSS:
Lochspiel – Lochverlust;
Zählspiel – Zwei Schläge

ERKLÄRUNGEN

Feststehende Begriffe sind kursiv geschrieben und alphabetisch im Abschnitt II „Erklärungen" aufgeführt (siehe Seiten 13-23).

BALL FÜR UNSPIELBAR HALTEN

Unter Möglichkeit b in Regel 28 darf der Spieler so weit zurückgehen, wie er möchte. Der Ball muss an einer Stelle fallengelassen werden, die auf der rückwärtigen Verlängerung der Linie Fahne – ursprüngliche Balllage liegt.

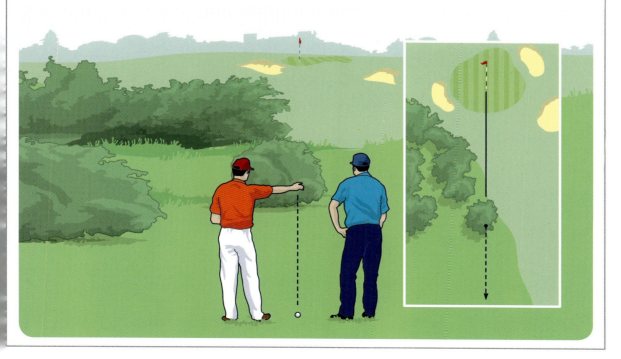

BALL UNSPIELBAR IM BUNKER: MÖGLICHKEITEN DES SPIELERS

Der Abschlag des Spielers landet unspielbar im Bunker. Mit einem Strafschlag kann der Spieler: (a) einen Ball von der Stelle spielen, von der er zuvor geschlagen hat; oder (b) einen Ball im Bunker fallenlassen, und zwar auf der verlängerten Linie von Loch und Punkt 1 (beispielsweise an Punkt 2); oder (c) einen Ball innerhalb zweier Schlägerlängen von Punkt 1 fallenlassen, aber nicht näher zum Loch (s. Abb.)

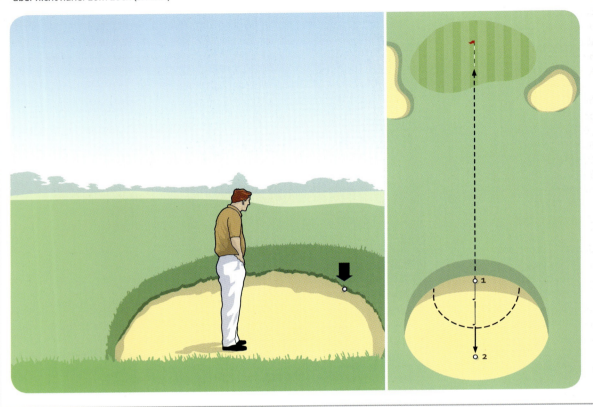

BALL UNSPIELBAR IM BUSCH: STELLE, WO BALL FALLENZULASSEN IST

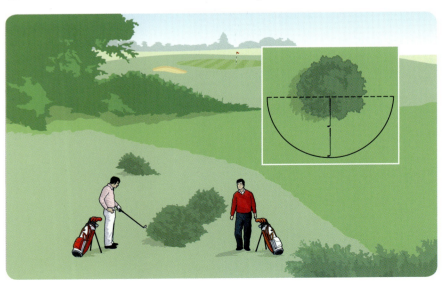

Wenn unter Möglichkeit c der Regel 28 ein Ball fallengelassen wird, so muss der Ball an einer Stelle auftreffen, die sich innerhalb von zwei Schlägerlängen der ursprünglichen Lage befindet.

Regelfall

Während der zweiten Runde der US Open 2010, schlug Lee Westwood seinen Abschlag in einen Fairwaybunker auf dem 18 Loch, einem Par 5. Der Ball kam direkt an den hohen Schwingel-Gräsern am Bunkerrand zur Ruhe. Westwood wusste, dass seine einzige Möglichkeit darin bestand, den Ball für unspielbar zu halten und rief den Referee um seine Möglichkeiten der Erleichterung zu klären.

Da es einen Einfluss auf die Fortsetzung des Spiels haben würde, wollte Westwood zunächst feststellen, ob der Ball tatsächlich im Bunker lag. Die Definition „Bunker" in den Golfregeln sagt aus, dass ein Ball im Bunker ist, wenn er darin liegt oder irgendein Teil von ihm den Bunker berührt. Da der Ball den Sand berührte, bestätigte der Referee, dass der Ball sich innerhalb des Hindernisses befand.

Mit einem Strafschlag hatte Westwood drei Erleichterungsmöglichkeiten. Erstens einen Ball so nahe wie möglich der Stelle spielen, von der der ursprüngliche Ball zuletzt gespielt wurde (Regel 20-5). Zweitens, einen Ball in beliebiger Entfernung hinter dem Punkt, an dem der Ball lag, fallen lassen, wobei dieser Punkt auf gerader Linie zwischen dem Loch und der Stelle liegen muss, an der der Ball fallen gelassen wird. Drittens, einen Ball nicht näher zum Loch innerhalb zweier Schlägerlängen von der Stelle, an der er lag, fallen lassen.

Da der Ball jedoch im Bunker lag, hätte er beim Verfahren nach der zweiten oder dritten Option den Ball innerhalb des Bunkers fallen lassen müssen. Die erste Möglichkeit, die einzige um den Ball außerhalb des Bunkers fallen zu lassen, hätte einen langen Weg zurück zum Abschlag bedeutet. Westwood entschied, dass die zweite Möglichkeit der beste Weg zur Fortsetzung des Spiels war und ließ einen Ball dementsprechend im Bunker fallen, der ihm genügend Raum bot, um sicher herauszuspielen. Er beendete das Loch mit einem Bogey.

Paul Casey geriet auf dem zwölften Loch während der letzten Runde der Open Championship 2010 in St Andrews in Schwierigkeiten. Bei einem Versuch, den Abschlag so weit wie möglich das Fairway hinab zu schlagen, wich der Ball nach links ab und kam tief in den seitlich des Grüns wachsenden Ginsterbüschen zur Ruhe, wo die Marshals ihn schnell fanden.

Caseys einzige Möglichkeit bestand darin, den Ball für unspielbar zu erklären und er entschied sich sofort mit einem Strafschlag nach Regel 28b zu verfahren.

Da Casey eine beträchtliche Distanz hinter der Stelle, an der sein Ball gelegen hatte, zurücklegen musste, um nicht mehr durch den Ginster gestört zu werden, konnte der Referee helfen, eine Stelle zu bestimmen, die in gerader Linie des Flaggenstocks und der Stelle lag, an der der Ball zur Ruhe gekommen war. Casey ging etwa 90 Meter zurück um eine Stelle zu finden, an der er den Ball ohne Behinderung durch den Ginster spielen konnte. Dadurch musste er in starkem Wind einen blinden Schlag aus etwa 130 Metern Entfernung auf das zwölfte Grün spielen. Der Schlag war zu kurz und Casey beendete das Loch mit einem Tripel-Bogey.

Lee Westwood erörtert seine Möglichkeiten für Erleichterung, nachdem er seinen Ball im Bunker des 18. Lochs in Pebble Beach für unspielbar erklärt hat.

HÄUFIG GESTELLTE FRAGEN

Wo darf ein Spieler seinen Ball für unspielbar halten?
Ein Spieler kann seinen Ball überall auf dem Platz für unspielbar halten, außer in einem Wasserhindernis. Der Spieler allein entscheidet darüber, ob sein Ball spielbar ist.

Wenn ich mich entscheide, nach Regel 28c Erleichterung zu nehmen (einen Ball innerhalb zweier Schlägerlängen nicht näher zum Loch fallen lassen), von wo aus messe ich die zwei Schlägerlängen?
Die Fläche, in der der Ball nach Regel 28c fallen zu lassen ist, wird von dort gemessen, wo der Ball liegt und nicht von der Grenze des für unspielbar angesehenen Bereichs.

REGEL 29
DREIER UND VIERER

ERKLÄRUNGEN
Feststehende Begriffe sind kursiv geschrieben und alphabetisch im Abschnitt II „Erklärungen" aufgeführt (siehe Seiten 13-23).

29-1 ALLGEMEINES
In einem *Dreier* oder *Vierer* müssen die *Partner* während einer *festgesetzten Runde* abwechselnd von den *Abschlägen* abschlagen und beim Spielen jedes Lochs abwechselnd schlagen. *Strafschläge* berühren die Spielfolge nicht.

29-2 LOCHSPIEL
Spielt ein Spieler, wenn sein *Partner* hätte spielen müssen, so ist **die Strafe für seine *Partei* Lochverlust**.

29-3 ZÄHLSPIEL
Machen die *Partner* einen oder mehrere *Schläge* in falscher Reihenfolge, so sind die entsprechenden Schläge annulliert, und **die *Partei* zieht sich eine Strafe von zwei Schlägen zu**. Die *Partei* muss ihren Fehler berichtigen, indem sie einen Ball in richtiger Reihenfolge so nahe wie möglich der Stelle spielt, von der sie zum ersten Mal in falscher Reihenfolge gespielt hat (siehe Regel 20-5). Macht die *Partei* einen *Schlag* auf

VIERER: SPIELFOLGE, WENN ABSCHLAG DES PARTNERS AUS IST

Wenn in einem Vierer ein Spieler seinen Ball vom weißen Abschlag ins Aus schlägt, so muss sein Partner den dritten Schlag der Partei vom selben Abschlag spielen.

dem nächsten *Abschlag*, ohne zuvor ihren Fehler zu berichtigen, bzw. verlässt sie das *Grün*, sofern es sich um das letzte *Loch* der Runde handelt, ohne zuvor ihre Absicht zur Berichtigung des Fehlers anzukündigen, **so ist die *Partei* disqualifiziert.**

VIERER: WELCHER PARTNER LÄSST DEN BALL FALLEN
Wenn der Ball nach einer anwendbaren Regel fallengelassen werden muss, so muss der Partner den Ball fallen lassen, der zu spielen an der Reihe ist.

Siehe Regel 20-2a, die vorsieht, dass ein Spieler den Ball selber fallenlassen muss.

VIERER: SPIELFOLGE IN 36-LÖCHER-WETTSPIELEN
Falls die Wettspielordnung keine gegenteilige Regelung vorsieht, darf bei Beginn der zweiten 18 Löcher eines 36-Löcher-Wettspiels die Spielfolge geändert werden.

Regelfall

30

Das Übungsgrün des Old Course in St. Andrews liegt unmittelbar neben dem Platz, nur ein paar Schritte vom ersten Abschlag entfernt. Während des Walker Cups 1975 war am Vormittag des zweiten Tages der erfahrene William C. Campbell zusammen mit John Grace für den Vierer eingeteilt. Sie kamen ziemlich früh zum ersten Abschlag, so dass sie noch etwas Zeit hatten. Sie hatten schon vereinbart, dass Grace auf den ungeraden Löchern abschlagen sollte, und so beschloss Campbell, die zusätzliche Zeit zu nutzen, um auf dem Übungsgrün ein paar Putts zu üben.

Als auswärtiges Team hatten Campbell und Grace die Ehre. Der Wind wehte heftig von Westen über die Bucht von St. Andrews, so dass die Ansage des Starters über den Beginn des Spiels von Campbell überhört wurde.

Als der Wind einen Moment nachließ, hörte Campbell das „Klick" des Abschlags von Grace, gerade als er einen Übungsputt spielen wollte. Er war aber nicht mehr in der Lage, den Schlag abzubrechen. Er hatte also während des Spielens eines Loches geübt. Sofort erkannte er automatisch den Regelverstoß und ging auf das Fairway zu einem Platzrichter, um diesem mitzuteilen, dass die USA das erste Loch verloren hatten (Regel 7-2 und Regel 29).

Der Platzrichter dieses Spiels nahm Campbells Äußerung zur Kenntnis, teilte dies aber nicht sofort den anderen Spielern mit. Obwohl das Spiel des Loches mit dem Verstoß gegen Regel 7-2 beendet war, durfte Campbell den zweiten Schlag seiner Seite spielen, einfach, um noch etwas mehr zu üben.

Als sie über die Brücke des Swilcan Burn gingen, erzählte Campbell Grace, was geschehen war. „Er konnte es gar nicht glauben, und das ist schon vorsichtig ausgedrückt", erinnert sich Campbell.

Die Amerikaner verloren das erste Loch und dann auch das Spiel an Mark James und Richard Eyles.

HÄUFIG GESTELLTE FRAGEN

Wer spielt den provisorischen Ball in einem Vierer-Wettspiel?
Besteht die Möglichkeit, dass der ursprüngliche Ball „Aus" oder verloren ist und wird dann ein provisorischer Ball gespielt, so muss dieser vom Partner gespielt werden, also nicht von dem, der den ursprünglichen Ball gespielt hatte.

REGEL 30

DREIBALL-, BESTBALL- UND VIERBALL-LOCHSPIEL

ERKLÄRUNGEN
Feststehende Begriffe sind kursiv geschrieben und alphabetisch im Abschnitt II „Erklärungen" aufgeführt (siehe Seiten 13-23).

30-1 ALLGEMEINES
Im *Dreiball-*, *Bestball-* und *Vierball*-Lochspiel gelten die *Golfregeln*, soweit sie nicht mit nachstehenden Sonderregeln in Widerspruch stehen.
30-2 Dreiball-Lochspiel

30-2 DREIBALL-LOCHSPIEL

a) Ball in Ruhe von Gegner bewegt oder absichtlich berührt
Zieht sich ein *Gegner* einen *Strafschlag* nach Regel 18-3b zu, zählt die Strafe nur für das Lochspiel mit dem Spieler, dessen Ball berührt oder *bewegt* wurde. In seinem Lochspiel mit dem anderen Spieler fällt keine Strafe an.

b) Ball von Gegner versehentlich abgelenkt oder aufgehalten
Wird der Ball eines Spielers von einem *Gegner*, dessen *Caddie* oder dessen *Ausrüstung* versehentlich abgelenkt oder aufgehalten, so ist das straflos. In seinem Lochspiel mit diesem *Gegner* darf der Spieler, bevor von einer *Partei* ein weiterer *Schlag* gemacht wird, den *Schlag* annullieren und straflos einen Ball so nahe wie möglich der Stelle spielen, von der der ursprüngliche Ball zuletzt gespielt wurde (siehe Regel 20-5) oder den Ball spielen, wie er liegt.

VIERBALL-LOCHSPIEL: REGELVERSTOSS EINES SPIELERS

Das Entfernen eines losen hinderlichen Naturstoffs aus dem Bunker würde den Spieler für dieses Loch disqualifizieren. Der Spieler bleibt jedoch straffrei, wenn dieser Regelverstoß nicht das Spiel des Partners unterstützt – siehe Regel 30-3f.

In seinem Lochspiel mit dem anderen *Gegner* muss der Ball gespielt werden, wie er liegt.

Ausnahme:
Trifft ein Ball die Person, die den *Flaggenstock* bedient, hochhält oder irgendetwas, was von ihr getragen wird – siehe Regel 17-3b.
(Ball von *Gegner* absichtlich abgelenkt oder aufgehalten – siehe Regel 1-2.)

30-3 BESTBALL- UND VIERBALL-LOCHSPIEL
a) Vertretung einer Partei
Ein *Partner* einer *Partei* darf das Lochspiel ganz oder teilweise allein spielen; es ist nicht erforderlich, dass sämtliche *Partner* zur Stelle sind. Ein fehlender *Partner* darf zwischen Löchern, nicht aber beim Spielen eines Lochs dazukommen.

b) Spielfolge
Die Bälle einer *Partei* dürfen in einer Reihenfolge nach deren Belieben gespielt werden.

c) Falscher Ball
Zieht sich ein Spieler die Strafe des Lochverlusts nach Regel 15-3a für einen *Schlag* nach einem falschen Ball zu, so **ist er für das Loch disqualifiziert**. Sein *Partner* zieht sich keine Strafe zu, auch dann nicht, wenn der *falsche Ball* ihm gehört. Gehört der *falsche Ball* einem anderen Spieler, so muss sein Besitzer einen Ball an der Stelle hinlegen, an der der *falsche Ball* zuerst gespielt worden war.
(Hin- und Zurücklegen – siehe Regel 20-3)

d) Strafen einer Partei
Eine *Partei* **zieht sich eine Strafe** für einen der nachfolgenden Verstöße durch einen der *Partner* zu:
- **Regel 4**   Schläger
- **Regel 6-4**   *Caddie*
- Jegliche Platzregel oder Wettspielbedingung, für die die Strafe in der Berichtigung des Stands des Lochspiels besteht.

DREIBALL-LOCHSPIEL

A: Klaus, mein Ball hat deinen Golfwagen getroffen. Was soll ich nun tun?
B: In deinem Lochspiel mit mir kannst du den Ball spielen, wie er liegt oder den Schlag wiederholen. In dem Lochspiel mit Hans musst du den Ball spielen, wie er liegt.
A: Das bedeutet, dass ich zwei Bälle zu gleicher Zeit im Spiel haben kann.
B: Das ist richtig. Regel 30–2b.

VIERBALL: EIN SPIELER DARF EINE PARTEI ALLEIN VERTRETEN

Im Vierball-Lochspiel darf ein Partner eine Partei für einen Teil der Runde oder für das komplette Spiel allein vertreten. Der abwesende Partner darf jeweils nach Beendigung eines Lochs dazu stoßen.

e) Disqualifikation einer Partei

(I) Eine *Partei* ist disqualifiziert, wenn einer der *Partner* sich die Strafe der Disqualifikation für einen der nachfolgenden Verstöße zuzieht:
- **Regel 1-3** Übereinkunft über Nichtanwendung von Regeln
- **Regel 4** Schläger
- **Regel 5-1 oder 5-2** Der Ball
- **Regel 6-2a** Vorgabe
- **Regel 6-4** *Caddie*
- **Regel 6-7** Unangemessene Verzögerung, langsames Spiel
- **Regel 11-1** Aufsetzen des Balls
- **Regel 14-3** Künstliche Hilfsmittel, ungebräuchliche *Ausrüstung* und ungebräuchliche Benutzung von *Ausrüstung*
- **Regel 33-7** Von der *Spielleitung* verhängte Disqualifikationsstrafe

(II) **Eine *Partei* ist disqualifiziert**, wenn alle *Partner* sich die Strafe der Disqualifikation nach einer der folgenden Regeln zuziehen:
- **Regel 6-3** Abspielzeit und Spielergruppen.
- **Regel 6-8** Spielunterbrechung.

(III) In allen anderen Fällen, in denen ein Regelverstoß die Strafe der Disqualifikation nach sich ziehen würde, **ist der Spieler nur für das betreffende Loch disqualifiziert**.

f) Auswirkung anderer Strafen

Unterstützt der Regelverstoß eines Spielers das Spiel seines *Partners* oder wirkt sich nachteilig auf das Spiel eines *Gegners* aus, so zieht sich der *Partner* **die zutreffende Strafe zusätzlich zu jeder Strafe des Spielers zu**. In allen anderen Fällen betrifft die Strafe, die sich ein Spieler für einen Regelverstoß zuzieht, nicht seinen *Partner*. Ist die Strafe Lochverlust, so wirkt sie sich als Disqualifikation des Spielers für dieses *Loch* aus.

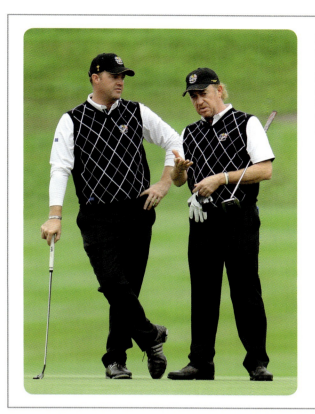

Peter Hanson berät sich mit seinem Partner, Miguel Angel Jimenez, beim Ryder Cup 2010. Nach Regel 30-3b darf im Lochspiel jede Partei über die Spielfolge ihrer Bälle entscheiden.

Regelfall

Während der Vierball-Lochspiele im Ryder Cup 2006 spielte die amerikanische Seite mit Tiger Woods und Jim Furyk gegen Darren Clarke und Lee Westwood vom europäischen Team. Als sie das 7. Loch im K-Club spielten, schlug Woods seinen zweiten Schlag in das Wasser hinter dem Grün und hatte danach nicht vor, das Loch zu Ende zu spielen, was im Lochspiel erlaubt ist. Von den verbleibenden drei Bällen war Clarke am weitesten vom Loch entfernt, aber Furyk wollte zuerst spielen. Obwohl er das Loch nicht zu Ende spielen wollte, war sein Ball im Wasser deutlich am weitesten vom Loch entfernt. Da Regel 30-3b festlegt, dass eine Partei in der Reihenfolge spielen darf, die sie für die beste hält, hatte Tiger „die Ehre" und Furyk war deshalb berechtigt, zuerst zu spielen. Die Amerikaner fragten, ob Woods den Ball erst fallen lassen müsse, da er den Ball im Wasser mit Sicherheit nicht spielen konnte. Der Platzrichter dieses Spiels bestätigte aber, dass der Bezugspunkt zur Bestimmung der Spielreihenfolge die Stelle ist, an der der Ball im Wasser liegt und nicht die, an der er fallen gelassen werden könne. Somit war ein Fallenlassen nicht nötig (siehe Anmerkung zu Regel 10-1b).

HÄUFIG GESTELLTE FRAGEN

In einem Vierball-Spiel kann der Spieler mit der niedrigsten Vorgabe nicht teilnehmen. Sollte der abwesende Partner bei der Berechnung der Vorgabenschläge unberücksichtigt bleiben?
Nein. Eine Partei kann durch einen Partner für das ganze Spiel oder einen Teil des Spiels vertreten werden. Bei der Bestimmung der Vorgabenschläge sollten die Vorgaben der drei Spieler um die Vorgabe des abwesenden Spielers reduziert werden.

REGEL 31

ERKLÄRUNGEN
Feststehende Begriffe sind kursiv geschrieben und alphabetisch im Abschnitt II „Erklärungen" aufgeführt (siehe Seiten 13-23).

VIERBALL-ZÄHLSPIEL

31-1 ALLGEMEINES
Im *Vierball*-Zählspiel gelten die *Golfregeln*, soweit sie nicht mit nachstehenden Sonderregeln in Widerspruch stehen.

31-2 VERTRETUNG EINER PARTEI
Jeder der *Partner* einer *Partei* darf die *festgesetzte Runde* ganz oder teilweise allein spielen; es ist nicht erforderlich, dass beide *Partner* zur Stelle sind. Ein fehlender *Bewerber* darf zwischen Löchern, nicht aber beim Spielen eines Lochs zu seinem *Partner* dazukommen.

31-3 AUFSCHREIBEN DER SCHLAGZAHL
Der *Zähler* muss für jedes Loch nur die Brutto-Schlagzahl desjenigen *Partners* aufschreiben, dessen Schlagzahl zu werten ist. Die zu wertenden Brutto-Schlagzahlen müssen jedem *Partner* einzeln so zugeschrieben werden, dass der gewertete *Partner* für jedes Loch feststellbar ist; **anderenfalls ist die Partei disqualifiziert.** Nur einer der *Partner* braucht die Verantwortung für Einhaltung von Regel 6-6b zu tragen.
(Falsche Schlagzahl – siehe Regel 31-7a.)

31-4 SPIELFOLGE
Die Bälle einer *Partei* dürfen in einer Reihenfolge nach deren Belieben gespielt werden.

31-5 FALSCHER BALL
Verstößt ein *Bewerber* gegen Regel 15-3b weil er einen *Schlag* nach einem falschen Ball macht, so **zieht er sich die *Strafe* von zwei *Schlägen* zu**, und muss seinen Fehler berichtigen, in dem er den richtigen Ball spielt oder nach den *Regeln* verfährt. Sein *Partner* zieht sich keine Strafe zu, auch dann nicht, wenn der *falsche Ball* ihm gehört.

Gehört der *falsche Ball* einem anderen *Bewerber*, so muss sein Besitzer einen Ball an der Stelle hinlegen, an der der *falsche Ball* zuerst gespielt worden war.
(Hin- und Zurücklegen – siehe Regel 20-3)

31-6 STRAFEN EINER PARTEI
Eine *Partei* **zieht sich eine Strafe** für einen der nachfolgenden Verstöße durch einen der *Partner* **zu**:
- **Regel 4** Schläger
- **Regel 6-4** *Caddie*
- Jegliche Platzregel oder Wettspielbedingung, für die es eine höchstzulässige Strafe für die Runde gibt.

VIERBALL- ZÄHLSPIEL

Date: 3RD APRIL 2011
Competition: SPRING OPEN FOUR-BALL
PLAYER A: J. SUTHERLAND   Handicap: 16   Strokes: 12
PLAYER B: W. B. TAYLOR   Handicap: 12   Strokes: 9

Hole	Length Yards	Par	Stroke Index	Gross Score A	Gross Score B	Net Score A	Net Score B	Won X Lost – Half O	Mar. Score	Hole	Length Yards	Par	Stroke Index	Gross Score A	Gross Score B	Net Score A	Net Score B	Won X Lost – Half O	Mar. Score
1	437	4	4		4		3			10	425	4	3	5			4		
2	320	4	14		4		4			11	141	3	17	3		3			
3	162	3	18		4		4			12	476	5	9	6		5			
4	504	5	7	6		5				13	211	3	11		4		4		
5	181	3	16	4		4				14	437	4	5	5			4		
6	443	4	2		5		4			15	460	4	1	5			4		
7	390	4	8		5		4			16	176	3	15	4		4			
8	346	4	12	5		4				17	340	4	13		4		4		
9	340	4	10	4		3				18	435	4	6	6		5			
Out	3123	35				35				In	3101	34				37			
										Out	3123	35				35			
										T'tl	6224	69				72			
										Handicap									
										Net Score									

Player's Signature: J. Sutherland
Marker's Signature: R. J. Parker

Die Ergebnisse der Partner müssen unterscheidbar sein.

1 Das niedrigere Ergebnis der Partner ist das Ergebnis für das Loch (Regel 31).

2 Nur einer der Partner muss entsprechend Regel 6–6b für das Aufschreiben der Schlagzahlen, das Nachprüfen der Schlagzahlen, das Unterzeichnen und die Rückgabe der Zählkarte verantwortlich sein (Regel 31–4).

3 Der Bewerber ist allein für die Richtigkeit der Bruttoschlagzahlen auf der Zählkarte verantwortlich. Der Bewerber oder sein Zähler müssen die Nettoschlagzahlen nicht aufschreiben. Es liegt in der Verantwortung der Spielleitung, die Schlagzahl des besten Balles an jedem Loch zu ermitteln, die Schläge zu addieren und die Vorgaben zu berücksichtigen (Regel 33–5). Demzufolge ist es straflos, wenn der Bewerber oder sein Zähler eine falsche Nettoschlagzahl aufschreibt.

4 Schlagzahlen der Partner müssen in unterschiedliche Spalten eingetragen werden, da es sonst für die Spielleitung unmöglich ist, die richtige Vorgabe anzuwenden. Sind die Ergebnisse der Partner (bei unterschiedlicher Vorgabe) in die gleiche Spalte eingetragen, bleibt der Spielleitung nichts anderes übrig, als die Partner zu disqualifizieren (Regel 31–7 und 6–6).

5 Die Spielleitung ist verantwortlich für die Ausschreibungsbedingungen (Regel 33–1), einschließlich der Berücksichtigung der Vorgaben. In der obigen Abbildung wird mit 3/4 der Vorgabe gespielt.

31-7 STRAFEN DER DISQUALIFIKATION
a) Regelverstoß eines Partners
Eine *Partei* **ist von dem Wettspiel disqualifiziert**, wenn einer der *Partner* sich die Strafe der Disqualifikation nach einer der folgenden Regeln zuzieht:
- **Regel 1-3** Übereinkunft über Nichtanwendung von Regeln.
- **Regel 3-4** Regelverweigerung
- **Regel 4** Schläger
- **Regel 5-1 oder 5-2** Der Ball
- **Regel 6-2b** Vorgabe
- **Regel 6-4** *Caddie*
- **Regel 6-6b** Zählkarte unterschreiben und einreichen
- **Regel 6-6d** Falsche Schlagzahl für das Loch
- **Regel 6-7** Unangemessene Verzögerung, langsames Spiel
- **Regel 7-1** Üben vor oder zwischen Runden
- **Regel 10-2c** Parteien einigen sich, außer Reihenfolge zu spielen
- **Regel 11-1** Aufsetzen des Balls
- **Regel 14-3** Künstliche Hilfsmittel, ungebräuchliche *Ausrüstung* und ungebräuchliche Benutzung von *Ausrüstung*
- **Regel 22-1** Ball unterstützt Spiel
- **Regel 31-3** Die zu wertenden Brutto-Schlagzahlen nicht einzeln zugeschrieben
- **Regel 33-7** Von der *Spielleitung* verhängte Disqualifikationsstrafe
-

b) Regelverstoß beider Partner
Eine *Partei* **ist für das Wettspiel disqualifiziert**
- (I) wenn sich jeder *Partner* für einen Verstoß gegen Regel 6-3 (Abspielzeit und Spielergruppen) oder Regel 6-8 (Spielunterbrechung) die Strafe der Disqualifikation zuzieht, oder
- (II) wenn jeder *Partner* am selben Loch einen Regelverstoß begeht, der mit Disqualifikation von Loch oder Wettspiel bestraft wird.

c) Nur für das Loch
In allen anderen Fällen wirkt sich ein Regelverstoß, der zur Disqualifikation führt, **nur als Disqualifikation des** *Bewerbers* **für das betreffende Loch** aus.

31-8 AUSWIRKUNG ANDERER STRAFEN
Unterstützt der Regelverstoß eines *Bewerbers* das Spiel seines *Partners*, **so zieht sich der Partner die zutreffende Strafe zusätzlich zu jeder Strafe des Bewerbers zu**.

In allen anderen Fällen betrifft die Strafe, die sich ein *Bewerber* für einen Regelverstoß zuzieht, nicht seinen *Partner*.

REGEL 32

WETTSPIELE GEGEN PAR UND NACH STABLEFORD

ERKLÄRUNGEN
Feststehende Begriffe sind kursiv geschrieben und alphabetisch im Abschnitt II „Erklärungen" aufgeführt (siehe Seiten 13-23).

32-1 SPIELBEDINGUNGEN

Wettspiele gegen Par und nach Stableford sind Zählspielarten, bei denen gegen ein festgesetztes Ergebnis (gegen das Par bzw. Netto-Par) jedes Lochs gespielt wird. Es gelten die *Regeln* des Zählspiels, soweit sie nicht mit nachstehenden Sonderregeln in Widerspruch stehen.

In Vorgabe-Wettspielen gegen Par und nach Stableford hat der *Bewerber* mit dem niedrigsten Nettoergebnis an einem *Loch* die *Ehre* auf dem nächsten *Abschlag*.

a) Wettspiele gegen Par

Im Wettspiel gegen Par wird wie im Lochspiel gerechnet. Ein Loch, an dem ein *Bewerber* kein Ergebnis erzielt, gilt als verlorenes Loch. Gewinner ist der *Bewerber* mit dem besten Gesamtergebnis der Löcher.

Der *Zähler* ist nur für das Aufschreiben der Brutto-Schlagzahlen für jedes Loch verantwortlich, an dem der *Bewerber* eine Schlagzahl (bzw. eine Netto-Schlagzahl) gleich oder unter Par erzielt.

> **ANMERKUNG 1:**
> Das Ergebnis des *Bewerbers* wird durch den Abzug von einem oder mehrerer Löcher nach der anwendbaren Regel angepasst, wenn eine andere Strafe als die der Disqualifikation für Nachfolgendes anfällt:
> - Regel 4   Schläger
> - Regel 6-4   *Caddie*
>
> Jegliche Platzregel oder Wettspielbedingung, für die es eine höchstzulässige Strafe für die Runde gibt.
>
> Der *Bewerber* ist dafür verantwortlich, den Sachverhalt des betreffenden Verstoßes der *Spielleitung* zu melden, bevor er seine Zählkarte einreicht, so dass die *Spielleitung* die Strafe auferlegen kann. Versäumt der *Bewerber*, seinen Verstoß der *Spielleitung* zu melden, **so ist er disqualifiziert.**
>
> **ANMERKUNG 2:**
> Verstößt der *Bewerber* gegen Regel 6-3a (Abspielzeit), trifft aber spielbereit innerhalb von fünf Minuten nach seiner Abspielzeit am Ort seines Starts ein, oder verstößt er gegen Regel 6-7 (Unangemessene Verzögerung, langsames Spiel), wird die *Spielleitung* ein Loch vom Gesamtergebnis der Löcher abziehen. Für einen wiederholten Verstoß gegen Regel 6-7, siehe Regel 32-2a.

b) Wettspiele nach Stableford

Im Stableford-Wettspiel wird nach Punkten gerechnet, die im Verhältnis zu einem festgesetzten Ergebnis (zum Par bzw. Netto-Par) an jedem *Loch* vergeben werden, und zwar folgendermaßen:

Ergebnis (Loch gespielt mit)	Punkte
Mehr als eins über dem festgesetzten Ergebnis (Par) oder kein Ergebnis	0
Eins über dem festgesetzten Ergebnis (Par)	1
Festgesetztes Ergebnis (Par)	2
Eins unter dem festgesetzten Ergebnis (Par)	3
Zwei unter dem festgesetzten Ergebnis (Par)	4
Drei unter dem festgesetzten Ergebnis (Par)	5
Vier unter dem festgesetzten Ergebnis (Par)	6
usw.	

Gewinner ist der *Bewerber* mit den meisten Punkten.

Der *Zähler* ist nur für das Aufschreiben der Brutto-Schlagzahlen für jedes *Loch* verantwortlich, an dem der *Bewerber* einen oder mehrere Punkte (bzw. Netto-Punkte) erzielt.

ANMERKUNG 1:
Verstößt ein *Bewerber* gegen eine Regel, für die es eine höchstzulässige Strafe für die Runde gibt, so muss er den Sachverhalt der *Spielleitung* melden, bevor er seine Zählkarte einreicht. Versäumt er dies, **ist er disqualifiziert**. Die *Spielleitung* wird von der erzielten Gesamtpunktzahl dieser Runde **zwei Punkte für jedes Loch** abziehen, an dem ein **Verstoß** erfolgte, **höchstens jedoch vier Punkte pro Runde für jede Regel, gegen die verstoßen wurde.**

ANMERKUNG 2:
Verstößt der *Bewerber* gegen Regel 6-3a (Abspielzeit), trifft aber spielbereit innerhalb von fünf Minuten nach seiner Abspielzeit am Ort seines Starts ein, oder verstößt er gegen Regel 6-7 (Unangemessene Verzögerung, langsames Spiel), **wird die *Spielleitung* zwei Punkte von der erzielten Gesamtpunktzahl der Runde abziehen.** Für einen wiederholten Verstoß gegen Regel 6-7, siehe Regel 32-2a.

ANMERKUNG 3:
Um langsamen Spiel vorzubeugen, darf die *Spielleitung* in den Wettspielbedingungen (Regel 33-1) Richtlinien für das Spieltempo erlassen, einschließlich zulässiger Höchstzeiten zur Vollendung einer festgesetzten Runde, eines Lochs oder eines Schlags.

Die *Spielleitung* darf in einer solchen Wettspielbedingung die Strafe für einen Verstoß gegen diese Regel wie folgt abändern:

Erster Verstoß: Abzug von einem Punkt von der erzielten Gesamtpunktzahl der Runde;

Zweiter Verstoß: Abzug von weiteren zwei Punkten von der erzielten Gesamtpunktzahl der Runde;

Bei anschließendem Verstoß: Disqualifikation.

32-2 STRAFEN DER DISQUALIFIKATION
a) Vom Wettspiel

Ein *Bewerber* ist von dem Wettspiel disqualifiziert, wenn er sich die Strafe der Disqualifikation nach einer der folgenden Regeln zuzieht:

Regel 1-3 Übereinkunft über Nichtanwendung von Regeln

- **Regel 3-4** Regelverweigerung
- **Regel 4** Schläger
- **Regel 5-1 oder 5-2** Der Ball
- R**egel 6-2b** Vorgabe
- **Regel 6-3** Abspielzeit und Spielergruppen
- **Regel 6-4** *Caddie*
- **Regel 6-6b** Zählkarte unterschreiben und einreichen
- **Regel 6-6d** Falsche Schlagzahl für das Loch, z. B. wenn die aufgeschriebene Schlagzahl niedriger ist als die tatsächliche erzielte, außer dass der Verstoß gegen diese Regel straflos ist, wenn er sich nicht auf das Ergebnis des Lochs auswirkt
- **Regel 6-7** Unangemessene Verzögerung, langsames Spiel
- **Regel 6-8** Spielunterbrechung
- **Regel 7-1** Üben vor oder zwischen Runden
- **Regel 11-1** Aufsetzen des Balls
- **Regel 14-3** Künstliche Hilfsmittel, ungebräuchliche *Ausrüstung* und ungebräuchlich Benutzung von *Ausrüstung*
- **Regel 22-1** Ball unterstützt Spiel
- **Regel 33-7** Von der Spielleitung verhängte Disqualifikationstrafe

b) Für ein Loch

In allen anderen Fällen wirkt sich der Regelverstoß eines *Bewerbers*, der zu einer Disqualifikation führt, **nur als Disqualifikation für das betreffende Loch** aus.

Regelfall

Das Stableford-Format ist 1931 von Dr. Frank Barney Gorton Stableford entwickelt worden. Das heutzutage beliebte System des Erspielens von Punkten wurde zum ersten Mal 1932 im Wallasey & Royal Liverpool Golf Club gespielt.

Stableford, der selber mit einem Handicap von Null spielte, entwickelte das Punktesystem um zum Spielspaß für Golfer beizutragen, die unter schwierigen Bedingungen auf Links Courses an Zählspielen teilnahmen. Er wollte die Situation vermeiden, in der ein Spieler seine Zählkarte nach einem schlechten Ergebnis an einem Loch zu Beginn der Runde zerriss.

Das Ergebnis war das Stableford System und das erste danach gespielte Wettspiel am 16. Mai 1932 war ein sofortiger Erfolg.

HÄUFIG GESTELLTE FRAGEN

Wie wird in einem Stableford-Nettowettspiel die Ehre bestimmt?
Am ersten Loch ergibt sich die Ehre durch die Startliste. Danach wird die Ehre nach dem niedrigsten Nettoergebnis auf jedem einzelnen Loch bestimmt.

REGEL 33

ERKLÄRUNGEN
Feststehende Begriffe sind kursiv geschrieben und alphabetisch im Abschnitt II „Erklärungen" aufgeführt (siehe Seiten 13-23).

DIE SPIELLEITUNG

33-1 AUSSCHREIBUNG; AUSSERKRAFTSETZUNG VON GOLFREGELN

Die *Spielleitung* muss die Bedingungen festlegen, unter denen ein Wettspiel gespielt wird.

Die *Spielleitung* ist nicht befugt, eine Golfregel außer Kraft zu setzen.

Bestimmte Zählspielregeln sind von den Lochspielregeln so verschieden, dass die Verbindung beider Spielformen weder durchführbar noch zulässig ist. **Das Ergebnis eines Lochspiels, gespielt unter diesen Umständen, ist ungültig, und die Bewerber sind für das Zählwettspiel disqualifiziert.**

Im Zählspiel darf die *Spielleitung* die Aufgaben eines *Referees* einschränken.

33-2 DER PLATZ

a) Festlegung der Platz- und anderen Grenzen

Die *Spielleitung* muss genau bezeichnen
(I) den *Platz* und das *Aus*;
(II) die Grenzen von *Wasserhindernissen* und *seitlichen Wasserhindernissen*;
(III) *Boden in Ausbesserung*;
(IV) *Hemmnisse* und Bestandteile des *Platzes*.

b) Neue Löcher

Neue *Löcher* sollten an dem Tage, an dem ein Zählwettspiel beginnt, und im Übrigen nach Ermessen der *Spielleitung* gesetzt werden, wobei sicherzustellen ist, dass alle *Bewerber* in einer bestimmten Runde alle *Löcher* an gleicher Stelle spielen.

Wenn der Platz „unbespielbar" ist, kann die Spielleitung das Spiel unterbrechen. Nur im Zählspiel kann die Spielleitung, wenn weiteres Spiel unmöglich ist, das Spiel annullieren und abbrechen.

Ausnahme:
Ist es unmöglich, ein beschädigtes *Loch* so wieder herzustellen, dass es der Erklärung „*Loch*" entspricht, so darf die *Spielleitung* in naher, gleichartiger Lage, ein neues *Loch* setzen lassen.

ANMERKUNG:
Geht ein und dieselbe Runde über mehr als einen Tag, so darf die *Spielleitung* in der Ausschreibung (Regel 33-1) bestimmen, dass *Löcher* und *Abschläge* an jedem Tag des Wettspiels anders gelegen sein dürfen, sofern sich für alle *Bewerber* am jeweiligen Tag sämtliche *Löcher* und *Abschläge* an gleicher Stelle befinden.

c) Übungsfläche

Wo eine Übungsfläche außerhalb der Fläche eines Wettspielplatzes nicht zur Verfügung steht, sollte die *Spielleitung*, wenn durchführbar, die Fläche bestimmen, auf der Spieler an jedem Tag eines Wettspiels üben dürfen. Normalerweise sollte die *Spielleitung* an keinem Tag eines Zählwettspiels das Spielen auf einem bzw. auf ein *Grün* oder aus einem *Hindernis* des Wettspielplatzes gestatten.

d) Platz unbespielbar

Sind die *Spielleitung* oder deren Befugte der Auffassung, dass der *Platz* aus irgendeinem Grund unbespielbar oder nach den Umständen ordnungsgemäßes Spielen unmöglich ist, so darf sie im Lochspiel oder Zählspiel eine zeitlich begrenzte Spielaussetzung anordnen oder im Zählspiel das Spiel für nichtig erklären und die Schlagzahlen der betreffenden Runde annullieren. Wird eine Runde annulliert, so sind auch sämtliche Strafen dieser Runde annulliert.
(Verfahren bei Spielunterbrechung und Wiederaufnahme des Spiels – siehe Regel 6-8.)

33-3 ABSPIELZEITEN UND SPIELERGRUPPEN

Die *Spielleitung* muss die Abspielzeiten festlegen und im Zählspiel die Gruppen aufstellen, in denen die *Bewerber* spielen müssen.

Wird ein Lochspielwettbewerb über einen längeren Zeitraum ausgetragen, so legt die *Spielleitung* die Frist fest, innerhalb der jede Runde beendet sein muss. Ist den Spielern gestattet, den Termin ihres Lochspiels innerhalb dieser Fristen frei zu vereinbaren, so sollte die *Spielleitung* ankündigen, dass das Lochspiel zur festgesetzten Zeit am letzten Tag der Frist gespielt werden muss, sofern sich die Spieler nicht auf einen früheren Termin einigen.

33-4 VORGABENVERTEILUNG

Die *Spielleitung* muss die Verteilung der Vorgaben auf die Löcher bekannt geben.

33-5 ZÄHLKARTE

Im Zählspiel muss die *Spielleitung* für jeden *Bewerber* eine Zählkarte mit Datum und dem Namen des *Bewerbers* bzw. im *Vierer*- oder *Vierball*-Zählspiel die Namen der *Bewerber* ausgeben.

Im Zählspiel ist die *Spielleitung* für das Zusammenzählen der Schlagzahlen und die Anrechnung der auf der Karte eingetragenen Vorgabe verantwortlich.

Im *Vierball*-Zählspiel ist die *Spielleitung* für die Wertung des besseren Balls pro *Loch* und für die Anrechnung der auf der Zählkarte eingetragenen Vorgaben sowie für das Zusammenzählen der Schlagzahlen des besseren Balls verantwortlich.

In Par- und Stableford-Wettspielen ist die *Spielleitung* für die Anrechnung der auf der Zählkarte eingetragenen Vorgabe und für die Feststellung des Ergebnisses an jedem *Loch* sowie des Gesamtergebnisses bzw. des Gesamtpunktergebnisses verantwortlich.

> **ANMERKUNG:**
> Die *Spielleitung* kann dazu auffordern, dass jeder *Bewerber* selbst das Datum und seinen Namen auf seiner Zählkarte einträgt.

33-6 ENTSCHEIDUNG BEI GLEICHEN ERGEBNISSEN

Die *Spielleitung* muss Art, Tag und Zeit des Stechens bei halbiertem Lochspiel oder Gleichstand im Zählspiel sowie Stechen mit oder ohne Vorgabe ankündigen.

Bei halbiertem Lochspiel darf nicht durch Zählspiel gestochen werden. Bei Gleichstand im Zählspiel darf nicht durch Lochspiel gestochen werden.

33-7 STRAFE DER DISQUALIFIKATION; ERMESSEN DER SPIELLEITUNG

Eine Strafe der Disqualifikation darf in besonders gelagerten Einzelfällen aufgehoben, abgeändert oder verhängt werden, wenn es die *Spielleitung* für gerechtfertigt hält.

Keinerlei geringere Strafe als Disqualifikation darf aufgehoben oder abgeändert werden. Ist die *Spielleitung* der Meinung, dass ein Spieler einen schwerwiegenden Etiketteverstoß begangen hat, so darf sie die Strafe der Disqualifikation nach dieser Regel verhängen.

33-8 PLATZREGELN
a) Grundsätzliches
Die *Spielleitung* darf Platzregeln für örtlich außergewöhnliche Umstände erlassen, sofern sie mit den Grundsatzbestimmungen, wie sie aus dem Anhang I dieser Golfregeln hervorgehen, vereinbar sind.

b) Außerkraftsetzen oder Abändern einer Regel
Eine *Golfregel* darf nicht durch eine Platzregel außer Kraft gesetzt werden. Beeinträchtigen jedoch örtlich außergewöhnliche Umstände reguläres Golfspielen in einem Ausmaß, dass von der *Spielleitung* die Abänderung von *Regeln* durch eine Platzregel als erforderlich erachtet wird, so muss für diese Platzregel die Zustimmung des *R&A* (über den Deutschen Golf Verband) eingeholt werden.

Regelfall

Die Bedeutung von Regel 33-6 (Bestimmung des Stechens bei gleichen Ergebnissen vor Beginn der Zählspielrunde) wurde in den Damen-Amateur-Weltmeisterschaften 2006 in Stellenbosch (Südafrika) deutlich. Die zweijährig stattfindenden Meisterschaften haben Mannschaften aus drei Spielern, die über vier Tage Zählspiel spielen. Die besten zwei Ergebnisse der Mannschaftsspieler je Tag zählen. Da es dunkel wurde, konnte ein Mannschaftsstechen auf dem Platz nicht stattfinden und es war notwendig, ein Verfahren zur Entscheidung bei gleichen Ergebnissen festzulegen, falls zwei Mannschaften gemeinsam auf dem ersten Platz lägen.

Zu Ende der Meisterschaft lagen die Mannschaften aus Schweden und Südafrika mit 10 unter Par gleichauf, wodurch ein Stechen notwendig wurde. Bei zwei oder mehr gleichen Ergebnissen für den ersten Platz wurde zur Bestimmung der Reihenfolge zuerst das Streichergebnis für die Schlussrunde gewertet. Das Streichergebnis des letzten Tages für Südafrika und Schweden war jedoch jeweils eine 75, und deshalb musste das Strechergebnis der dritten Runde genomen werden. Das Streichergebnis von Südafrika am dritten Tag war eine 73 und das von Schweden eine 77, und so gewannen die südafrikanischen Spielerinnen die

Erst nach der außergewöhnlichen Berücksichtigung der südafrikanischen und schwedischen Streichergebnisse des dritten Tages konnte die Spielleitung Südafrika als Sieger der Damen-Amateur-Weltmeisterschaft 2006 bestimmen.

Meisterschaft. Dies unterstrich die Bedeutung eines vollständigen Verfahrens zur Ermittlung des Siegers bei gleichen Ergebnissen.

An der Küste des Michigan Sees gelegen, ist Whistling Straits berühmt für seine Bunker. Wie gemeldet wird, verfügt der Platz über 1200 Bunker, die Dustin Johnson die Chance auf einen Platz im Stechen der US PGA Championship 2010 gekostet haben.

Obwohl viele der Bunker sich außerhalb der Zuschauerabsperrungen befanden, besagte die Platzregel für die US PGA Championship, dass alle Bereiche des Platzes, die als Bunker entworfen und gebaut worden sind, nach den Bunkerregeln gespielt werden mussten. Folglich mussten in Regel 13-4 verbotenen Handlungen beachtet werden, wenn ein Ball im Bunker lag. Diese Regelung galt trotz der Tatsache, dass die Bunker außerhalb der Absperrungen zweifellos Fußspuren und Unebenheiten durch die vielen hindurch gelaufenen Golffans beinhalten würden. Die Platzregel beinhaltete, dass es keine straflosen Erleichterungen von diesen Unebenheiten in Bunkern geben würde.

Durch die einzigartige Art der Bunker legte der Regelausschuss der PGA besonderen Wert darauf, alle Spieler über diese Platzregel zu informieren um sicher zu stellen, dass sich alle über den Status der Bunker bewusst sind. Bei der Auflistung der Platzregeln stand diese Regel an erster Stelle und Kopien der Platzregeln wurden an allen bedeutenden Stellen im Clubhaus und rings umher verteilt sowie durch den Starter jedem Spieler an jedem Wettspieltag am ersten Abschlag ausgehändigt.

Es war daher sehr bedauerlich, dass Dustin Johnson es nicht wahrgenommen hatte, dass sein Abschlag am 72. Loch ein einem dieser Bunker gelandet war. Durch das Aufsetzen seines Schlägers im Sand brach Johnson Regel 13-4b und zog sich zwei Strafschläge zu, die ihn das Erreichen des Stechens um einen Schlag verpassen ließen.

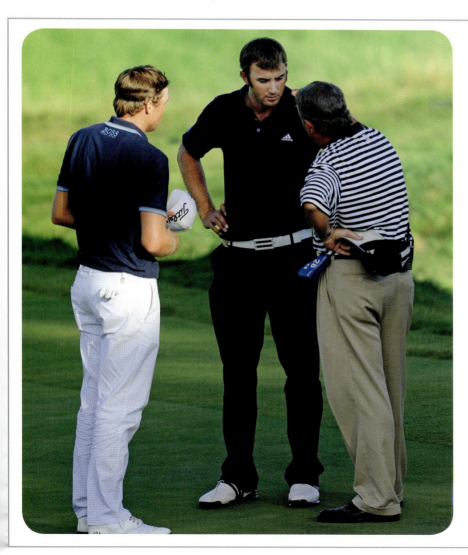

Nach Beendigung ihrer Runde spricht Dustin Johnson mit David Price, einem Vorsitzenden des Regelausschusses der PGA of Amerika, während Nick Watney zusieht. Johnson erhielt Strafschläge für das Aufsetzen seines Schlägers im Bunker des 72. Lochs. Wie in einer Platzregel festgelegt worden war, gehörte der Sand, in dem der Ball lag, zum Bunker.

HÄUFIG GESTELLTE FRAGEN

Kann ein Spieler disqualifiziert werden, falls er sein Ergebnis oder seine Stablefordpunkte auf der Zählkarte falsch oder nicht addiert hat?

Ein Bewerber ist für die Richtigkeit der Ergebnisse jedes einzelnen Lochs verantwortlich (Regel 6-6d) und die Spielleitung ist für die Addition der Ergebnisse oder Punkte verantwortlich (Regel 33-5). Wird ein Gesamtergebnis vom Spieler falsch eingetragen, ist es die Aufgabe der Spielleitung, dies straflos zu ändern.

Darf ich ein Golfcart benutzen?

Ein Spieler darf ein Golfcart in einem Wettspiel benutzen, es sei denn, die Benutzung eines Golfcarts wäre von der Spielleitung in der Ausschreibung untersagt worden.

Der R&A möchte Spieler mit gesundheitlichen Problemen ermutigen, Golf zu spielen, wenn sie es irgendwie können. Es ist jedoch notwendig, dass sich die Golfclubs um das Thema der Benutzung von Golfcarts kümmern und um die Aspekte der Gesundheit, Sicherheit wie auch die Wetter- und Platzbedingungen. Sie sollten ebenfalls entscheiden, ob die topografische Beschaffenheit des Platzes die Benutzung von Golfcarts verhindert.

Wenn eine Spielleitung die Benutzung von Golfcarts zulässt, mag sie hierzu Richtlinien aufstellen, die die Benutzung einschränken, so z. B. die Beschränkung auf Spieler mit einem ärztlichen Attest oder für Spieler mit einem bestimmten Mindestalter, die aufgrund von altersbedingten physischen Einschränkungen anderenfalls nicht am Wettspiel teilnehmen könnten.

Es ist Aufgabe der einzelnen Golfclubs und Spielleitungen, dies zu entscheiden und sich separat über die rechtliche Situation zu informieren. Es wäre wichtig für Golfclubs, sich des Themas der Diskriminierung Behinderter und aller Richtlinien der Regierung oder ähnlicher Stellen dazu bewusst zu sein.

Lässt ein Golfclub die Benutzung von Golfcarts zu, so wäre es ratsam, für den Fall eines Unfalls oder Verletzungen durch die Benutzung eines Golfcarts auf das Vorhandensein einer entsprechenden Versicherung zu achten.

Darf ein Jugendlicher in Clubwettspielen für Erwachsene spielen und dort Preise gewinnen?

Es liegt in der Verantwortung der Spielleitung des jeweiligen Wettspiels, die Bedingungen festzulegen, unter denen das Wettspiel gespielt wird (Regel 33-1). Hierzu gehört z. B. der Kreis der Teilnehmer, Höchstvorgaben, Alter, Geschlecht, Spielform usw. Deshalb bestimmt auch die Spielleitung, ob Jugendliche an bestimmten Wettspielen teilnahmeberechtigt sind oder nicht.

Ist der Spieler für das Ausfüllen der Zählkarte hinsichtlich der Wettspieldetails, des Datums usw. verantwortlich?

Es liegt in der Verantwortung der Spielleitung jedem Spieler eine Zählkarte mit seinem Namen und dem Datum des Wettspiels zu geben (Regel 33-5). Eine Spielleitung darf die Spieler aber bitten, diese Informationen zu vervollständigen, um bei der Abwicklung des Wettspiels zu helfen, aber sie kann die Spieler nicht zwingen, dies zu tun. Letztlich ist es Aufgabe der Spielleitung, dies zu tun und ein Spieler kann nicht dafür bestraft werden, es nicht zu tun.

REGEL 34

ENTSCHEIDUNG IN STRITTIGEN FÄLLEN

ERKLÄRUNGEN
Feststehende Begriffe sind kursiv geschrieben und alphabetisch im Abschnitt II „Erklärungen" aufgeführt (siehe Seiten 13-23).

34-1 BEANSTANDUNGEN UND STRAFEN

a) Lochspiel

Ist eine Beanstandung nach Regel 2-5 bei der *Spielleitung* anhängig geworden, so sollte eine Entscheidung so bald wie möglich gefällt werden, damit der Spielstand des Lochspiels, falls erforderlich, berichtigt werden kann. Wurde eine Beanstandung nicht in Übereinstimmung mit Regel 2-5 erhoben, so darf sie von der *Spielleitung* nicht berücksichtigt werden.

Die Verhängung der Strafe der Disqualifikation wegen Verstoßes gegen Regel 1-3 unterliegt keiner zeitlichen Beschränkung.

b) Zählspiel

Im Zählspiel darf keine Strafe aufgehoben, abgeändert oder verhängt werden, nachdem das Wettspiel beendet ist. Ein Wettspiel ist beendet, wenn das Ergebnis offiziell bekannt gegeben worden war oder bei Zählspielqualifikation mit nachfolgenden Lochspielen, wenn der Spieler in seinem ersten Lochspiel abgeschlagen hat.

Ausnahmen:
Die Strafe der Disqualifikation muss auch nach Beendigung des Wettspiels verhängt werden, wenn ein *Bewerber*

(I) gegen Regel 1-3 (Übereinkunft über Nichtanwendung von Regeln) verstoßen hat; oder

(II) eine Zählkarte einreiche, auf der er eine Vorgabe eingetragen hatte, von der er vor Beendigung des Wettspiels wusste, dass sie höher war als die ihm zustehende, und sich dies auf die Anzahl der erhaltenen Vorgabeschläge ausgewirkt hat (Regel 6-2b); oder

(III) für irgendein Loch aus irgendeinem Grund eine niedrigere als die tatsächlich benötigte Schlagzahl einreiche (Regel 6-6d), es sei denn, es war eine Strafe nicht mitgerechnet, der er sich vor Beendigung des Wettspiels nicht bewusst war; oder

(IV) vor Beendigung des Wettspiels wusste, dass er gegen irgendeine andere *Regel* verstoßen hatte, die mit Disqualifikation geahndet wird.

34-2 ENTSCHEIDUNG DES REFEREES

Ist ein *Referee* von der *Spielleitung* bestimmt, so ist seine Entscheidung endgültig.

34-3 ENTSCHEIDUNG DER SPIELLEITUNG

Ist kein *Referee* zur Stelle, so müssen die Spieler jede strittige oder zweifelhafte Einzelheit bezüglich der *Regeln* der *Spielleitung* vortragen, deren Entscheidung endgültig ist.

Gelangt die *Spielleitung* nicht zu einer Entscheidung, so kann sie die strittige oder zweifelhafte Einzelheit dem *R&A* vortragen, dessen Entscheidung endgültig ist.

Anmerkung:
Im Bereich des Deutschen Golf Verbandes ist die Anfrage grundsätzlich zuerst an dessen Regelausschuss zu richten, der sie nur im Zweifelsfalle an den *R&A* weiterleitet.

Wird die strittige oder zweifelhafte Einzelheit durch die *Spielleitung* nicht dem Deutschen Golf Verband vorgetragen, so können der oder die Spieler ersuchen, eine bestätigte Sachdarstellung durch einen hierzu beauftragten Vertreter der *Spielleitung* beim Deutschen Golf Verband vorzutragen, um eine Stellungnahme bezüglich der Richtigkeit der getroffenen Entscheidung zu erhalten. Der Bescheid wird diesem beauftragten Vertreter zugeleitet.

Wurde das Spiel nicht nach den *Golfregeln* durchgeführt, so trifft der Regelausschuss des Deutschen Golf Verbandes keine Entscheidung zu irgendeiner Frage.

Regelfall

34

Auf dem ersten Loch während der ersten Runde der US Women's Open 2009 war bei den Fernsehaufnahmen ersichtlich, dass Momoko Ueda's Ball sich bewegt hat, nachdem sie ihn auf dem Grün angesprochen hatten. In diesem Fall hätte Ueda sich Strafe nach Regel 18-2b zugezogen und hätte den Ball zurücklegen müssen.

Die USGA, Organisatiorin der US Women's Open, wurde einen Tag nach Beendigung des Wettspiels darüber informiert. Nach Regel 34-1b darf eine Strafe nicht mehr verhängt werden, nachdem ein Wettspiel beendet ist. Wenn die Spielleitung jedoch feststellen kann, dass ein Spieler bereits vor Beendigung des Wettspiels davon wusste, dass eine zugezogene Strafe dem Score nicht hinzugezählt worden ist, so kann nach Beendigung des Wettspiels die Disqualifikation verhängt werden.

Der Regelausschuss der US Open war daher verpflichtet, Ueda zu fragen, ob sie vor Beendigung des Wettspiels von der Strafe für die Bewegung des Balls gewusst hatte. Ueda gab an, sie wäre sich der Situation des möglichen Regelverstoßes erst am Tag nach Beendigung des Wettspiels bewusst geworden und hätte es zuvor nicht gewusst. Infolgedessen konnte keine Strafe mehr verhängt werden.

HÄUFIG GESTELLTE FRAGEN

Wie sind die Regeln für Vierer mit Auswahldrive und Scramble?

Dies sind keine anerkannten Spielformen und deshalb sind sie nicht in den Regeln enthalten. Deshalb ist es Sache der Spielleitung, alle auftretenden Fragen dazu endgültig zu entscheiden (Regel 34-3).

Wann ist ein Rekordergebnis offiziell ein Platzrekord?

Der Begriff „Platzrekord" wird in den Golfregeln nicht erklärt. Es ist deshalb Sache der Spielleitung, ob sie ein Ergebnis als Platzrekord akzeptiert.

Es wird empfohlen, ein Rekordergebnis nur anzuerkennen, wenn es in einem Einzel-Zählspiel (nicht in Wettspielen nach Stableford oder Gegen Par) erzielt wurde, die Löcher und Abschläge in den Positionen waren, die bei Meisterschaften üblich sind und nicht mit Besserlegen gespielt wurde.

Momoko Ueda spielte in der US open 2009. Erst am Tag nach der Bekanntgabe der Ergebnisse kam der Spielleitung ein möglicher Regelverstoß zur Kenntnis.

ANHANG

ANHANG I

Platzregeln, Wettspielausschreibungen

TEIL A
Platzregeln — 170

1. Festlegung der Platz- und anderen Grenzen — 170
2. Wasserhindernisse — 170
   a. Seitliche Wasserhindernisse — 170
   b. Ball provisorisch nach Regel 26-1 gespielt — 170
3. Schonflächen auf dem Platz, Geschützte Biotope — 170
4. Platzzustand – Schlamm, übermäßige Nässe, erschwerte Umstände und Schonung des Platzes — 170
   a. Eingebetteten Ball aufnehmen, Reinigen — 170
   b. „Besserlegen" und „Winterregeln" — 170
5. Hemmnisse — 170
   a. Allgemeines — 170
   b. Steine in Bunkern — 170
   c. Straßen und Wege — 170
   d. Unbewegliche Hemmnisse nahe am Grün — 170
   e. Schutz junger Bäume — 170
   f. Zeitweilige Hemmnisse — 170
6. Drop-Zonen — 170

TEIL B
Musterplatzregeln — 171

1. Wasserhindernisse, Ball provisorisch nach Regel 26-1 gespielt — 171
2. Schonflächen auf dem Platz, geschützte Biotope — 171
   a. Boden in Ausbesserung, Spielen nicht gestattet — 171
   b. Geschützte Biotope — 171
   c. Aus — 172
3. Schutz junger Bäume — 172
4. Platzzustand – Schlamm, übermäßige Nässe, erschwerte Umstände und Schonung des Platzes — 172
   a. Erleichterung für eingebetteten Ball — 172
   b. Ball reinigen — 173
   c. „Besserlegen" und „Winterregeln" — 173
   d. Bodenbelüftungslöcher — 174
   e. Schnittkanten von Grassoden — 174
5. Steine in Bunkern — 174
6. Unbewegliche Hemmnisse nahe am Grün — 174
7. Zeitweilige Hemmnisse — 175
   a. Zeitweilige unbewegliche Hemmnisse — 175
   b. Zeitweilige Stromleitungen und Kabel — 177
8. Drop-Zonen — 177
9. Entfernungsmesser — 178

TEIL C
Wettspielausschreibung — 178

1. Spezifikation von Schlägern und Bällen — 178
   a. Verzeichnis zugelassener Driver-Köpfe — 178
   b. Verzeichnis zugelassener Bälle — 179
   c. Ein-Ball-Regelung — 179
2. Caddie — 179
3. Spieltempo — 180
4. Aussetzung des Spiels wegen Gefahr — 180
5. Üben — 180
   a. Allgemein — 180
   b. Zwischen dem Spielen von Löchern — 180
6. Belehrung in Mannschaftsspielen — 180
7. Neue Löcher — 180
8. Beförderung — 180
9. Dopingverbot — 181
10. Entscheidung bei gleichen Ergebnissen — 181
11. Auslosung bei Lochspielen; Allgemeine numerische Auslosung — 182

ANHANG II

Form von Schlägern — 183

1. Schläger — 184
   a. Allgemeines — 184
   b. Verstellbarkeit — 184
   c. Länge — 184
   d. Ausrichtung — 184
2. Schaft — 184
   a. Geradheit — 184
   b. Biegungs- und Torsionseigenschaften — 184
   c. Befestigung am Schlägerkopf — 184
3. Griff (siehe Abb. VII) — 184
4. Schlägerkopf — 186
   a. Glatte Form — 186
   b. Abmessungen, Volumen und Trägheitsmoment — 186
   c. Trampolineffekt und dynamische Eigenschaften — 187
   d. Schlagflächen — 188
5. Schlagfläche — 188
   a. Allgemeines — 188
   b. Aufrauung und Material der Treffzone — 188
   c. Prägungen in der Treffzone — 188
   d. Verzierende Markierungen — 188
   e. Markierungen auf nicht metallischen Schlagflächen — 188
   f. Schlagfläche von Puttern — 188

ANHANG III

Der Ball — 190

1. Allgemeines — 190
2. Gewicht — 190
3. Größe — 190
4. Symmetrie der Kugelform — 190
5. Anfangsgeschwindigkeit — 190
6. Gesamtlängenstandard — 190

ANHANG IV

Hilfsmittel und andere Ausrüstungen — 190

1. Tees — 190
2. Handschuhe — 190
3. Schuhe — 191
4. Kleidung — 191
5. Entfernungsmesser — 191

VORGABEN — 191

ANHANG I

Platzregeln
Wettspielausschreibungen

Erklärungen
Feststehende Begriffe sind *kursiv* geschrieben und alphabetisch im Abschnitt II „Erklärungen" aufgeführt (siehe Seiten 13–24).

TEIL A Platzregeln
Die *Spielleitung* darf nach Regel 33-8a Platzregeln für örtlich außergewöhnliche Umstände erlassen und bekannt geben, sofern sie mit den Grundsatzbestimmungen aus diesem Anhang vereinbar sind. Einzelheiten bezüglich zulässiger und unzulässiger Platzregeln gehen noch dazu aus den „Entscheidungen zu den Golfregeln" zu Regel 33-8 und den DGV-Vorgaben- und Spielbestimmungen hervor.

Beeinträchtigen örtlich außergewöhnliche Umstände reguläres Golfspielen und wird von der *Spielleitung* die Abänderung einer Golfregel als erforderlich erachtet, so muss die Zustimmung des R&A (über den Deutschen Golf Verband e. V.) eingeholt werden.

1 Festlegung der Platz- und anderen Grenzen
Darlegen, wie *Aus*, *Wasserhindernisse*, *seitliche Wasserhindernisse*, *Boden in Ausbesserung*, *Hemmnisse* und zum Bestandteil des *Platzes* erklärte Anlagen festgelegt wurden (Regel 33-2a).

2 Wasserhindernisse
a) Seitliche Wasserhindernisse
Klarstellen, welche Teile von *Wasserhindernissen seitliche Wasserhindernisse* sein sollen (Regel 26).

b) Ball provisorisch nach Regel 26-1 gespielt
Das Spielen eines *provisorischen Balls* nach Regel 26-1 für einen Ball zulassen, der in einem Wasserhindernis (einschließlich eines seitlichen *Wasserhindernisses*) sein kann, wenn das *Wasserhindernis* so beschaffen ist, dass, falls der ursprüngliche Ball nicht gefunden wird, es bekannt oder so gut wie sicher ist, dass er in dem *Wasserhindernis* ist, und dass es undurchführbar wäre, festzustellen, ob der Ball in dem *Wasserhindernis* ist, oder dies das Spiel unangemessen verzögern würde.

3 Schonflächen auf dem Platz, geschützte Biotope
Die Schonung des *Platzes* unterstützen, indem Sodenkulturen, Neuanpflanzungen, junge Pflanzen oder andere Kultivierungsflächen auf dem *Platz* zu *Boden in Ausbesserung* erklärt werden, von dem nicht gespielt werden darf.

Ist die *Spielleitung* gefordert, das Spielen in einem geschützten Biotop auf oder angrenzend an den *Platz* zu unterbinden, so sollte sie durch Platzregel das Erleichterungsverfahren klarstellen.

4 Platzzustand – Schlamm, übermäßige Nässe, erschwerte Umstände und Schonung des Platzes

a) Eingebetteten Ball aufnehmen und reinigen
Beeinträchtigen zeitweilige Bedingungen, einschließlich Schlamm und übermäßige Nässe, reguläres Golfspielen, so kann Erleichterung für einen eingebetteten Ball überall im *Gelände* gerechtfertigt sein, oder das Aufnehmen, Reinigen und Zurücklegen eines Balls überall im *Gelände*, oder im *Gelände* auf einer kurz gemähten Fläche, erlaubt werden.

b) „Besserlegen" und „Winterregeln"
Erschwerte Umstände, wie schlechter Platzzustand oder Verschlammung, können – vor allem im Winter – so verbreitet sein, dass die *Spielleitung* Erleichterung durch zeitweilige Platzregel zur Schonung des *Platzes* oder zur Gewährleistung gerechter und tragbarer Spielbedingungen gestatten darf. Diese Platzregel sollte außer Kraft gesetzt werden, sobald es die Umstände zulassen.

5 Hemmnisse

a) Allgemeines
Status von Gegenständen klarstellen, die *Hemmnisse* sein könnten (Regel 24).

Jede Art von Anlagen, wie künstliche Böschungen von *Grüns*, *Abschlägen* und *Bunkern*, die keine *Hemmnisse* sein sollen, zu Bestandteilen des *Platzes* erklären (Regeln 24 und 33-2a).

b) Steine in Bunkern
Entfernen von Steinen aus *Bunkern* erlauben, indem sie zu *beweglichen Hemmnissen* erklärt werden (Regel 24-1).

c) Straßen und Wege
(I) Künstlich angelegte Oberflächen und Begrenzungen von Straßen und Wegen zu Bestandteilen des *Platzes* erklären, oder
(II) Erleichterung im Sinne der Regel 24-2b von Straßen und Wegen ohne künstlich angelegte Oberflächen und Begrenzungen ermöglichen, wenn sie das Spiel in unbilliger Weise beeinträchtigen könnten.

d) Unbewegliche Hemmnisse nahe am Grün
Erleichterung bei Behinderung durch *unbewegliche Hemmnisse* ermöglichen, die auf dem oder innerhalb zweier Schlägerlängen vom *Grün* sind, wenn der Ball innerhalb *zweier Schlägerlängen* von einem solchen *Hemmnis* liegt.

e) Schutz junger Bäume
Erleichterung zum Schutz junger Bäume gewährleisten.

f) Zeitweilige Hemmnisse
Erleichterung bei Behinderung durch zeitweilige *Hemmnisse* (z. B. Tribünen, Fernsehkabel und -installationen usw.) gewährleisten.

6 Drop-Zonen
Flächen festlegen, auf denen Bälle fallen gelassen werden dürfen oder müssen, wenn es nicht angebracht oder nicht durchführbar ist, in genauer Übereinstimmung mit Regel 24-2b oder 24-3 (*unbewegliches Hemmnis*), Regel 25-1b oder 25-1c (*ungewöhnlich beschaffener Boden*), Regel 25-3 (*falsches Grün*), Regel 26-1 (*Wasserhindernisse* und *seitliche Wasserhindernisse*) oder Regel 28 (Ball unspielbar) zu verfahren.

TEIL B Musterplatzregeln

Entsprechend den Grundsatzbestimmungen im Teil A dieses Anhangs dürfen von der *Spielleitung* auf Zählkarten, in Bekanntmachungen oder durch Hinweis auf die betreffende Musterplatzregel diese als Platzregeln übernommen werden. Musterplatzregeln, die nur vorübergehende Gültigkeit haben, sollten nicht auf Zählkarten abgedruckt werden.

1 Wasserhindernisse; Ball provisorisch nach Regel 26-1 gespielt

Ist ein *Wasserhindernis* (einschließlich eines *seitlichen Wasserhindernisses*) so groß oder so geformt und/oder so gelegen, dass

(I) es undurchführbar wäre, festzustellen, ob der Ball in dem Hindernis ist oder würde dies das Spiel ungebührlich verzögern; und

(II) falls der ursprüngliche Ball nicht gefunden wird, es bekannt oder so gut wie sicher ist, dass er in dem Wasserhindernis ist,

so darf die *Spielleitung* eine Platzregel erlassen, die das Spielen eines provisorischen Balls nach Regel 26-1 erlaubt. Der Ball wird provisorisch nach einer der anwendbaren Wahlmöglichkeiten nach Regel 26-1 oder einer anwendbaren Platzregel gespielt. Wird auf solche Weise ein *provisorischer Ball* gespielt und ist der ursprüngliche Ball in einem *Wasserhindernis*, so darf der Spieler den ursprünglichen Ball spielen, wie er liegt oder den *provisorischen Ball* weiterspielen. Er darf jedoch nicht mit dem ursprünglichen Ball nach Regel 26-1 verfahren.

Unter diesen Umständen **wird folgende Platzregel empfohlen:**

„Ist es nicht sicher, ob ein Ball in dem *Wasserhindernis* <hier Ort angeben> ist oder darin verloren ist, so darf der Spieler einen anderen Ball provisorisch nach jeder der anwendbaren Wahlmöglichkeiten von Regel 26-1 spielen.

Wird der ursprüngliche Ball außerhalb des *Wasserhindernisses* gefunden, so muss der Spieler das Spiel mit ihm fortsetzen.

Wird der ursprüngliche Ball im *Wasserhindernis* gefunden, so darf der Spieler entweder den ursprünglichen Ball spielen, wie er liegt oder das Spiel mit dem provisorisch nach Regel 26-1 gespielten Ball fortsetzen.

Wird der ursprüngliche Ball nicht innerhalb der fünf Minuten Suchfrist gefunden oder identifiziert, muss der Spieler das Spiel mit dem *provisorischen* gespielten *Ball* fortsetzen.

STRAFE FÜR VERSTOSS GEGEN PLATZREGELN:
Lochspiel – Lochverlust;
Zählspiel – Zwei Schläge."

2 Schonflächen auf dem Platz; geschützte Biotope

a) Boden in Ausbesserung; Spielen nicht gestattet

Will die *Spielleitung* irgendeinen Platzbereich schonen, so sollte sie diesen zu *Boden in Ausbesserung* erklären, von dem nicht gespielt werden darf. **Folgende Platzregel wird empfohlen:**

„Der Platzbereich .... (kenntlich durch ....) ist *Boden in Ausbesserung*, von dem nicht gespielt werden darf. Liegt der Ball eines Spielers in diesem Bereich oder behindert solcher die *Standposition* oder den Raum des beabsichtigten Schwungs des Spielers, so muss der Spieler Erleichterung nach Regel 25-1 in Anspruch nehmen.

STRAFE FÜR VERSTOSS GEGEN PLATZREGELN:
Lochspiel – Lochverlust;
Zählspiel – Zwei Schläge."

b) Geschützte Biotope

Hat eine zuständige Behörde (z. B. eine Landesbehörde oder dergleichen) das Betreten und/oder Spielen in einem Landschaftsteil auf dem oder angrenzend an den *Platz* zum Zweck des Umweltschutzes verboten, so sollte die *Spielleitung* durch eine Platzregel das Erleichterungsverfahren klarstellen.

Die *Spielleitung* darf nach eigenem Ermessen das geschützte Biotop als *Boden in Ausbesserung*, als *Wasserhindernis* oder als *Aus* festlegen, jedoch darf sie diesen Landschaftsteil nicht als *Wasserhindernis* bezeichnen, wenn es sich gemäß der Erklärung „Wasserhindernis" um kein solches handelt. Die *Spielleitung* sollte bemüht sein, die Charakteristik des Lochs zu bewahren.

Folgende Platzregel wird empfohlen:

„I. Erklärung

Ein geschütztes Biotop ist ein Landschaftsteil, für den die zuständige Behörde das Betreten und/oder Spielen darin zum Zweck des Umweltschutzes verboten hat. Solche Landschaftsteile dürfen nach Ermessen der *Spielleitung* als *Boden in Ausbesserung*, *Wasserhindernis*, *seitliches Wasserhindernis* oder *Aus* festgelegt werden. Voraussetzung der Bezeichnung eines derartigen Landschaftsteils als *Wasserhindernis* bzw. *seitliches Wasserhindernis* ist dabei, dass es sich tatsächlich um Wasserhindernisse gemäß der Erklärung handelt.

ANMERKUNG

Die *Spielleitung* selbst ist nicht befugt, einen Landschaftsteil zu einem geschützten Biotop zu erklären.

II Ball in geschütztem Biotop

a) Boden in Ausbesserung

Ist ein Ball in einem geschützten Biotop, das als *Boden in Ausbesserung* bezeichnet wurde, so muss ein Ball nach Regel 25-1b fallen gelassen werden.

Ist es bekannt oder so gut wie sicher, dass ein Ball, der nicht gefunden wurde, in einem geschützten Biotop ist, das als *Boden in Ausbesserung* bezeichnet wurde, darf der Spieler straflose Erleichterung nach Regel 25-1c in Anspruch nehmen.

b) Wasserhindernisse oder seitliche Wasserhindernisse

Wird der Ball in einem geschützten Biotop gefunden, das als *Wasserhindernis* oder *seitliches Wasserhindernis* bezeichnet ist, oder ist es bekannt oder so gut wie sicher, dass ein Ball, der nicht gefunden wurde, darin ist, muss der Spieler nach Regel 26-1 verfahren und zieht sich einen *Strafschlag* zu.

ANMERKUNG

Rollt ein in Übereinstimmung mit Regel 26 fallen gelassener Ball in eine Lage, in der die *Standposition* oder der Raum des beabsichtigten Schwungs des Spielers durch das geschützte Biotop betroffen ist, muss der Spieler Erleichterung entsprechend Ziffer III dieser Platzregel in Anspruch nehmen.

c) Aus
Ist ein Ball in einem geschützten Biotop, das als *Aus* bezeichnet ist, so muss der Spieler mit einem *Strafschlag* einen Ball so nahe wie möglich der Stelle spielen, von der der ursprüngliche Ball zuletzt gespielt wurde (siehe Regel 20-5).

III Behinderung von Standposition oder Raum des beabsichtigten Schwungs
Behinderung durch ein geschütztes Biotop ist gegeben, wenn durch einen solchen Umstand die *Standposition* des Spielers oder der Raum seines beabsichtigten Schwungs betroffen ist. Ist Behinderung gegeben, so muss der Spieler wie folgt Erleichterung in Anspruch nehmen:

(a) **Im *Gelände*:** Liegt der Ball im *Gelände*, so muss der dem Ball nächstgelegene Punkt auf dem *Platz* festgestellt werden, der (a) nicht näher zum *Loch* ist, (b) die Behinderung durch den Umstand ausschließt und (c) nicht in einem *Hindernis* oder auf einem *Grün* ist. Der Spieler muss den Ball aufnehmen und ihn straflos innerhalb einer Schlägerlänge von dem so festgestellten Punkt auf einen Teil des *Platzes* fallen lassen, der die Voraussetzungen nach (a), (b) und (c) erfüllt.

(b) **Im *Hindernis*:** Ist der Ball in einem *Hindernis*, so muss der Spieler den Ball aufnehmen und ihn fallen lassen entweder
  (I) straflos in dem *Hindernis* so nahe wie möglich der Stelle, an der der Ball lag, jedoch nicht näher zum *Loch*, auf einen Teil des *Platzes*, der vollständige Erleichterung von diesem Umstand bietet; oder
  (II) mit einem Strafschlag außerhalb des *Hindernisses*, wobei der Punkt, auf dem der Ball lag, auf gerader Linie zwischen dem *Loch* und der Stelle liegen muss, an der der Ball fallen gelassen wird, und zwar ohne Beschränkung, wie weit hinter dem *Hindernis* der Ball fallen gelassen werden darf. Zusätzlich darf der Spieler nach Regel 26 oder 28, sofern anwendbar, verfahren.

(c) **Auf dem *Grün*:** Liegt der Ball auf dem *Grün*, so muss ihn der Spieler aufnehmen und straflos an der der vorherigen Lage nächstgelegenen Stelle hinlegen, die vollständige Erleichterung von diesem Umstand bietet, jedoch nicht näher zum *Loch* und nicht in einem *Hindernis*.

Der Ball darf gereinigt werden, wenn er nach Ziffer III dieser Platzregel aufgenommen wurde.

AUSNAHME
Ein Spieler darf Erleichterung nach Ziffer III dieser Platzregel dann nicht in Anspruch nehmen, wenn
a) der *Schlag* wegen einer Behinderung durch irgendetwas anderes als ein geschütztes Biotop Schlag eindeutig undurchführbar ist, oder
b) die Behinderung durch ein geschütztes Biotop ausschließlich infolge eines eindeutig unvernünftigen *Schlags* oder einer unnötig abnormen Art von *Standposition*, Schwung oder Spielrichtung eintreten würde.

STRAFE FÜR VERSTOSS GEGEN PLATZREGELN:
Lochspiel – Lochverlust;
Zählspiel – Zwei Schläge.

ANMERKUNG
Im Fall eines schwerwiegenden Verstoßes gegen diese Platzregel kann die *Spielleitung* die Strafe der Disqualifikation verhängen."

3 Schutz junger Bäume
Soll der Schädigung junger Bäume vorgebeugt werden, so **wird folgende Platzregel** empfohlen:

„Schutz junger Bäume, kenntlich durch .... Wenn solch ein Baum die *Standposition* oder den Raum des beabsichtigten Schwungs eines Spielers behindert, so muss der Ball straflos aufgenommen und in Übereinstimmung mit dem in Regel 24-2b (*unbewegliches Hemmnis*) vorgeschriebenen Verfahren fallen gelassen werden. Liegt der Ball in einem *Wasserhindernis*, so muss der Spieler den Ball aufnehmen und in Übereinstimmung mit Regel 24-2b (I) fallen lassen, doch muss der *nächstgelegene Punkt der Erleichterung in dem Wasserhindernis* sein und der Ball muss in dem *Wasserhindernis* fallen gelassen werden, oder der Spieler darf nach Regel 26 verfahren. Der nach dieser Platzregel aufgenommene Ball darf gereinigt werden.

AUSNAHME
Ein Spieler darf Erleichterung nach dieser Platzregel dann nicht in Anspruch nehmen, wenn
a) der *Schlag* wegen einer Behinderung durch irgendetwas anderes als einen solchen Baum eindeutig undurchführbar ist, oder
b) die Behinderung durch einen solchen Baum ausschließlich infolge eines eindeutig unvernünftigen *Schlags* oder einer unnötig abnormen Art von *Standposition*, Schwung oder Spielrichtung eintreten würde.

STRAFE FÜR VERSTOSS GEGEN PLATZREGELN:
Lochspiel – Lochverlust;
Zählspiel – Zwei Schläge."

4 Platzzustand – Schlamm, übermäßige Nässe, erschwerte Umstände und Schonung des Platzes
a) Erleichterung für eingebetteten Ball
Nach Regel 25-2 darf für einen im *Gelände* auf irgendeiner kurz gemähten Fläche in seinem eigenen Einschlagloch eingebetteten Ball straflosAnhang Erleichterung in Anspruch genommen werden. Auf dem *Grün* darf ein Ball aufgenommen und Schaden, welcher durch den Einschlag eines Balls hervorgerufen wurde, ausgebessert werden (Regeln 16-1b und c). Ist die Erlaubnis zur Inanspruchnahme von Erleichterung für einen irgendwo im *Gelände* eingebetteten Ball gerechtfertigt, so **wird die folgende Platzregel empfohlen**:

„Ist im *Gelände* ein Ball in sein eigenes Einschlagloch im Boden eingebettet, so darf er straflos aufgenommen, gereinigt und so nahe wie möglich der Stelle, an der er lag, jedoch nicht näher zum Loch, fallen gelassen werden. Der Ball muss beim Fallenlassen zuerst auf einem Teil des *Platzes* im *Gelände* auftreffen.

ERLEICHTERUNG VON BEPFLOCKTEN BÄUMEN

Wenn ein abgestützter Baum den Schwung des Spielers behindert, so muss der Spieler Erleichterung nach den Platzregeln nehmen. Falls der Spieler am nächstgelegenen Punkt der Erleichterung durch einen großen Baum behindert wird, erhält der Spieler hiervon keine Erleichterung.

AUSNAHMEN

1. Ein Spieler darf Erleichterung nach dieser Platzregel nicht in Anspruch nehmen, wenn der Ball in Sand einer nicht kurzgemähten Fläche eingebettet ist.
2. Ein Spieler darf Erleichterung nach dieser Platzregel nicht in Anspruch nehmen, wenn der *Schlag* wegen einer Behinderung durch irgendetwas anderes als den Umstand nach dieser Platzregel eindeutig undurchführbar ist.

STRAFE FÜR VERSTOSS GEGEN PLATZREGELN:

Lochspiel – Lochverlust;
Zählspiel – Zwei Schläge."

b) Ball reinigen

Umstände wie extreme Nässe, unter denen merkliche Mengen Schlamm am Ball haften, können so sein, dass die Erlaubnis zum Aufnehmen, Reinigen und Zurücklegen des Balls angebracht sein kann. In solchen Fällen **wird die folgende Platzregel empfohlen:**

„Ein Ball darf in der nachstehend bezeichneten Fläche (genaue Ortsangabe machen) straflos aufgenommen, gereinigt und zurückgelegt werden.

ANMERKUNG

Die Lage des Balls muss vor dem Aufnehmen nach dieser Platzregel gekennzeichnet werden – siehe Regel 20-1.

STRAFE FÜR VERSTOSS GEGEN PLATZREGELN:

Lochspiel – Lochverlust;
Zählspiel – Zwei Schläge.

c) „Besserlegen" und „Winterregeln"

Boden in Ausbesserung wird in Regel 25 behandelt, so dass vereinzelte, örtlich außergewöhnliche Umstände, die faires Golfspielen beeinträchtigen können und sich auf kleine Bereiche beschränken, als *Boden in Ausbesserung* gekennzeichnet werden sollten.

Widrige Umstände wie heftiger Schneefall, Tauwetter im Frühjahr, lang anhaltender Regen oder extreme Hitze können die Spielbahnen in sehr unbefriedigenden Zustand versetzen und auch den Einsatz von schweren Platzmaschinen verhindern. Wenn diese Bedingungen auf dem ganzen *Platz* so verbreitet sind, dass nach Meinung der *Spielleitung* „Besserlegen" oder „Winterregeln" faires Golfspielen fördern oder helfen kann, den *Platz* zu schonen, **wird folgende Platzregel empfohlen:**

„Ein auf einer kurz gemähten Fläche im *Gelände* [oder einschränken auf eine Fläche wie z. B. „auf dem 6. Loch"] liegender Ball darf straflos aufgenommen und gereinigt werden. Vor dem Aufnehmen muss der Spieler die Lage des Balls kennzeichnen. Der so aufgenommene Ball muss innerhalb [genaue Entfernungsangabe wie: „15 Zentimeter", „einer Schlägerlänge" etc. machen] von seiner ursprünglichen Lage, jedoch nicht näher zum *Loch* und nicht in ein *Hindernis* oder auf ein *Grün*, hingelegt werden.

Ein Spieler darf seinen Ball nur einmal hinlegen, und nachdem der Ball so hingelegt worden war, ist er *im Spiel* (Regel 20-4). Kommt der hingelegte Ball nicht auf der Stelle zur Ruhe, auf die er hingelegt wurde, findet Regel 20-3d Anwendung. Wenn der Ball auf der Stelle zur Ruhe kommt, auf die er hingelegt wurde und sich anschließend *bewegt*, so ist dies straflos und der Ball muss gespielt werden, wie er liegt, es sei denn, die Vorschriften einer anderen *Regel* finden Anwendung.

Versäumt es der Spieler, die Lage des Balls vor dem Aufnehmen zu kennzeichnen oder bewegt er den Ball auf andere Art und Weise und rollt ihn z. B. mit dem Schläger, so zieht er sich einen *Strafschlag* zu.

ANMERKUNG

„Kurz gemähte Rasenfläche" beschreibt jedes Gebiet auf dem Platz, einschließlich Wege durch das Rough, das auf Fairwayhöhe oder kürzer gemäht ist.

* STRAFE FÜR VERSTOSS GEGEN PLATZREGELN:

Lochspiel – Lochverlust;
Zählspiel – Zwei Schläge.
* Zieht sich ein Spieler die Grundstrafe für den Verstoß gegen diese Platzregel zu, kommt keine andere Strafe nach dieser Platzregel hinzu."

d) Bodenbelüftungslöcher

Wurde ein *Platz* aerifiziert, so kann eine Platzregel, die straflose Erleichterung von einem Bodenbelüftungsloch gewährt, gerechtfertigt sein. **Die folgende Platzregel wird empfohlen:**

„Kommt ein Ball im *Gelände* in oder auf einem Bodenbelüftungsloch zur Ruhe, so darf er straflos aufgenommen, gereinigt und fallen gelassen werden, und zwar so nahe wie möglich der Stelle, an der er lag, jedoch nicht näher zum *Loch*. Der Ball muss beim Fallenlassen zuerst auf einem Teil des *Platzes* im *Gelände* auftreffen.

Auf dem *Grün* darf ein Ball, der in oder auf einem Bodenbelüftungsloch zur Ruhe kommt, in die nächstgelegene Lage, die einen solchen Umstand ausschließt und nicht näher zum *Loch*, hingelegt werden.

STRAFE FÜR VERSTOSS GEGEN PLATZREGELN:

Lochspiel – Lochverlust;
Zählspiel – Zwei Schläge."

BESSERLEGEN

Vor dem Besserlegen muss ein Spieler die Position des Balls markieren. Der Spieler darf den Ball nicht mit dem Schläger bewegen.

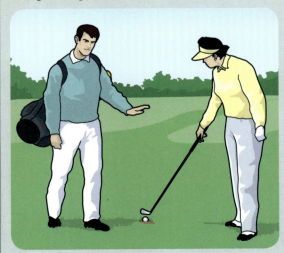

---

e) Schnittkanten von Grassoden

Will eine *Spielleitung* Erleichterung von Schnittkanten von Grassoden gewähren, jedoch nicht von den Grassoden an sich, so **wird folgende Platzregel empfohlen:**

„Schnittkanten von Grassoden (nicht die Soden an sich) gelten im *Gelände* als *Boden in Ausbesserung*. Jedoch gilt die Behinderung der *Standposition* des Spielers durch die Schnittkanten allein nicht als Behinderung nach Regel 25-1. Berührt der Ball die Schnittkante oder liegt er darin, oder behindert die Schnittkante den Raum des beabsichtigten Schwungs, so wird Erleichterung nach Regel 25-1 gewährt. Alle Schnittkanten innerhalb des Bereichs der Grassoden gelten als dieselbe Schnittkante.

STRAFE FÜR VERSTOSS GEGEN PLATZREGELN:

Lochspiel – Lochverlust;
Zählspiel – Zwei Schläge."

5 Steine in Bunkern

Steine sind gemäß Erklärung *lose hinderliche Naturstoffe*, und ist der Ball eines Spielers in einem *Hindernis*, so darf ein Stein, der im *Hindernis* liegt oder dieses berührt, nicht berührt oder *bewegt* werden (Regel 13-4). Jedoch können Steine in *Bunkern* eine Gefahr für Spieler darstellen (ein Spieler könnte durch einen Stein verletzt werden, der durch den Schläger des Spielers beim Versuch, den Ball zu spielen, getroffen wird) und sie können faires Golfspiel beeinträchtigen.

Erscheint die Erlaubnis zum Aufnehmen eines Steins gerechtfertigt, so **wird die folgende Platzregel empfohlen:**

„Steine in *Bunkern* sind *bewegliche Hemmnisse* (Regel 24-1 gilt)."

6 Unbewegliche Hemmnisse nahe am Grün

Bei Behinderung durch ein *unbewegliches Hemmnis* darf nach Regel 24-2 straflos Erleichterung in Anspruch genommen werden. Dies gilt, außer auf dem *Grün*, jedoch nicht, wenn lediglich die *Spiellinie* durch die Behinderung betroffen ist.

Sind Vorgrüns so kurz gemäht, dass Spieler auch von knapp außerhalb des *Grüns* putten wollen, so kann ein *unbewegliches Hemmnis* im Vorgrün faires Golfspiel beeinträchtigen. **Folgende Platzregel zur zusätzlichen straflosen Erleichterung von die *Spiellinie* behindernden unbeweglichen *Hemmnissen* erscheint dann gerechtfertigt:**

„Erleichterung von Behinderung durch ein *unbewegliches Hemmnis* darf nach Regel 24-2 in Anspruch genommen werden. Zusätzlich gilt, liegt ein Ball im *Gelände* und befindet sich ein unbewegliches *Hemmnis* auf dem *Grün* oder innerhalb zweier Schlägerlängen vom *Grün* und auch innerhalb zweier Schlägerlängen vom Ball entfernt auf der *Spiellinie* zwischen Ball und Loch, so darf der Spieler wie folgt Erleichterung in Anspruch nehmen:
Der Ball muss aufgenommen und an der seiner ursprünglichen Lage nächstgelegenen Stelle **(a)** nicht näher zum *Loch*, **(b)** frei von Behinderung und **(c)** nicht in einem *Hindernis* oder auf einem *Grün* fallen gelassen werden.
Liegt der Ball des Spielers auf dem *Grün* und befindet sich ein unbewegliches *Hemmnis* innerhalb zweier Schlägerlängen vom *Grün* entfernt auf seiner *Puttlinie*, so darf der Spieler wie folgt Erleichterung in Anspruch nehmen:
Der Ball muss aufgenommen und an der seiner ursprünglichen Lage nächstgelegenen Stelle **(a)** nicht näher zum *Loch*, **(b)** frei von Behinderung und **(c)** nicht in einem *Hindernis* hingelegt werden Der so aufgenommene Ball darf gereinigt werden.

Ausnahme:
Ein Spieler darf Erleichterung nach dieser Platzregel nicht in Anspruch nehmen, wenn der Schlag wegen Behinderung durch irgendetwas anderes als das unbewegliche *Hemmnis* eindeutig undurchführbar ist.

STRAFE FÜR VERSTOSS GEGEN PLATZREGEL:
Lochspiel – Lochverlust;
Zählspiel – Zwei Schläge."

Anmerkung:
Die Spielleitung darf diese Platzregel beschränken auf bestimmte Löcher,
auf Bälle, die nur auf kurz gemähter Fäche liegen,
auf bestimmte *Hemmnisse*, oder
im Fall von *Hemmnissen*, die nicht auf dem *Grün* sind, auf *Hemmnisse* auf kurzgemähten Flächen. Unter „kurz gemähte Fläche" wird jede Fläche auf dem *Platz* verstanden, die auf Fairwayhöhe oder kürzer geschnitten ist, Wege durch das Rough eingeschlossen.

7 Zeitweilige Hemmnisse

Wurden zeitweilige Hemmnisse auf dem *Platz* oder angrenzend an den *Platz* installiert, so sollte die *Spielleitung* den Status von derartigen Hemmnissen als bewegliche, unbewegliche oder zeitweilige, unbewegliche Hemmnisse festlegen.

a) Zeitweilige, unbewegliche Hemmnisse
Hat die *Spielleitung* derartige Hemmnisse als zeitweilige, unbewegliche *Hemmnisse* bezeichnet, so **wird die folgende Platzregel empfohlen:**

I. Erklärung
Ein zeitweiliges unbewegliches *Hemmnis* (Temporary Immovable Obstruction – TIO) ist ein künstlicher Gegenstand, der vorübergehend installiert wurde, oftmals in Verbindung mit einem Wettspiel und befestigt ist und nicht ohne weiteres bewegt werden kann.
Beispiele für TIO sind Zelte, Anzeigetafeln, Tribünen, Fernsehtürme, Toiletten und Ähnliches.
Spanndrähte sind Teile dieses TIO, es sei denn, die *Spielleitung* hat festgelegt, dass sie wie hochgelegte Stromleitungen oder Kabel zu behandeln sind.

II. Behinderung
Behinderung durch ein TIO ist gegeben, wenn (a) der Ball davor oder so dicht dabei liegt, dass die *Standposition* des Spielers oder der Raum seines beabsichtigten Schwungs durch das TIO betroffen sind, oder (b) der Ball in, auf, unter oder hinter dem TIO liegt, so dass irgend ein Teil des TIO direkt zwischen dem Ball des Spielers und dem *Loch* und auf seiner *Spiellinie* ist. Behinderung liegt auch dann vor, wenn der Ball innerhalb einer Schlägerlänge von einer gleich weit vom *Loch* entfernten Stelle liegt, an der eine derartige Beeinträchtigung der *Spiellinie* bestehen würde.

ANMERKUNG
Ein Ball ist unter einem TIO, wenn er unter den äußersten Rändern des TIO liegt, auch wenn diese Ränder nicht bis an den Boden reichen.

III. Erleichterung
Ein Spieler darf bei Behinderung durch ein TIO, auch wenn dieses im Aus ist, wie folgt Erleichterung in Anspruch nehmen:

a) Im Gelände: Liegt der Ball im *Gelände*, so muss der dem Ball nächstgelegene Punkt auf dem *Platz* festgestellt werden, der (a) nicht näher zum *Loch* ist, (b) die in Ziffer II umschriebene Behinderung ausschließt und (c) nicht in einem *Hindernis* oder auf einem *Grün* ist. Der Spieler muss den Ball aufnehmen und ihn straflos innerhalb einer Schlägerlänge von dem so festgestellten Punkt auf einem Teil des *Platzes* fallen lassen, der obige Voraussetzungen nach (a), (b) und (c) erfüllt.

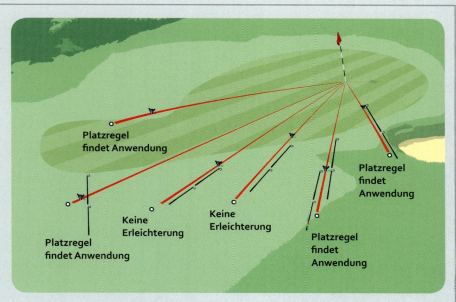

Ein Spieler darf Erleichterung von einem unbeweglichen Hemmnis (z. B. Sprengwasserauslass) nach Regel 24-2 in Anspruch nehmen. Bei übernommener Musterplatzregel gilt dies auch, wenn das Hemmnis auf der Spiellinie liegt, vorausgesetzt:
(a) das unbewegliche Hemmnis ist auf dem Grün oder bis zu zwei Schlägerlängen entfernt; und
(b) der Ball liegt innerhalb zweier Schlägerlängen vom unbeweglichen Hemmnis entfernt.
(c) der Ball liegt auf dem Grün und das unbewegliche Hemmnis innerhalb zweier Schlägerlängen vom Ball entfernt in der Spiellinie zwischen Ball und Loch.

(b) In einem Hindernis: Ist der Ball in einem *Hindernis*, so muss der Spieler den Ball aufnehmen und fallen lassen, und zwar entweder

(I) straflos in Übereinstimmung mit obiger Ziffer III (a), außer dass der nächstgelegene Teil des Platzes, der vollständige Erleichterung gewährleistet, in dem *Hindernis* sein muss und dass der Ball im *Hindernis* fallen gelassen werden muss, oder, wenn vollständige Erleichterung nicht möglich ist, auf einem Teil des *Platzes* innerhalb des *Hindernisses*, der größte erzielbare Erleichterung bietet, oder

(II) mit einem Strafschlag außerhalb des *Hindernisses* wie folgt: Der dem Ball nächstgelegene Punkt auf dem *Platz* muss festgestellt werden, der (a) nicht näher zum *Loch* ist, (b) die in Ziffer II umschriebene Behinderung ausschließt und (c) nicht in einem *Hindernis* ist. Der Spieler muss den Ball innerhalb einer Schlägerlänge von dem so festgestellten Punkt auf einem Teil des *Platzes* fallen lassen, der obige Voraussetzungen nach (a), (b) und (c) erfüllt.

Der Ball darf gereinigt werden, wenn er nach Ziffer III aufgenommen wurde.

ANMERKUNG 1
Liegt der Ball in einem *Hindernis*, so hindert diese Platzregel den Spieler nicht, nach Regel 26 oder Regel 28 zu verfahren, wenn diese anwendbar sind.

ANMERKUNG 2
Ist ein Ball, der nach dieser Platzregel fallen zu lassen ist, nicht sofort wiederzuerlangen, darf ein anderer Ball eingesetzt werden.

ANMERKUNG 3
Die *Spielleitung* darf eine Platzregel erlassen, die (a) einem Spieler bei Inanspruchnahme von Erleichterung von einem TIO die Benutzung einer Drop-Zone erlaubt oder vorschreibt oder (b), die einem Spieler als zusätzliche Erleichterungsmöglichkeit erlaubt, den Ball ausgehend von dem nach Ziffer III festgelegten Punkt auf der gegenüberliegenden anderen Seite des TIO, aber anderweitig in Übereinstimmung mit Ziffer III, fallen zu lassen.

AUSNAHMEN:
Liegt der Ball eines Spielers vor oder hinter dem TIO (also nicht in, auf oder unter dem TIO), so darf er Erleichterung nach Ziffer III nicht in Anspruch nehmen, wenn

1. der Schlag für den Spieler wegen einer Behinderung durch irgendetwas anderes als das TIO eindeutig undurchführbar ist, oder, im Fall einer Beeinträchtigung, einen Schlag so zu machen, dass der Ball auf einer direkten Linie zum *Loch* landen könnte;
2. die Behinderung durch das TIO ausschließlich infolge eines eindeutig unvernünftigen *Schlags* oder einer unnötig abnormen Art von *Standposition*, Schwung oder Spielrichtung eintreten würde; oder
3. im Fall einer Beeinträchtigung, es eindeutig undurchführbar wäre, zu erwarten, dass der Spieler den Ball so weit in Richtung Loch schlagen kann, dass der Ball das TIO erreicht.

Hat ein Spieler wegen dieser Ausnahmen keinen Anspruch auf Erleichterung, so darf er, wenn der Ball im *Gelände* oder in einem *Bunker* liegt, nach Regel 24-2b verfahren, sofern anwendbar. Liegt der Ball in einem *Wasserhindernis*, so darf der Spieler nach Regel 24-2b (I) den Ball aufnehmen und fallen lassen, jedoch muss der nächstgelegene Punkt der Erleichterung in dem *Wasserhindernis* sein und der Ball muss in dem *Wasserhindernis* fallen gelassen werden; oder der Spieler darf nach Regel 26-1 verfahren.

IV. Ball in TIO nicht gefunden
Ist es bekannt oder so gut wie sicher, dass ein Ball, der nicht gefunden wurde, in, auf oder unter einem TIO ist, so darf, wenn anwendbar, ein Ball nach den Vorschriften von Ziffer III oder Ziffer V fallen gelassen werden. Dabei gilt der Ball als an der Stelle liegend, an der er zuletzt die äußerste Begrenzung des TIO gekreuzt hat (Regel 24-3).

V. Drop-Zonen
Ist der Spieler durch ein TIO behindert, so darf die *Spielleitung* die Benutzung einer Drop-Zone erlauben oder vorschreiben. Benutzt der Spieler bei Inanspruchnahme von Erleichterung eine

Bei zeitweiligen unbeweglichen Hemmnissen, wie Kameratürmen auf dem Platz, sollte die Spielleitung eine Platzregel festlegen, die Erleichterung von solchen zeitweiligen unbeweglichen Hemmnissen vorsieht.

Drop-Zone, so muss er den Ball in derjenigen Drop-Zone fallen lassen, die der ursprünglichen Lage bzw. als solche geltenden Lage (vgl. Ziffer IV) des Balls nächstgelegen ist (selbst wenn die nächstgelegene Drop-Zone näher zum Loch ist).

ANMERKUNG
Eine *Spielleitung* darf durch Platzregel die Benutzung einer näher zum Loch liegenden Drop-Zone verbieten.

STRAFE FÜR VERSTOSS GEGEN PLATZREGELN:
Lochspiel – Lochverlust;
Zählspiel – Zwei Schläge."

b) **Zeitweilige Stromleitungen und Kabel**
Sind zeitweilige Stromleitungen, Kabel oder Telefonleitungen auf dem *Platz* verlegt, so **wird die folgende Platzregel empfohlen:**
„Zeitweilige Stromleitungen, Kabel, Telefonleitungen und sie bedeckende Matten oder deren Stützpfosten sind *Hemmnisse*:
1. Es gilt Regel 24-1, wenn sie ohne weiteres beweglich sind.
2. Sind sie befestigt oder nicht ohne weiteres beweglich, so darf der Spieler Erleichterung nach Regel 24-2b in Anspruch nehmen, wenn der Ball im *Gelände* oder in einem *Bunker* liegt. Liegt der Ball in einem *Wasserhindernis*, so kann der Spieler Erleichterung nach Regel 24-2b (I) in Anspruch nehmen, doch muss der *nächstgelegene Punkt der Erleichterung* in dem *Wasserhindernis* sein. Der Spieler muss den Ball in dem *Wasserhindernis* fallen lassen oder er kann nach Regel 26 verfahren.
3. Trifft ein Ball eine hochgelegte Stromleitung oder ein hochgelegtes Kabel, so muss der Schlag annulliert und straflos wiederholt werden (siehe Regel 20-5). Ist der Ball nicht sofort wiederzuerlangen, darf ein anderer Ball eingesetzt werden.

ANMERKUNG
Spanndrähte an einem zeitweiligen unbeweglichen *Hemmnis* sind Teil desselben, es sei denn, die *Spielleitung* hat durch Platzregel festgelegt, dass sie wie hochgelegte Stromleitungen oder Kabel zu behandeln sind.

AUSNAHME
Ein Schlag, bei dem ein Ball ein hochgelegtes Anschlussstück eines vom Boden aufsteigenden Kabels trifft, darf nicht wiederholt werden.

4. Grasbedeckte Kabelgräben sind *Boden in Ausbesserung*, auch wenn sie nicht so gekennzeichnet sind, und es gilt Regel 25-1b."

STRAFE FÜR VERSTOSS GEGEN PLATZREGEL:
Lochspiel – Lochverlust;
Zählspiel – Zwei Schläge."

8 Drop-Zonen

Stellt die *Spielleitung* fest, dass es nicht möglich oder durchführbar ist, in Übereinstimmung mit einer Regel Erleichterung zu nehmen, so darf sie Drop-Zonen einrichten, in denen Bälle fallen gelassen werden können oder müssen, wenn Erleichterung in Anspruch genommen wird. Üblicherweise sollten diese Drop-Zonen zusätzlich zu den in der Regel selbst vorhandenen Wahlmöglichkeiten der Erleichterung vorgesehen und nicht zwingend vorgeschrieben sein.

Am Beispiel eines *Wasserhindernisses*, an dem eine solche **Drop-Zone** eingerichtet ist, wird folgende Platzregel empfohlen:

„Ist ein Ball im *Wasserhindernis* <Ort angeben> oder ist es bekannt oder so gut wie sicher, dass ein Ball, der nicht gefunden wurde, in dem *Wasserhindernis* ist, so kann der Spieler

(I) nach Regel 26 verfahren; oder

(II) als zusätzliche Wahlmöglichkeit einen Ball mit einem Strafschlag in der Drop-Zone fallen lassen.

STRAFE FÜR VERSTOSS GEGEN PLATZREGELN:
Lochspiel – Lochverlust;
Zählspiel – Zwei Schläge."

ANMERKUNG
Bei Benutzung einer Drop-Zone gelten folgende Vorschriften für das Fallenlassen und das erneute Fallenlassen des Balls:

a) Der Spieler muss nicht in der Drop-Zone stehen, wenn er den Ball fallen lässt.
b) Der fallen gelassene Ball muss zuerst auf einem Teil des Platzes innerhalb der Drop-Zone auftreffen.
c) Ist die Drop-Zone mit einer Linie gekennzeichnet, so befindet sich die Linie innerhalb der Drop-Zone.
d) Der fallen gelassene Ball muss nicht innerhalb der Drop-Zone zur Ruhe kommen.
e) Der fallen gelassene Ball muss erneut fallen gelassen werden, wenn er rollt und in einer Lage zur Ruhe kommt wie in Regel 20-2c(I-VI) beschrieben.
f) Der fallen gelassene Ball darf näher zum Loch rollen als die Stelle, an der er zuerst auf einen Teil des Platzes auftraf, sofern er innerhalb zweier Schlägerlängen von dieser Stelle zur Ruhe kommt und nicht in einer Lage gemäß Absatz (e).
g) Unter Einhaltung der Vorschriften aus den Absätzen (e) und (f) darf der fallen gelassene Ball näher zum Loch rollen und zur Ruhe kommen als:
- seine ursprüngliche oder geschätzte Lage (siehe Regel 20-2b);
- der nächstgelegene Punkt der Erleichterung oder größtmöglicher Erleichterung (Regel 24-2, 24-3, 25-1 oder 25-3); oder
- der Punkt, an dem der ursprüngliche Ball zuletzt die Grenze des Wasserhindernisses oder seitlichen Wasserhindernisses gekreuzt hat (Regel 26-1).

9 Entfernungsmesser

Will die *Spielleitung* in Übereinstimmung mit der Anmerkung zu Regel 14-3 verfahren, so **wird folgender Text vorgeschlagen**:

„<Hier gegebenenfalls angeben, z. B. In diesem Wettspiel oder Für alle Spiele auf dem *Platz*, usw.,> darf ein Spieler sich über Entfernungen informieren, indem er ein Gerät verwendet, das ausschließlich Entfernungen misst. Benutzt ein Spieler während der *festgesetzten Runde* ein Gerät, mit dem andere Umstände geschätzt oder gemessen werden können, die sein Spiel beeinflussen können (z. B. Steigung, Windgeschwindigkeit, Temperatur usw.), so verstößt der Spieler gegen Regel 14-3, wofür die Strafe Disqualifikation ist, ungeachtet ob die zusätzliche Funktion tatsächlich benutzt wurde."

TEIL C WETTSPIELAUSSCHREIBUNG

Regel 33-1 schreibt vor: „Die *Spielleitung* muss die Bedingungen ausschreiben, unter denen ein Wettspiel gespielt wird." Diese Bedingungen sollten solche Regelungen, die nicht ihren *Platz* in den Golfregeln oder diesem Anhang haben, wie Art und Ort der Meldung, Teilnehmerberechtigung, Zahl der Spielrunden usw., beinhalten. Einzelheiten dieser Bedingungen sind den „Entscheidungen zu den Golfregeln" zu Regel 33-1 und den DGV-Vorgaben- und Spielbestimmungen zu entnehmen.

Auf eine Anzahl möglicher Regelungen, die in die Bedingungen zu einem Wettspiel aufgenommen werden können, soll die *Spielleitung* jedoch besonders aufmerksam gemacht werden:

1. Spezifikation von Schlägern und Bällen

Die folgenden Bedingungen werden nur für Wettspiele mit versierten Spielern empfohlen:

a) Verzeichnis zugelassener Driver-Köpfe

Auf seiner Homepage (www.randa.org) veröffentlicht der *R&A* regelmäßig ein Verzeichnis der zugelassenen Driver-Köpfe, das die Schlägerköpfe von Drivern auflistet, die bewertet und mit den Golfregeln übereinstimmend befunden wurden. Wünscht die *Spielleitung*, dass Spieler mit Drivern spielen müssen, die einen durch Typ und Neigung der Schlagfläche (Loft) bezeichneten Schlägerkopf besitzen, der auf der Liste steht, so sollte die Liste verfügbar sein und **folgende Wettspielbedingung in Kraft gesetzt werden:**

„Jeglicher Driver, den ein Spieler mit sich führt, muss einen Schlägerkopf haben, der bezüglich Typ und Neigung der Schlagfläche (Loft) in dem vom *R&A* herausgegebenen Verzeichnis zugelassener Driver-Köpfe aufgeführt ist."

AUSNAHME

Ein Driver, dessen Schlägerkopf vor 1999 hergestellt wurde, ist von dieser Wettspielbedingung befreit.

* STRAFE FÜR DAS MITFÜHREN EINES SCHLÄGERS UNTER VERSTOSS GEGEN DIESE WETTSPIELBEDINGUNG OHNE DIESEN ZU SPIELEN:

ENTFERNUNGSMESSER
Wenn die Spielleitung eine Platzregel in Kraft gesetzt hat, nach der die Benutzung von Entfernungsmessgeräten zugelassen ist, so darf das benutzte Gerät ausschließlich die Distanz messen und keine weiteren Spielbedingungen, wie z.B. Höhenunterschiede, Windgeschwindigkeit oder Temperatur angeben.

Lochspiel – Nach Beendigung des Lochs, an dem der Verstoß festgestellt wurde, ist der Stand des Lochspiels zu berichtigen; dabei wird für jedes Loch, bei dem ein Verstoß vorkam, ein Loch abgezogen, höchstens jedoch zwei Löcher pro Runde.
Zählspiel – Zwei Schläge für jedes Loch, bei dem ein Verstoß vorkam, höchstens jedoch vier Schläge pro Runde.
Zählspiel oder Lochspiel – Bei einem Verstoß zwischen zwei Löchern wirkt sich die Strafe für das nächste Loch aus.
Wettspiele gegen Par – siehe Anmerkung 1 zu Regel 32-1a.
Wettspiele nach Stableford – siehe Anmerkung 1 zu Regel 32-1b.
* Jeder unter Verstoß gegen diese Wettspielbedingung mitgeführte Schläger muss, nachdem festgestellt wurde, dass ein Verstoß vorlag, unverzüglich vom Spieler gegenüber seinem *Gegner* im Lochspiel oder seinem *Zähler* oder einem *Mitbewerber* im Zählspiel für neutralisiert erklärt werden. Unterlässt der Spieler dies, so ist er disqualifiziert.

STRAFE FÜR DAS SPIELEN EINES SCHLAGS MIT EINEM SCHLÄGER UNTER VERSTOSS GEGEN WETTSPIELBEDINGUNG:
Disqualifikation."

b) Verzeichnis zugelassener Golfbälle
Auf seiner Homepage (www.randa.org) veröffentlicht der *R&A* regelmäßig ein Verzeichnis zugelassener Golfbälle, das Bälle auflistet, die geprüft und als mit den Golfregeln in Übereinstimmung stehend erklärt wurden. Wünscht die *Spielleitung*, dass Spieler mit einem Typ eines Golfballs dieser Liste spielen, sollte die Liste verfügbar sein und **folgende Wettspielbedingung verwendet werden:**
„Der Ball, den ein Spieler spielt, muss im aktuell gültigen Verzeichnis zugelassener Golfbälle des *R&A* aufgeführt sein."

STRAFE FÜR VERSTOSS GEGEN DIE WETTSPIELBEDINGUNG:
Disqualifikation."

c) Ein-Ball-Regelung
Wird gefordert, dass Marken und Typen von Golfbällen während einer *festgesetzten Runde* nicht gewechselt werden dürfen, so **wird folgende Bedingung empfohlen:**
„Beschränkung des Gebrauchs von Bällen während der Runde: (Anmerkung zu Regel 5-1)

(I) „Ein-Ball-Regelung"
Während einer *festgesetzten Runde* müssen die Bälle, die ein Spieler spielt, nach Marke und Typ, wie im aktuell gültigen Verzeichnis zugelassener Golfbälle im Einzelnen bezeichnet, gleich sein.

ANMERKUNG
Wird ein Ball einer anderen Marke und/oder eines anderen Typs fallen gelassen oder hingelegt, so darf er straflos aufgehoben werden und der Spieler muss dann einen richtigen Ball fallen lassen oder hinlegen. (Regel 20-6)

STRAFE FÜR VERSTOSS GEGEN DIE WETTSPIELBEDINGUNG:
Lochspiel — Nach Beendigung des Lochs, an dem der Verstoß festgestellt wurde, muss der Stand des Lochspiels berichtigt werden; dabei wird für jedes Loch, bei dem ein Verstoß vorkam, ein Loch abgezogen, höchstens jedoch zwei Löcher pro Runde.
Zählspiel — Zwei Schläge für jedes Loch, bei dem ein Verstoß vorkam, höchstens jedoch vier Schläge pro Runde (zwei Schläge für jedes der ersten beiden Löcher, bei denen ein Verstoß vorkam).
Wettspiele gegen Par – siehe Anmerkung 1 zu Regel 32-1a.
Wettspiele nach Stableford – siehe Anmerkung 1 zu Regel 32-1b.

(II) Verfahren bei Feststellung eines Verstoßes
Stellt ein Spieler fest, dass er einen Ball unter Verstoß gegen diese Bedingung gespielt hat, so muss er diesen Ball vor dem Spielen vom nächsten *Abschlag* aufgeben und die Runde mit einem richtigen Ball zu Ende spielen; anderenfalls ist der Spieler disqualifiziert. Wird der Verstoß beim Spielen eines Lochs festgestellt und der Spieler entscheidet sich, vor Beendigung des Lochs einen richtigen Ball einzusetzen, so muss er einen richtigen Ball an der Stelle hinlegen, an der der unter Verstoß gegen die Bedingung gespielte Ball gelegen hatte."

2. Caddie (Anmerkung zu Regel 6-4)
Regel 6-4 erlaubt dem Spieler die Benutzung eines *Caddies*, vorausgesetzt, er hat nur einen *Caddie* zu gleicher Zeit. Es mag jedoch Umstände geben, in denen es eine *Spielleitung* für nötig hält, *Caddies* nicht zuzulassen oder einen Spieler in seiner Auswahl des *Caddies* einzuschränken, z. B. Geschwister, Berufsgolfer, Elternteil, einen anderen Wettspielteilnehmer etc. In diesen Fällen **wird der folgende Text empfohlen:**
Benutzung eines *Caddies* untersagt:
„Ein Spieler darf während der *festgesetzten Runde* keinen *Caddie* haben."
Einschränkung in der Wahl eines *Caddies*:
„Ein Spieler darf nicht/keinen .... während der *festgesetzten Runde* als *Caddie* haben."

* STRAFE FÜR VERSTOSS GEGEN WETTSPIELBEDINGUNG

Lochspiel – Nach Beendigung des Lochs, an dem der Verstoß festgestellt wurde, ist der Stand des Lochspiels zu berichtigen; dabei wird für jedes Loch, an dem ein Verstoß vorkam, ein Loch abgezogen, höchstens jedoch zwei Löcher pro Runde.

Zählspiel – Zwei Schläge für jedes Loch, an dem ein Verstoß vorkam, jedoch höchstens vier Schläge pro Runde (zwei Schläge für jedes der ersten beiden Löcher, bei denen ein Verstoß vorkam).

Lochspiel oder Zählspiel – Wird ein Verstoß zwischen dem Spielen von zwei Löchern festgestellt, so gilt er als während des Spiels des nächsten Lochs festgestellt und die Strafe muss entsprechend angewandt werden.

Wettspiele gegen Par – siehe Anmerkung 1 zu Regel 32-1a.

Wettspiele nach Stableford – siehe Anmerkung 1 zu Regel 32-1b.

*) Ein Spieler, der einen *Caddie* unter Verstoß gegen diese Wettspielbedingung hat, muss unverzüglich nach Erkennen eines Verstoßes sicherstellen, dass er für den Rest der festgesetzten Runde diese Wettspielbedingung einhält; anderenfalls ist der Spieler disqualifiziert."

3. Spieltempo (Anmerkung 2 zu Regel 6-7)

Zur Verhinderung langsamen Spiels darf die *Spielleitung* für das Spieltempo Richtlinien in Übereinstimmung mit Anmerkung 2 zu Regel 6-7 erlassen.

4. Aussetzung des Spiels wegen Gefahr (Anmerkung zu Regel 6-8b)

Weil es auf Golfplätzen schon viele Todesfälle und Verletzungen durch Blitzschlag gab, sind alle Clubs und Sponsoren für Golfwettspiele aufgefordert, für den Schutz von Personen gegen Blitzschlag Sorge zu tragen. Die Aufmerksamkeit sei auf die Regeln 6-8 und 33-2d gelenkt. Beabsichtigt die *Spielleitung*, in Übereinstimmung mit der Anmerkung unter Regel 6-8b zu verfahren, so **wird folgender Wortlaut empfohlen:**

„Hat die *Spielleitung* das Spiel wegen Gefahr ausgesetzt, so dürfen Spieler, die sich in einem Lochspiel oder einer Spielergruppe zwischen dem Spielen von zwei Löchern befinden, das Spiel nicht wieder aufnehmen, bevor die *Spielleitung* eine Wiederaufnahme angeordnet hat. Befinden sie sich beim Spielen eines Lochs, so müssen sie das Spiel unverzüglich unterbrechen und dürfen es nicht wieder aufnehmen, bevor die *Spielleitung* eine Wiederaufnahme angeordnet hat. Versäumt ein Spieler, das Spiel unverzüglich zu unterbrechen, **so ist er disqualifiziert,** sofern nicht Umstände die Aufhebung der Strafe nach Regel 33-7 rechtfertigen.

Das Signal für Aussetzung des Spiels wegen Gefahr ist ein langer Signalton einer Sirene."

Die folgenden Signaltöne werden allgemein benutzt und es wird allen Wettspielleitungen empfohlen, sich dieser Praxis anzuschließen:

UNVERZÜGLICHES UNTERBRECHEN DES SPIELS:
Ein langer Signalton einer Sirene.
UNTERBRECHUNG DES SPIELS:
Wiederholt drei aufeinander folgende Signaltöne einer Sirene.
WIEDERAUFNAHME DES SPIELS:
Wiederholt zwei kurze Signaltöne einer Sirene.

5. Üben

a) **Allgemeines**

Die *Spielleitung* darf Regelungen für das Üben in Übereinstimmung mit der Anmerkung zu Regel 7-1, Ausnahme (c) zu Regel 7-2, Anmerkung 2 zu Regel 7 und Regel 33-2c treffen.

b) **Üben zwischen dem Spielen von Löchern (Anmerkung 2 zu Regel 7)**

Wünscht die *Spielleitung*, in Übereinstimmung mit Anmerkung 2 zu Regel 7-2 zu verfahren, so **wird folgender Wortlaut vorgeschlagen:**

„Zwischen dem Spielen von zwei Löchern darf ein Spieler auf oder nahe dem *Grün* des zuletzt gespielten Lochs keinen Übungsschlag spielen und darf die Oberfläche des *Grüns* des zuletzt gespielten Lochs nicht durch Rollen eines Balls prüfen.

STRAFE FÜR VERSTOSS GEGEN DIE WETTSPIELBEDINGUNG:

Lochspiel — Lochverlust des nächsten Lochs
Zählspiel — Zwei Schläge am nächsten Loch
Lochspiel oder Zählspiel — Für den Fall eines Verstoßes am letzten Loch der festgesetzten Runde zieht sich der Spieler die Strafe für dieses Loch zu."

6. Belehrung bei Mannschaftswettspielen (Anmerkung zu Regel 8)

Beabsichtigt die *Spielleitung* in Übereinstimmung mit der Anmerkung zu Regel 8 zu verfahren, so **wird folgender Wortlaut empfohlen:**

„In Übereinstimmung mit der Anmerkung zu Regel 8 der Golfregeln ist jeder einzelnen Mannschaft gestattet (zusätzlich zu den Personen, die nach dieser Regel um *Belehrung* gebeten werden dürfen) eine Person einzusetzen, die ihren Mannschaftsteilnehmern *Belehrung* erteilen darf. Die betreffende Person (ggf. Ausschluss bestimmter Personen einfügen) muss vor dem Erteilen von *Belehrung* der *Spielleitung* benannt werden."

7. Neue Löcher (Anmerkung zu Regel 33-2b)

Die *Spielleitung* darf in Übereinstimmung mit der Anmerkung zu Regel 33-2b bestimmen, dass Löcher und Abschläge für ein Ein-Runden-Wettspiel, das an mehreren Tagen abgehalten wird, an jedem Tag an anderer Stelle gelegen sein dürfen.

8. Beförderung

Wird gewünscht, dass Spieler während eines Wettspiels zu Fuss gehen müssen, **wird folgende Bedingung empfohlen:**

„Spieler dürfen während der *festgesetzten Runde* nicht auf irgendeinem Beförderungsmittel mitfahren, außer es ist von der Spielleitung genehmigt worden."

STRAFE FÜR VERSTOSS GEGEN DIE WETTSPIELBEDINGUNG:

Lochspiel – Nach Beendigung des Lochs, an dem der Verstoß festgestellt wurde, ist der Stand des Lochspiels zu berichtigen; dabei wird für jedes Loch, bei dem ein Verstoß vorkam, ein Loch abgezogen, höchstens jedoch zwei Löcher pro Runde.

UNTERBRECHUNG DES SPIELS WEGEN MÖGLICHER GEFAHR

Wenn die Spielleitung durch ein Signal das Spiel aufgrund einer gefährlichen Situation unterbricht, so muss der Spieler das Spiel sofort unterbrechen. Ein Spieler wird disqualifiziert falls er nach dem Signal noch einen Schlag ausführt.

Zählspiel – Zwei Schläge für jedes Loch, bei dem ein Verstoß vorkam, höchstens jedoch vier Schläge pro Runde (zwei Schläge für jedes der ersten beiden Löchern, bei denen ein Verstoß vorkam).

Lochspiel oder Zählspiel – Wird ein Verstoß zwischen dem Spielen von zwei Löchern festgestellt, so gilt er als während des Spiels des nächsten Lochs festgestellt und die Strafe muss entsprechend angewandt werden.

Wettspiele gegen Par – siehe Anmerkung 1 zu Regel 32-1a.

Wettspiele nach Stableford – siehe Anmerkung 1 zu Regel 32-1b.

Die Benutzung irgendeines nicht erlaubten Beförderungsmittels muss unverzüglich nach Feststellen eines Verstoßes eingestellt werden. Anderenfalls ist der Spieler disqualifiziert."

9. Dopingverbot
Die *Spielleitung* kann in der Ausschreibung verlangen, dass die Spieler Anti-Doping-Richtlinien einhalten.

10. Entscheidung bei gleichen Ergebnissen
Sowohl im Lochspiel wie auch im Zählspiel kann ein Gleichstand ein akzeptables Ergebnis sein. Ist es jedoch erwünscht, nur einen Sieger zu haben, so ermächtigt Regel 33-6 die *Spielleitung* festzulegen, wie und wann bei einem Gleichstand entschieden wird. Die Festlegung sollte vorab bekannt gemacht sein.

Der *R&A* empfiehlt:

Lochspiel
Endet ein Lochspiel gleich, so sollte es *Loch* für *Loch* weitergespielt werden, bis eine *Partei* ein Loch gewinnt. Das Stechen sollte an dem Loch beginnen, an dem auch das Lochspiel begann. Im Vorgabe-Lochspiel sollten die Vorgabeschläge wie in der festgesetzten Runde angerechnet werden.

Zählspiel
a) Bei Gleichstand in einem Zählwettspiel ohne Vorgabe wird ein Stechen durch Spielfortsetzung empfohlen. Das Stechen kann, je nach Entscheidung der *Wettspielleitung*, über 18 oder eine geringer festgelegte Anzahl von Löchern ausgetragen werden. Ist dies nicht durchführbar oder besteht danach weiterhin ein Gleichstand, so wird eine lochweise Verlängerung bis zur Entscheidung mit besserem Ergebnis an einem Loch empfohlen.

b) Bei Gleichstand in einem Zählwettspiel mit Vorgabe wird ein Stechen durch Spielfortsetzung mit Vorgabe empfohlen. Das Stechen kann, je nach Entscheidung der *Spielleitung*, über 18 oder eine geringere Anzahl von Löchern ausgetragen werden. Es wird empfohlen, jedes derartige Stechen über mindestens drei Löcher spielen zu lassen.

In Wettspielen, in denen die Vorgabeverteilung ohne Bedeutung ist, wird, wenn das Stechen über weniger als 18 Löcher ausgetragen wird, der zu spielende Prozentsatz von 18 Löchern auf die Vorgaben der Spieler angewendet, um deren Vorgaben für das Stechen zu bestimmen. Anteilige Vorgaben, deren erste Stelle hinter dem Komma 0,5 oder größer ist, sollten aufgerundet, anderenfalls sollte abgerundet werden.

In Wettspielen, in denen die Vorgabenverteilung berücksichtigt werden muss, wie im *Vierball*-Zählspiel, oder Wettspielen gegen Par oder nach Stableford, sollten Vorgabenschläge entsprechend der für den Spieler gültigen Vorgabenverteilung, wie sie für das Wettspiel vergeben wurden, gewährt werden.

c) Ist ein Stechen durch Spielfortsetzung nicht durchführbar, so wird ein Vergleich der Zählkarten empfohlen. Die Art und Weise des Vergleichs der Zählkarten sollte im Voraus angekündigt werden und sollte auch vorsehen, was geschieht, wenn dieses Verfahren nicht zur Ermittlung eines Siegers führt. Eine annehmbare Methode des Zählkartenvergleichs ist, den Gewinner auf Grund der niedrigsten Schlagzahl für die letzten neun Löcher zu bestimmen. Haben die Spieler mit Gleichstand auch die gleiche Schlagzahl für die letzten neun Löcher, so sollte der Gewinner auf Grund der letzten sechs Löcher, der letzten drei Löcher und letztendlich des 18. Lochs bestimmt werden. Wird eine solche Methode in einem Wettspiel mit Start von mehreren Abschlägen angewendet, wird empfohlen, dass die „letzten neun Löcher, letzten sechs Löcher, usw." die Löcher 10-18, 13-18 usw. bezeichnen.

Werden in Wettspielen wie dem Einzel-Zählspiel, in denen die Vorgabenverteilung ohne Bedeutung ist, die Ergebnisse der letzten neun, letzten sechs, letzten drei Löcher herangezogen, sollte die Hälfte, ein Drittel, ein Sechstel usw. der Vorgaben von dem Ergebnis dieser Löcher abgezogen werden. Bezüglich der Anwendung von Bruchzahlen für solche Abzüge sollte die Spielleitung den Empfehlungen des Deutschen Golf Verbandes folgen (siehe Spiel- und Wettspielhandbuch).

In Wettspielen, in denen die Vorgabenverteilung berücksichtigt werden muss, wie im Vierball-Zählspiel, oder Wettspielen gegen Par oder nach Stableford, sollten Vorgabenschläge entsprechend der für den Spieler gültigen Vorgabenverteilung, wie sie für das Wettspiel vergeben wurden, gewährt werden.

11. Auslosung bei Lochspielen
Obwohl die Auslosung bei Lochspielen völlig wahllos sein kann oder bestimmte Spieler in verschiedenen Vierteln oder Achteln eingeteilt sein können, wird doch die allgemeine numerische Auslosung empfohlen, wenn Platzierungen durch eine Qualifikationsrunde ermittelt wurden.

Allgemeine numerische Auslosung
Die Bestimmung des Platzes innerhalb der Aufstellung der *Parteien* muss im Fall gleicher Ergebnisse in der Qualifikationsrunde, mit Ausnahme des letzten zur Qualifikation berechtigenden Platzes, in der Reihenfolge des Eingangs gleicher Ergebnisse erfolgen, d. h., der Spieler, der sein Ergebnis zuerst einreicht, erhält die jeweils niedrigste verfügbare Nummer usw. Ist es nicht möglich, die Reihenfolge der Einreichung der Ergebnisse zu ermitteln, muss eine Auslosung erfolgen.

ALLGEMEINE NUMERISCHE AUSLOSUNG

OBERE HÄLFTE	UNTERE HÄLFTE	OBERE HÄLFTE	UNTERE HÄLFTE	OBERE HÄLFTE	UNTERE HÄLFTE
64 Qualifizierte		**32 Qualifizierte**		**16 Qualifizierte**	
1 gegen 64	2 gegen 63	1 gegen 32	2 gegen 31	1 gegen 16	2 gegen 15
32 gegen 33	31 gegen 34	16 gegen 17	15 gegen 18	8 gegen 9	7 gegen 10
16 gegen 49	15 gegen 50	8 gegen 25	7 gegen 26	4 gegen 13	3 gegen 14
17 gegen 48	18 gegen 47	9 gegen 24	10 gegen 23	5 gegen 12	6 gegen 11
8 gegen 57	7 gegen 58	4 gegen 29	3 gegen 30	**OBERE HÄLFTE**	**UNTERE HÄLFTE**
25 gegen 40	26 gegen 39	13 gegen 20	14 gegen 19	**8 Qualifizierte**	
9 gegen 56	10 gegen 55	5 gegen 28	6 gegen 27	1 gegen 8	2 gegen 7
24 gegen 41	23 gegen 42	12 gegen 21	11 gegen 22	4 gegen 5	3 gegen 6
4 gegen 61	3 gegen 62				
29 gegen 36	30 gegen 35				
13 gegen 52	14 gegen 51				
20 gegen 45	19 gegen 46				
5 gegen 60	6 gegen 59				
28 gegen 37	27 gegen 38				
12 gegen 53	11 gegen 54				
21 gegen 44	22 gegen 43				

Regelfall

Eine Platzregel zum Besserlegen oder „Winterregel" wird üblicherweise durch Spielleitungen in Kraft gesetzt, um schlechte Platzbedingungen auszugleichen. Der bezeichnete Bereich, in dem der Ball nach dieser Regel hingelegt werden muss, kann variieren. Eine Vorgabe besteht hierfür nicht. Einige Spielleitungen legen den Bereich innerhalb von etwa zehn Zentimetern fest, andere nennen eine Scorekartenlänge oder sogar eine Schlägerlänge. Um unnötige Strafen zu vermeiden, sollten Spieler schon vor Beginn des Wettspiels klären, in welcher Entfernung der Ball hingelegt werden muss.

US PGA Tour Golfer Ryuji Imada hätte mit diesem Hinweis die monströse Strafe von 26 Schlägen während der Mission Hills Star Trophy 2010 in China vermeiden können. Imada ging davon aus, innerhalb einer Schlägerlänge der ursprünglichen Balllage besserlegen zu dürfen, dem üblichen Standard der PGA Tour. Die Platzregel für dieses Wettspiel legte jedoch fest, dass die Bälle nur innerhalb einer Scorekartenlänge bessergelegt werden dürfen.

Imada's Mitspieler wies ihn während der Runde auf diesen Fehler hin und so informierte Imada noch vor Unterzeichnung der Zählkarte die Spielleitung davon, dass er vermutete, gegen die Platzregel verstoßen zu haben. Er erhielt zwei Strafschläge für jede der 13 Situationen, in denen er den Ball außerhalb der erlaubten Distanz bessergelegt hatte.

Imada bestätigte, dass dies selbst verschuldet war, indem er sich nicht über die Platzregeln informiert hatte und unterschrieb für die erste Runde ein Gesamtergebnis von 97, 24 über Par!

HÄUFIG GESTELLTE FRAGEN

Wie wird ein Gleichstand im Zählspiel entschieden?
Es ist Sache der Spielleitung, über die Entscheidung bei gleichen Spielständen zu befinden. Die Spielleitung sollte dies vor dem Wettspiel bekannt geben. Die Empfehlung des R&A steht im Anhang I, Teil C, 11.

ANHANG II UND III

Der R&A behält sich vor, zu jeder Zeit die Regeln betreffend Schläger und Bälle zu ändern oder Auslegungen zu diesen Regeln zu verfassen oder abzuändern. Für aktuelle Informationen wenden Sie sich bitte an den R&A oder informieren Sie sich unter www.randa.org/equipmentrules. Der R&A entscheidet über alle Formen von Schlägern oder Bällen, die nicht durch die Regeln abgedeckt sind und die gegen Zweck und Absicht der Regeln sind, oder wesentlich die Art und Weise des Spiels verändern könnten.
Die in den Anhängen II und III aufgeführten Abmessungen und Toleranzen sind zur Information in metrischen Maßeinheiten angegeben, die aus den Einheiten, in denen die Regelkonformität bestimmt wurde, umgerechnet wurden.

ANHANG II

Form von Schlägern

Ein Spieler, der Zweifel hat, ob ein Schläger zulässig ist, sollte den R&A zurate ziehen.
Ein Hersteller sollte dem R&A ein Muster des Schlägers, der hergestellt werden soll, vorlegen, damit der R&A entscheiden kann, ob der Schläger in Einklang mit den Regeln steht. Das Muster geht als Belegstück in das Eigentum des R&A über. Versäumt ein Hersteller, vor der Herstellung und/oder Vermarktung eines Schlägers ein Muster vorzulegen oder, falls er ein Muster eingesandt hatte, hierzu eine Entscheidung abzuwarten, so läuft der Hersteller Gefahr, dass der Schläger als nicht mit den Regeln in Einklang stehend erklärt wird.

Die folgenden Abschnitte enthalten allgemeine Regelungen zur Bauweise bzw. Gestaltung von Schlägern sowie Einzelvorschriften und Auslegungsbestimmungen. Weitere Informationen zu diesen Bestimmungen und deren richtiger Auslegung sind in der R&A-Veröffentlichung
„A Guide to the Rules on Clubs and Balls" enthalten.

Soweit ein Schläger oder Teil eines Schlägers spezielle Anforderungen nach den Regeln erfüllen muss, so muss er mit der Absicht entwickelt und hergestellt werden, diese Anforderung zu erfüllen.

1. Schläger

a) Allgemeines

Ein Schläger ist ein zum Schlagen des Balls bestimmtes Gerät, das allgemein in drei Grundformen vorkommt: Hölzer, Eisen und Putter, unterschieden durch ihre Form und den beabsichtigten Gebrauch. Ein Putter ist ein Schläger mit einer Neigung der Schlagfläche von nicht mehr als 10 Grad, vorwiegenden zum Gebrauch auf dem *Grün* bestimmt.

Der Schläger darf nicht in erheblicher Weise von der herkömmlichen und üblichen Form und Machart abweichen. Der Schläger muss aus Schaft und Kopf bestehen wobei am Schaft auch Material befestigt sein darf, das dem Spieler einen festen Griff ermöglicht (siehe unten 3., Griff). Alle Teile des Schlägers müssen in der Weise befestigt sein, dass der Schläger ein Ganzes bildet und er darf keine äußeren Zubehörteile aufweisen. Ausnahmen können für Zubehörteile gemacht werden, die keinen Einfluss auf die Spieleigenschaften des Schlägers haben.

b) Verstellbarkeit

Alle Schläger dürfen Vorrichtungen zur Gewichtsabänderung besitzen. Andere Formen der Verstellbarkeit können nach Überprüfung durch den *R&A* auch erlaubt werden. Folgende Anforderungen gelten für alle erlaubten Verfahren der Verstellbarkeit:

(I) die Abänderung ist nicht ohne weiteres möglich;
(II) sämtliche abänderbaren Teile sind nachhaltig befestigt und es ist keine Wahrscheinlichkeit gegeben, dass sie sich während einer Runde lösen könnten; und
(III) sämtliche Gestaltungen der Abänderung stehen mit den in Einklang.

Während einer *festgesetzten Runde* dürfen die Spieleigenschaften nicht absichtlich durch Abänderung oder anderweitig verändert werden (siehe Regel 4-2a).

c) Länge

Die Gesamtlänge des Schlägers muss mindestens 457 mm betragen, und darf, mit Ausnahme von Puttern, nicht länger als 1.219 mm sein.

Die Messung der Länge von Hölzern und Eisen wird vorgenommen, in dem der Schläger wie in Abb. I gezeigt auf einer horizontalen Ebene mit der Sohle gegen eine um 60 Grad geneigte Ebene gelegt wird.

Die Länge wird als die Strecke definiert, die von dem Schnittpunkt der beiden Ebenen bis zum äußersten Ende des Griffs gemessen wird.

Die Messung der Länge von Puttern wird vom äußersten Ende des Griffs aus entlang der Achse des Schafts oder ihrer gradlinigen Verlängerung bis zur Sohle des Schlägers vorgenommen.

d) Ausrichtung

Befindet sich der Schläger in seiner normalen Ansprechstellung, muss der Schaft so ausgerichtet sein, dass:

(I) die Neigung des geraden Teils des Schafts von der Senkrechten (im Verhältnis zu einer Verbindungslinie von der Spitze zur Ferse) mindestens 10 Grad abweicht (siehe Abb. II). Ist die gesamte Machart des Schlägers so, dass der Spieler den Schläger gewissermaßen in einer senkrechten oder nahezu senkrechten Stellung verwenden kann, so kann verlangt werden, dass der Schaft um bis zu 25° von der Senkrechten abweicht;

(II) die Neigung des geraden Teils des Schafts von der Senkrechten (im Verhältnis zur beabsichtigten *Spiellinie*) nicht mehr als 20 Grad nach vorne oder 10 Grad nach hinten abweicht (siehe Abb. III).

Außer bei Puttern hat die Ferse des Schlägers innerhalb von 15,88 mm der Ebene zu liegen, die die Achse des geraden Teils des Schafts und der beabsichtigten (horizontalen *Spiellinie*) enthält (siehe Abb. IV).2. Schaft

2. Schaft

a) Geradheit

Der Schaft muss vom oberen Ende des Griffs bis mind. 127 mm über der Sohle gerade sein. Gemessen wird von dem Punkt aus, an dem der Schaft nicht mehr gerade ist, entlang der Achse des gebogenen Teils des Schaftes und dem Hals und/oder der Fassung (siehe Abb. V).

b) Biegungs- und Torsionseigenschaften

Der Schaft muss an jeder Stelle

(I) sich so biegen, dass der Ausschlag nach jeder Seite stets der gleiche ist, unabhängig davon, wie der Schaft in Längsrichtung gedreht ist; und
(II) die gleiche Torsion in beide Richtungen aufweisen.

c) Befestigung am Schlägerkopf

Der Schaft muss entweder direkt oder über einen einzigen einfachen Hals und/oder eine Fassung mit der Ferse des Schlägerkopfs verbunden sein. Die Länge von der Oberseite des Halses und/oder der Fassung bis zur Sohle des Schlägers darf 127 mm nicht überschreiten, wobei entlang der Achse des Halses und/oder der Fassung gemessen wird und alle Biegungen berücksichtigt werden (siehe Abb. VI).

Ausnahme für Putter:

Der Schaft, der Hals oder die Fassung eines Putters dürfen an beliebiger Stelle des Schlägerkopfs befestigt sein.

3. Griff (siehe Abb. VII)

Der Griff besteht aus am Schaft angebrachtem Material, um dem Spieler einen festen Halt zu ermöglichen. Der Griff muss am Schaft befestigt sein, in seiner Form gerade und eben sein, sich bis zum Ende des Schafts erstrecken und darf nicht für irgendeinen Teil der Hände verformt sein. Ist kein Material angebracht, so soll der Teil des Schaftes, der zum Halten durch den Spieler bestimmt ist, als Griff angesehen werden.

(I) Ausgenommen bei Puttern muss der Querschnitt von Schlägergriffen kreisförmig sein. Erlaubt ist nur eine durchgehende, gerade oder nur geringfügig hervortretende Verstärkung, die sich über die gesamte Länge des Griffs erstreckt und eine geringfügig gewölbte Spirale auf einem

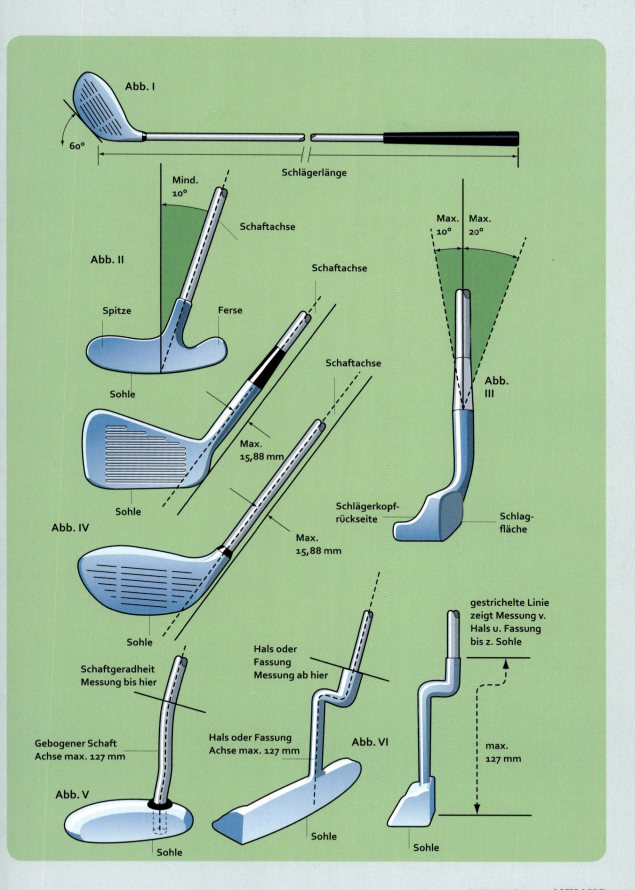

ANHANG II I ANHANG

umwickelten Griff oder der Nachbildung eines solchen.
(II) Ein Putter braucht keinen Griff mit kreisförmigem Querschnitt zu haben. Der Querschnitt darf jedoch an keiner Stelle eingewölbt und muss über die gesamte Grifflänge symmetrisch und von ähnlicher Gestalt sein (siehe Ziffer V unten).
(III) Der Griff darf sich verjüngen, aber an keiner Stelle eine Einwölbung oder Auswölbung aufweisen. Seine Durchmesser dürfen an keiner Stelle größer als 44,45 mm sein.
(IV) Bei anderen Schlägern als Puttern muss die Achse des Griffs mit der Achse des Schafts übereinstimmen.
(V) Ein Putter darf zwei Griffe haben, sofern jeder einzelne im Querschnitt kreisförmig ist und mit der Längsachse des Schafts übereinstimmt, und sofern sie voneinander mindestens 38,1 mm entfernt sind.

4. Schlägerkopf
a) Glatte Form

Die Form des Schlägerkopfs muss im Ganzen glatt sein. Sämtliche Bestandteile müssen steif, wesensgemäß und funktional sein. Der Schlägerkopf oder Teile davon dürfen nicht so gestaltet sein, das sie einem anderen Gegenstand ähnlich sind. Es ist nicht möglich, „glatte Form" präzise und umfassend zu definieren, doch sind Merkmale, die dieser Anforderung widersprechen und damit nicht erlaubt sind, z. B. unter anderem:

(I) Alle Schläger
- Löcher durch die Schlagfläche;
- Löcher durch den Schlägerkopf (einige Ausnahmen für Putter und „cavity-back" Eisen (Eisen mit Hohlräumen an der Schlägerkopfrückseite) können gemacht werden);
- Bauteile, die zum Zweck der Einhaltung von Größenverhältnissen dienen;
- Bauteile, die sich in oder vor die Schlagfläche ausdehnen;
- Bauteile, die sich bedeutend über die Oberkante des Schlägerkopfes ausdehnen;
- Rillen oder Kufen im Schlägerkopf die sich in die Schlagfläche fortsetzen (einige Ausnahmen können bei Puttern gemacht werden); und
- optische oder elektronische Teile.

(II) Hölzer und Eisen
- alle Merkmale aus (I);
- Aushöhlungen in der Kontur der Ferse und/oder Spitze des Schlägerkopfes, die von oben gesehen werden können;
- starke oder mehrfache Aushöhlungen in der Kontur der Schlägerkopfrückseite, die von oben gesehen werden können;
- am Schlägerkopf angebrachtes durchsichtiges Material, mit der Absicht, ein Bauteil als zulässig darzustellen, das anderenfalls nicht zulässig wäre; und
- Bauteile die von oben betrachtet über die Kontur des Schlägerkopfes hinaus stehen.

b) Abmessungen, Volumen und Trägheitsmoment
(I) Hölzer

Ist der Schläger in einem Anstellwinkel des Schaftes (Lie) von 60 Grad, müssen die Abmessungen des Kopfes wie folgt sein:
- Der Abstand von der Ferse zur Spitze des Schlägerkopfs ist größer als der Abstand von der Schlagfläche zur Schlägerkopfrückseite;
- der Abstand von der Ferse zur Spitze des Schlägerkopfs ist nicht größer als 127 mm; und
- der Abstand von der Sohle zur Krone des Schlägerkopfs einschließlich jeglicher zulässiger Bauteile ist nicht größer als 71,12 mm.

Diese Maße werden auf horizontalen Linien zwischen den vertikalen Projektionen der äußersten Punkten
- der Ferse und der Spitze
- der Schlagfläche und der Schlägerkopfrückseite (siehe Abb. VIII, Abmessung „A")

sowie auf vertikalen Linien der horizontalen Projektionen der äußersten Punkte der Sohle und der Krone (siehe Abb. VIII, Abmessung „B") gemessen. Wenn der äußerste Punkt der Ferse nicht klar erkennbar ist, gilt er als 22,23 mm über der horizontalen Ebene liegend, auf der der Schläger aufliegt (siehe Abb. VIII, Abmessung „C").
Das Volumen des Schlägerkopfes darf 460 cm³ zuzüglich einer Toleranz von 10 cm³ nicht überschreiten.
Ist der Schläger in einem Anstellwinkel (Lie) von 60°, darf das Trägheitsmoment entlang der senkrechten Achse durch den Schwerpunkt des Schlägerkopfes 5.900 g · cm² zuzüglich einer Messtoleranz von
100 g · cm² nicht überschreiten.

(II) Eisen
Steht der Schlägerkopf in seiner normalen Ansprechposition, müssen die Abmessungen des Schlägerkopfs so sein, dass der Abstand von der Ferse zur Spitze größer ist als der Abstand von der Schlagfläche zur Schlägerkopfrückseite.

(III) Putter (siehe Abb. IX)
Steht der Schlägerkopf in seiner normalen Ansprechposition, müssen die Abmessungen des Schlägerkopfs so sein, dass
- der Abstand von der Ferse zur Spitze größer als der Abstand von der Schlagfläche zur Schlägerkopfrückseite ist;
- der Abstand von der Ferse zur Spitze 177,8 mm oder weniger beträgt;
- der Abstand von der Ferse zur Spitze der Schlagfläche zwei Drittel oder mehr des Abstandes von der Schlagfläche zur Schlägerkopfrückseite beträgt;
- der Abstand von der Ferse zur Spitze der Schlagfläche die Hälfte des Abstandes oder mehr von der Ferse zur Spitze des Schlägerkopfes ist; und
- der Abstand von der Sohle bis zum höchsten Punkt des Schlägerkopfs einschließlich jeglicher zulässiger Bauteile 63,5 mm oder weniger beträgt.

Für herkömmlich geformte Schlägerköpfe wird diese Messung auf horizontalen Linien zwischen der Projektion der äußersten Punkte von

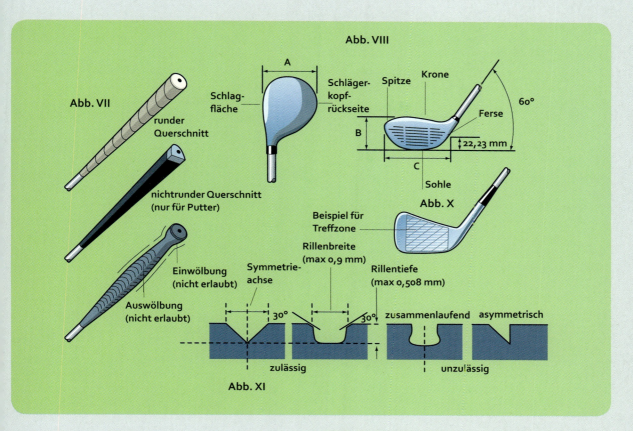

- Ferse und Spitze des Kopfes;
- Ferse und Spitze der Schlagfläche; und
- Schlagfläche und Schlägerkopfrückseite

und auf senkrechten Linien zwischen der horizontalen Projektionen der äußersten Punkte der Sohle und dem höchsten Punkt des Kopfes durchgeführt.

Für ungewöhnlich geformte Schlägerköpfe kann die Messung des Abstands Ferse zur Spitze auf der Schlagfläche durchgeführt werden.

c) Trampolineffekt und dynamische Eigenschaften

Die Form, das Material und/oder die Konstruktion des Schlägerkopfs (einschließlich der Schlagfläche) und jegliche Bearbeitung dieser Teile dürfen nicht

(I) die Wirkung einer Feder haben, die ein in dem Pendel-Testverfahren vom festgelegten Grenzwert überschreitet; oder
(II) Bauteile oder Technologien aufweisen, die z. B. (unter anderem) separate Federn oder Federungseffekte aufweisen, die die Absicht oder die Wirkung haben, ungebührlich den Federungseffekt (Trampoleffekt) des Schlägerkopfes zu beeinflussen; oder
(III) über Gebühr die Bewegung des Balls beeinflussen.

Anmerkung:
(I) in o. g. Aufzählung gilt nicht für Putter.

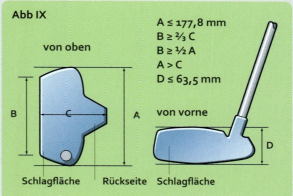

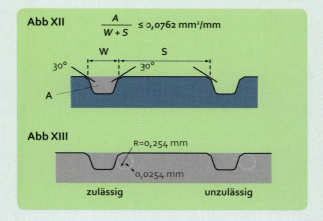

ANHANG II | ANHANG

d) **Schlagflächen**
Der Schlägerkopf darf nur eine Schlagfläche haben, ausgenommen Putter mit zwei Schlagflächen, deren Eigenschaften gleich sind und die sich gegenüberliegen.

5. **Schlagfläche**
a) **Allgemeines**
Die Schlagfläche des Schlägers muss hart und starr sein und darf nicht so angelegt sein, dass der Ball wesentlich mehr oder weniger Drall als mit einer normalen Stahl-Schlagfläche erhält (für Putter können einige Ausnahmen gelten). Abgesehen von Prägungen, wie sie weiter unten aufgelistet sind, muss die Schlagfläche glatt sein und darf in keiner Weise gewölbt sein.

b) **Aufrauung und Material der Treffzone**
Außer für Prägungen, die in den folgenden Absätzen näher beschrieben werden, darf der Bereich, in dem der Ball getroffen werden soll (Treffzone), in seiner Aufrauung der Oberfläche nicht die einer verzierenden Sandstrahlung oder feinen Aufrauung überschreiten (siehe Abb. X). Die gesamte Treffzone muss aus dem gleichen Material bestehen (für hölzerne Schlägerköpfe können Ausnahmen gelten).

c) **Prägungen in der Treffzone**
Hat ein Schläger Rillen und/oder Prägemarken in der Treffzone, so müssen sie folgende Anforderungen erfüllen:

I) **Rillen**
- Rillen müssen gerade und parallel verlaufen.
- Rillen müssen einen symmetrischen Querschnitt haben und dürfen keine zusammenlaufenden Seiten aufweisen (siehe Abbildung XI).
- * Ist bei Schlägern die Neigung der Schlagfläche (Loft) 25° oder größer, müssen die Rillen einen ebenen Querschnitt aufweisen.
- Breite, Abstand und Querschnitt der Rillen müssen über die gesamte Treffzone gleichbleibend sein (Ausnahmen sind für Hölzer zulässig).
- Die Breite „W" jeder Rille darf 0,9 mm nach dem beim *R&A* hinterlegten „30-Grad-Messverfahren" nicht überschreiten.
- Der Abstand „S" der Ränder benachbarter Rillen darf nicht weniger als das Dreifache der Rillenbreite und nicht kleiner als 1,905 mm sein.
- Die Tiefe einer Rille darf 0,508 mm nicht überschreiten.
- * Ist bei Schlägern, Driver ausgenommen, die Neigung der Schlagfläche (Loft) 25° oder größer, darf der Querschnittsbereich „A" einer Rille geteilt durch das Rillenmaß (W + S) 0,0762 mm2/mm nicht überschreiten (siehe Abb. XII).
- * Ist bei Schlägern die Neigung der Schlagfläche (Loft) 25° oder größer, müssen die Rillenkanten im Wesentlichen die Form einer Rundung haben, deren effektiver Radius nicht kleiner als 0,254 mm und nicht größer als 0,508 mm ist, wenn wie in Abb. XIII gezeigt, gemessen wird. Abweichungen vom effektiven Radius sind bis zu 0,0254 mm zulässig.

II) **Prägemarken**
- Die maximale Größe jeder Prägemarke darf nicht größer als 1,905 mm sein.
- Der Abstand benachbarter Prägemarken (oder zwischen Prägemarken und Rillen) darf nicht weniger als 4,27 mm, gemessen von Mittelpunkt zu Mittelpunkt, sein.
- Die Tiefe jeder Prägemarke darf 1,02 mm nicht überschreiten.
- Prägemarken dürfen keine scharfen Ecken oder hochstehende Ränder haben.
- * Ist bei Schlägern die Neigung der Schlagfläche (Loft) 25° oder größer, müssen die Kanten der Prägemarken im Wesentlichen die Form einer Rundung haben, deren effektiver Radius nicht kleiner als 0,254 mm und nicht größer als 0,508 mm ist, wenn wie in Abb. XIII gezeigt, gemessen wird. Abweichungen vom effektiven Radius sind bis zu 0,0254 mm zulässig.

Anmerkung 1:
Die oben mit einem Stern (*) gekennzeichneten Bestimmungen zu Rillen und Prägemarken gelten nur für neue Schläger, die nach dem 1. Januar 2010 hergestellt wurden und jeden Schläger, bei dem die Markierungen der Schlagfläche absichtlich verändert wurden, zum Beispiel durch Nachschneiden der Rillen. Für weitere Information zu dem Status von Schlägern, die vor dem 1. Januar 2010 verfügbar waren, siehe Abschnitt „Equipment Search" unter www.randa.org.

Anmerkung 2:
Die *Spielleitung* darf in den Wettspielbedingungen festlegen, dass die von dem Spieler mitgeführten Schläger den oben mit einem Stern (*) gekennzeichneten Bestimmungen zu Rillen und Prägemarken entsprechen. Diese Wettspielbedingung wird nur Wettspiele empfohlen, an denen Spitzenspieler teilnehmen. Für weitere Informationen, siehe Entscheidung 4-1/1 in „Entscheidungen zu den Golfregeln".

d) **Verzierende Markierungen**
Die Mitte der Treffzone darf durch eine Kennzeichnung markiert werden, deren Ausmaß eine quadratische Fläche mit 9,53 mm Seitenlänge nicht überschreitet. Eine solche Kennzeichnung darf die Bewegung des Balls nicht unangemessen beeinflussen. Dekorative Markierungen außerhalb der Treffzone sind zulässig.

e) **Markierungen auf nicht metallischen Schlagflächen**
Obige Spezifikationen gelten nicht für Schlägerköpfe aus Holz, deren Treffzonen der Schlagfläche aus einem Material mit einer geringeren Härte als der von Metall und deren Neigung der Schlagflächen (Loft) 24° oder weniger beträgt. Jedoch sind Markierungen, die die Bewegung des Balls unangemessen beeinflussen könnten, nicht gestattet.

f) **Schlagfläche von Puttern**
Keine Markierung auf der Schlagfläche eines Putters darf scharfe

Kanten oder hoch stehende Ränder haben. Obige Anforderungen für Aufrauung, Material und Markierungen in der Treffzone gelten nicht für Putter.

HÄUFIG GESTELLTE FRAGEN

Gibt es Längenbeschränkungen für Schläger?
Ja. Die Gesamtlänge des Schlägers muss mindestens 457 Millimeter (18 Inches) betragen und darf außer bei Puttern 1.219 Millimeter (48 Inches) nicht übersteigen.

Darf ein „Chipper" zwei Schlagflächen haben?
Nein. Für Chipper gelten die Regeln von Eisen und nicht die von Puttern. Die Entscheidung 4-1/3 bestimmt, dass ein „Chipper" ein Eisen ist, das vorwiegend für den gebrauch außerhalb des Grüns entwickelt wurde und üblicherweise einen Loft von mehr als 10° hat. Da die meisten Spieler den Chipper im „Putt-Stil" verwenden, sind diese Schläger oft wie Putter geformt. Um Missverständnisse zu vermeiden, enthalten die für Chipper gültigen Regeln folgende Punkte:
1) Der Schaft muss an der Ferse des Schlägerkopfes befestigt sein (Anhang II, 2c),
2) Der Griff muss einen runden Querschnitt haben (Anhang II, 3(I)) und nur ein Griff ist erlaubt (Anhang II, 3(V)),
3) Der Schlägerkopf muss im Ganzen glatt sein (Anhang II, 4a) und darf nur eine Schlagfläche haben (Anhang II, 4d), und
4) Die Schlagfläche des Schlägers muss den Anforderungen an Härte, Glätte der Oberfläche, Material und Prägemarken in der Treffzone entsprechen (Anhang II, 5)

Darf ein Golfschläger verstellbar konstruiert sein?
Ja, jeder Golfschläger darf verstellbar konstruiert sein. Die Art der Verstellbarkeit muss jedoch den Bedingungen aus Anhang II, 4b entsprechen:
(I) Die Verstellbarkeit darf nicht ohne Aufwand erfolgen. Dies bedeutet, dass für die Änderung ein spezielles Werkzeug nötig sein muss und nicht nur die Hand oder etwas, was in der Hosentasche oder dem Golfbag jedes Spielers (z.B. eine Münze oder ein Pitchgabel).
(II) Alle verstellbaren Teile müssen unbeweglich befestigt sein und es muss unwahrscheinlich sein, dass diese sich während der Runde lösen. Teile, die nur durch Spannung befestigt werden, sind normalerweise nicht zugelassen.
(III) Alle durch Verstellbarkeit erreichbaren Einstellungen müssen den Regeln entsprechen. Ist z.B. ein Putter im Anstellwinkel verstellbar, so darf es nicht möglich sein, den Schaft in einem Winkel von weniger als 10° von der Senkrechten zu stellen (siehe Anhang II, 1d).

Wie finde ich heraus, ob von mir entwickelte Ausrüstung regelkonform ist oder nicht?
Der R&A kann nur eine formelle Entscheidung zu einem Ausrüstungsgegenstand treffen, wenn ein Muster zur Prüfung eingesandt wird. Manchmal können jedoch informelle Auskünfte auf der Basis von Beschreibungen, Zeichnungen oder Fotos gegeben werden.
Der R&A empfiehlt dringend, Ideen zu Neuentwicklungen so früh wie möglich im Entwicklungsprozess mitzuteilen oder zur Prüfung vorzulegen, sicher jedoch vor Produktionsbeginn irgendeines Golfschlägers, Hilfsmittels oder Bauteils. Auch wenn eine endgültige Entscheidung nicht ohne ein Muster getroffen werden kann, so können doch durch eine rechtzeitige Kommunikation mit dem R&A kostspielige Irrtümer verhindert werden. Unterlässt ein Hersteller es, dem R&A vor Produktionsbeginn und/oder Beginn der Werbung für einen Gegenstand ein Muster einzusenden, so läuft er Gefahr, dass möglicherweise eine Entscheidung getroffen wird, die den Gegenstand als nicht regelkonform erklärt.
Einsendungen von Ausrüstung sollten direkt gerichtet werden an: Equipment Standards, The R&A, St.Andrews, Fife, KY169JD, Scotland

Wie lauten die Regeln zum „Trampolineffekt" bei Drivern?
Die Interpretation der R&A zum „Trampolineffekt" bei Drivern geschieht durch eine Messung der Flexibilität (auch „characteristic time") des Schlägerkopfes. Diese wird mit dem „Pendeltest" gemessen, indem eine Metallmasse an einem Pendel aus verschiedenen Höhen auf die Schlagfläche fallen gelassen wird. Die Zeit, die diese beiden Gegenstände dabei miteinander in Kontakt sind, ist die Grundlage für den Test. Das Höchstmaß wurde auf 239 Mikrosekunden zuzüglich einer Toleranz von 18 Mikrosekunden gelegt. Eine Liste der „Conforming Driver Heads" und die Liste der „Non-conforming Driver Heads" ist auf der Homepage des R&A (www.randa.org) veröffentlicht. Auch weitere Informationen zu Drivern sind auf der Homepage des R&A verfügbar, einschließlich Auskünften zur Wettspielbedingung bezüglich Drivern sowie eine Kopie des vollständigen Testverfahrens.
Die Regeln, Beschreibungen und Interpretationen zu Schlägern und Bällen sind auf der Homepage des R&A und in der Veröffentlichung „A Guide to the Rules on Clubs and Balls" zu finden.

ANHANG III
Der Ball

1. Allgemeines
Der Ball darf nicht wesentlich von der herkömmlichen und üblichen Form und Machart abweichen. Das Material und der Aufbau eines Balls dürfen nicht dem Zweck und der Absicht der Regeln widersprechen.

2. Gewicht
Das Gewicht des Balls darf 45,93 g nicht überschreiten.

3. Größe
Der Durchmesser des Balls darf nicht geringer als 42,67 mm sein.

4. Symmetrie der Kugelform
Der Ball darf nicht so gestaltet, gefertigt oder absichtlich verändert sein, dass er Eigenschaften aufweist, die von denen eines kugelsymmetrisch geformten Balls abweichen.

5. Anfangsgeschwindigkeit
Die Anfangsgeschwindigkeit des Balls darf den Grenzwert, wie er nach den Bedingungen im ‚Initial Velocity Standard' (beim *R&A* vorhanden) für Golfbälle festgelegt ist, nicht überschreiten.

6. Gesamtlängenstandard
Die zusammengerechnete Flug- und Lauflänge eines Balls, der durch ein vom *R&A* zugelassenes Gerät getestet wird, darf nicht die festgelegte Gesamtlänge überschreiten, die vom *R&A* als Gesamtlängenstandard festgelegt ist.

ANHANG IV
Hilfsmittel und andere Ausrüstung

Ein Spieler, der Zweifel hat, ob die Verwendung eines Hilfsmittels oder anderer *Ausrüstung* gegen die Regeln verstößt, sollte den R&A zurate ziehen.

Ein Hersteller sollte dem *R&A* ein Muster von einem Hilfsmittel oder anderer *Ausrüstung*, das hergestellt werden soll, vorlegen, damit der *R&A* entscheiden kann, ob seine Verwendung während einer *festgesetzten Runde* dazu führen würde, dass ein Spieler gegen Regel 14-3 verstößt. Das Muster geht als Belegstück in das Eigentum des *R&A* über. Versäumt ein Hersteller, vor der Herstellung und/oder Vermarktung ein Muster vorzulegen oder, falls er ein Muster eingesandt hatte, hierzu eine Entscheidung abzuwarten, so läuft der Hersteller Gefahr, dass die Verwendung des Hilfsmittels oder anderer Ausrüstung gegen die *Regeln* verstoßen würde.

Die nachfolgenden Absätze beschreiben allgemeine Regelungen zur Gestaltung von Hilfsmitteln und anderer *Ausrüstung* sowie Einzelvorschriften und Auslegungsbestimmungen. Diese sollten in Verbindung mit Regel 11-1 (Aufsetzen des Balls) und Regel 14-3 (Künstliche Hilfsmittel, ungebräuchliche *Ausrüstung* und ungebräuchliche Verwendung von Ausrüstung) gelesen werden.

1. Tees (Regel 11)
Ein „Tee" ist ein Hilfsmittel, das dazu bestimmt ist, den Ball über den Boden zu erheben. Ein Tee darf nicht
- länger als 101,6 mm sein;
- so gestaltet oder hergestellt sein, dass es die *Spiellinie* anzeigen könnte;
- die Bewegung des Balls unangemessen beeinflussen; oder
- auf andere Art und Weise den Spieler bei einem *Schlag* oder in seinem Spiel unterstützen.

2. Handschuhe (Regel 14-3)
Handschuhe dürfen getragen werden, um den Schläger besser greifen zu können, vorausgesetzt es sind einfache Handschuhe.

Ein „einfacher" Handschuh muss
- aus einer anliegenden Bedeckung der Hand bestehen, mit einer separaten Öffnung für jeden Finger und Daumen; und
- an der gesamten Handfläche und dem Griffbereich der Finger aus einem weichen Material bestehen.

Ein einfacher Handschuh darf nicht enthalten:
- Material auf der Grifffläche oder im Inneren des Handschuhs, dessen primärer Zweck eine Polsterung

ist oder das den Effekt einer Polsterung hat. Polsterung ist als ein Bereich des Handschuhmaterials definiert, das mehr als 0,635 Millimeter dicker ist als die benachbarte Fläche des Handschuhs ohne das hinzugefügte Material;
Anmerkung: Es darf Material gegen Abrieb, zur Aufnahme von Feuchtigkeit oder anderen Funktionen hinzugefügt werden, vorausgesetzt, dies überschreitet nicht die Erklärung von „Polsterung" (siehe oben).
Bänder, die dabei helfen, ein Verrutschen des Schlägers zu verhindern oder die die Hand am Schläger befestigen;

- jegliches Mittel zum Zusammenbinden von Fingern;
- Material am Handschuh, das am Griffmaterial haftet;
- Ergänzungen, anders als optische Hilfen, die dazu gedacht sind, den Spieler beim dauerhaft gleichen Anlegen seiner Hände und/oder beim Anlegen seiner Hände auf eine bestimmte Art und Weise an den Griff zu unterstützen;
- Gewicht, um dem Spieler bei der Ausführung des *Schlags* zu helfen; oder
- jede Ergänzung, die die Bewegung eines Gelenks reduziert;
- jede andere Ergänzung, die den Spieler in seinem *Schlag* oder bei seinem Spiel unterstützen könnte.

3. Schuhe (Regel 14-3)

Es dürfen Schuhe getragen werden, die den Spieler darin unterstützen, einen festen Stand einzunehmen. Vorbehaltlich der Wettspielbedingungen sind Merkmale, wie zum Beispiel Spikes in der Sohle erlaubt, aber Schuhe dürfen keine der folgenden Merkmale haben, die dazu bestimmt sind, den Spieler bei der Einnahme seines Stands zu unterstützen und/oder einen Stand zu bauen; dazu bestimmt sind, den Spieler in der Ausrichtung zu unterstützen; oder die auf andere Art und Weise den Spieler bei einem *Schlag* oder in seinem Spiel unterstützen.

4. Kleidung (Regel 14-3)

Kleidung darf keine Merkmale aufweisen, die dazu bestimmt sind, den Spieler in der Ausrichtung zu unterstützen; oder die auf andere Art und Weise den Spieler bei einem Schlag oder in seinem Spiel unterstützen.

5. Entfernungsmesser (Regel 14-3)

Während einer festgesetzten Runde ist die Verwendung von Entfernungsmessern nicht gestattet, es sei denn, die *Spielleitung* hätte eine Platzregel dafür in Kraft gesetzt (siehe Anmerkung zu Regel 14-3 und Anhang I; Teil B Ziffer 9).

- Selbst wenn die Platzregel in Kraft gesetzt ist, muss das Gerät aussschließlich auf Entfernungsmessung beschränkt sein. Funktionen, durch die die Verwendung des Gerätes einen Verstoß gegen die Platzregel darstellt, sind insbesondere:
- das Schätzen oder Messen von Gefälle;
- das Schätzen oder Messen anderer Umstände, die das Spiel beeinflussen könnten (z. B. Windgeschwindigkeit oder -richtung, oder andere wetterbezogene Informationen wie Temperatur, Luftfeuchtigkeit, usw.);
- Empfehlungen, die den Spieler bei der Ausführung eines Schlags oder in seinem Spiel unterstützen könnten (z. B. Schlägerwahl, Ausführung des *Schlags*, Lesen des *Grüns*, oder jede andere Art von *Belehrung*); oder
- das Berechnen der effektiven Entfernung zwischen zwei Punkten unter Berücksichtigung des Höhenunterschieds oder anderer Bedingungen, die die Länge eines Schlags beeinflussen.

Solche unzulässigen Funktionen führen dazu, dass die Verwendung des Geräts einen Regelverstoß darstellt, unabhängig davon, ob
die Funktionen abgeschaltet oder deaktiviert werden können, und
die Funktionen abgeschaltet oder deaktiviert sind.

Ein Multi-Funktions-Gerät wie Smart Phone oder PDA darf als Entfernungsmessgerät verwendet werden, vorausgesetzt es verfügt über eine Entfernungsmessung, die alle oben angeführten Einschränkungen erfüllt (d. h. es misst ausschließlich Entfernung). Zusätzlich gilt, dass auch dann, wenn Entfernungsmessgeräte zugelassen sind, diese keine weiteren Funktionen, als das bloße Messen von Entfernungen beinhalten dürfen. Das Vorhandensein weiterer Funktionen auf dem Gerät würde unabhängig davon, ob sie tatsächlich benutzt werden, einen Verstoß gegen die Regeln darstellen.

VORGABEN

Die Golfregeln bestimmen nicht über die Zuerkennung und Anpassung von Vorgaben. Diese Angelegenheiten liegen in der Verantwortung des jeweils betroffenen nationalen Golfverbandes und Anfragen sind an diesen zu richten.

IMPRESSUM

Der R&A und der Herausgeber danken St Andrews Links Trust und der Belegschaft des Castle Course, St Andrews, für die Nutzung des „The Castle Course" für Fotografien sowie für all ihre Hilfe und Unterstützung.

Wir danken außerdem dem Littlestone Golf Club für seine Hilfe bei den Fotografien in diesem Buch.

Bildnachweise:
Alle Bilder von Tom Miles, ausgenommen:

Alamy Wayne Hutchinson 128; Congressional Country Club Michale G Leemhuis 162; Getty Images 122, 124, 127 links, 164; Adrian Dennis/AFP 14 unten, 100; Andrew Redington 37, 86, 110, 125, 134, 149; Chris Graythen 168; Craig Jones 115; David Cannon 42, 51 rechts, 61, 67, 145; Donald Miralle 10, 176; Fred Vulch 68; Harry How 72; Hulton Archive 30; Ian MacNicol 45 rechts; Ian Walton 140; Jamie Squire 20, 75, 155; Julian Finney 22; Kevin C Cox 36; Richard Heathcote 64, 95; Ross Kinnaird 15, 45 links; S Badz 146; Scott Halleran 73; Simon Redington 81; Steve Dykes 23; Steve Grayson 104; Stuart Franklin 14 oben, 51 links, 165; Warren Little 97, 135, 139; Peter Dazeley 127 rechts.

Herausgeber:
Deutscher Golf Verband e.V. (DGV), Wiesbaden

Verlag:
Köllen Druck + Verlag
Ernst-Robert-Curtius-Straße 14, D-53117 Bonn-Buschdorf
Telefon 02 28 / 98 98 2-0
Telefax 02 28 / 98 98 2-44

Herausgegeben:
Mai 2012

Übersetzt von:
Deutscher Golf Verband e.V. (DGV), Wiesbaden

Illustrationen:
Sudden Impact Media

Sämtliche Rechte zur deutschsprachigen Ausgabe:
Deutscher Golf Verband e.V., 2012

Das Werk einschließlich all seiner Teile ist urheberrechtlich geschützt. Jede Verwertung außerhalb der engen des Urheberrechtsgesetzes ist ohne Zustimmung unzulässig und strafbar. Das gilt insbesondere für Vervielfältigungen, Übersetzungen sowie die Einspeicherung und Verarbeitung in elektronischen Systemen.

ISBN 978-3-88579-543-8

Druck:
Gedruckt und gebunden in China

Copyright:
Dies ist eine Übersetzung der englischen Originalausgabe mit dem Titel „GOLF RULES ILLUSTRATED". Herausgegeben 2010 von Hamlyn / Octopus Publishing Group Ltd 2–4 Heron Quays, London E14 4JP, www.octopusbooks.co.uk
Text copyright © R&A Rules Limited 2003, 2005, 2008, 2009, 2011
Design copyright © Octopus Publishing Group Ltd 2003, 2005, 2008, 2009, 2011